【제2판】

사회복지현장실습

Social Welfare Practicum

이원주 · 우병훈 · 이선교

KNOWLEDGE COMMUNITY 공동체

머리말

사회복지현장실습은 전문적인 교육을 실시하는 분야에서 이루어지는 중요한 교육과정의 하나로서, 사회복지학뿐만 아니라 의학이나 간호학, 심리학과 같은 원조 전문직에서 교육과정의 핵심적인 부분을 차지하고 있는 실천학문이다. 사회복지교육을 실시하고 있는 세계의 모든 대학들은 학생들이 지식을 습득하고 실천현장에서 기술을 발전시킬 수 있는 기회를 극대화하기 위해서 학과와 실습교육을 동시에 수행하는 통합된 교과과정을 제공하고 있다(Kerson, 2014; Cavazos, 1996). 사회복지 실습생들은 학교에서는 사회복지의 실천원칙과 가치, 그리고 윤리적인 행동, 특정 지식과 과학적인 실무기술을 배우며, 현장에서는 학교에서 배운 것들을 실제 상황에 적용시키는 실무경험을 하게 된다.

실습의 목적은 무엇보다도 실습생들이 실습을 통하여 사회복지사의 역할을 습득하고 현장감을 익히는 것이다. 사회복지현장실습교육은 교육을 통하여 개념적 지식을 실제에 적용시켜 그 진의를 터득할 수 있을 뿐 아니라 실천과정에서 얻게 되는 경험과 관찰에 비추어 기존 지식을 다져나가거나 재확립할 수 있는 기회도 가질 수 있게 하며, 학교와 현장교육의 병행을 통하여 전문적인 사회복지교육을 도울 수 있다.

사회복지현장실습은 학교수업에서 학습한 이론을 현장에 접목하는 공식적인 훈련을 통하여 예비 사회복지사로서의 지식 · 기술 · 태도를 습득하는 실천적 교과목이다. 현장실습은 사회복지 이론을 실질적으로 적용해 보는 기회가 될 뿐 아니라,

실습생 자신의 적성과 잠재력을 발견하게 하며, 나아가 사회복지에 대한 정체성 함양에도 영향을 끼치기 때문에, 학생의 전공 진로에 있어 절대적 중요성을 가진 실천교과목이라 하겠다.

사회복지현장실습은 준비된 사회복지사를 길러내는 사회복지 전공 교육에서 핵심적 위치를 차지한다. 현장에서의 실습이야말로 사회복지학문의 정체성을 확립하고 나아가 사회복지사가 전문직으로 인정받을 수 있는 중요한 교육과정이다. 따라서 사회복지를 전공하여 자격증을 따려는 학생들이나 일반인들 누구나 보다 전문화된 교재를 통하여 실질적인 학습이 되도록 '제대로' 된 사회복지현장학습의 길잡이를 만나야 할 것이다.

이와 같이 보다 실제적인 학습지도의 필요성에 따라 이 책은 먼저 실습생과 기관이 알아야 할 현장실습 Q & A를 통해 사회복지현장실습의 전체적인 맥락을 이해할 수 있도록 핵심 질문사항을 먼저 살펴보았다. 그리고 5개 part에 총 22장의 내용을 수록하였다. 첫 번째 part로 사회복지현장실습 총론은 제1장에서 제6장으로 구성되어 사회복지교육과 사회복지현장실습의 전반적인 이해와 실천의 장, 그리고 현재 각국의 사회복지현장실습교육이 어떻게 이루어지고 있는지와 사회복지현장실습의 관련 기준, 분류와 지도, 사회복지시설 실습을 실었다. 두 번째 part는 사회복지현장실습 슈퍼비전과 현장실습교육으로, 제7장에서 제10장으로 구성되어 있다. 핵심내용으로는 사회복지현장실습의 슈퍼비전, 사회복지현장실습교육 내용, 사회복지실천현장에서의 윤리와 역할 및 자세, 그리고 사회복지현장실습에 실습생이 직면할 수 있는 문제점들과 대처방안을 제시하였다. 세 번째는 사회복지현장시설에 대한 part로, 제11장에서 제17장으로 구성되어 있다. 이 part에서는 현장에 대한 보다 적극적인 이해를 돕기 위해 필자가 다년간의 현장실습과목을 강의하면서 학생들과 일반인들이 이해를 하면 많은 도움이 될 수 있는 내용들을 실어 현장관리자의 시각으로 바라볼 수 있는 감각을 기를 수 있도록 하였다. 주요 내용으로는 사회복지현장의 시설현황, 시설 종사자 관리, 시설의 행정처분과 시설평가, 사회복무제도, 사회복지시설 업무의 전자화 시책, 사회복지시설 근로기준법, 사회복지법인 및 사회복지시설의 재무 · 회계규칙을 수록하였다. 네 번째 part는 사회복지현장 실습일지 작성과 프로포절로 제18장에서 제19장으로 구성되어 있다. 이 part는 현장 취업 시 많은 어려움을 겪고 있고, 강의 요청이 들어온 프로포절 작성법에 대하여 프로그램 제안서 실례를 들어 현장감을 익힐 수 있도록 도왔다. 다섯 번째 part는 사회복지현장실습 종결과 평가 그리고 취업전략으로, 사회복지현장실습 종결 및 평가 단계, 사회복지학업의 졸업과 취업전략을 수록하였다. 끝으로 사회복지사 자격 취득 후 더 심도 있는 과정을 원하는 분들을 위해 사회복지사의 다양한 직업세계와 첫 직장에서의 성공적인 시작 방법으로 본 책을 마무리하였다.

이 책은 실습을 준비하고 실습하는 전문대학생, 대학생, 대학원생, 사회복지 관련 기관 근무자, 그리고 사회복지사 자격을 취득하기 위한 분들께 조금이라도 도움이 되고자 하는 마음으로 실습생 입장에서 집필하였다. 그리고 이 책은 실습생에게는 가장 기본적이지만 학교 교수나 슈퍼바이저도 잘 다루어 주지 않는 사회복지현장의 시설현황과 프로포절 작성법을 소개하여 실습생 스스로가 실습을 주도적으로 해갈 수 있는 임파워먼트에 중점을 두었다.

이 책과 더불어 실습준비를 철저히 하여 현장에서 준비된 예비 사회복지사로서의 역할을 다하길 기대한다.

대표저자 이원주

Key Contents

차례

제 4 장

사회복지현장실습 관련 기준

제 5 장

사회복지현장실습의 분류와 지도

제 6 장

사회복지시설 실습

PART 02
사회복지 현장실습 슈퍼비전과 현장실습 교육

제 7 장
사회복지현장실습의 슈퍼비전

제 8 장
사회복지현장실습교육 내용

제 9 장
사회복지실천현장에서의 윤리와 역할 및 자세

제 10 장
실습생이 직면할 수 있는 문제점과 대처방안

PART 03 사회복지 현장 시설

제 11 장

사회복지현장의 시설현황

제 12 장

사회복지시설 종사자 관리

제 13 장

사회복지시설 행정처분과 시설평가

PART 04
사회복지 현장 실습일지 작성과 프로포절

제 18 장

실습일지 작성과 평가

제 19 장

사회복지 프로그램 기획 및 프로포절 작성법

PART 05
사회복지 현장실습 종결과 평가 그리고 취업전략

제 20 장

사회복지현장실습 종결 및 평가 단계

제 21 장

사회복지학업의 졸업과 취업전략

실습생과 기관이 알아야 할 사회복지현장실습 관련 Q & A[1)]

사회복지현장실습

구 분		내 용
법적 기준	Q	사회복지현장실습의 법적 기준은 어떻게 되나요?
	A	◈ 실습기관은 사회복지사업법 제2조 제1호에 따른 사회복지사업과 관련된 법인 · 시설, 기관 및 단체이어야 합니다. 그리고 보건복지부장관으로부터 선정이 되어야 합니다. ◈ 실습지도자는 1급 사회복지사 자격증을 취득한 이후 3년 이상의 사회복지사업 실무경험이 있거나 2급 사회복지사 자격증을 취득한 이후 5년 이상의 사회복지사업 실무경험이 있는 지도자 2명 이상이 상근하여야 합니다. ◈ 실습지도자는 기관실습이 시작되는 연도의 전년도에 8시간 이상의 보수교육을 받았어야 합니다. ◈ 실습지도자 1명이 동시에 지도할 수 있는 학생 수는 5명 이내여야 합니다. ◈ 실습시간은 160시간 이상이어야 합니다. ※ 사회복지사업법 시행규칙 [별표1] 참고 ※ 반드시 실습지도자 및 실습이수 기준에 적합해야 함 ☞ 적합하지 않을 경우 실습교과목 재이수해야 함
실습 진행형태	Q	사회복지현장실습은 어떤 형태로 진행되어야 하나요?
	A	◈ 실습세미나 : 1회당 2시간 이상의 실습세미나를 총 15회 이상 실시하여야 합니다. 이 경우 정보통신망을 이용한 온라인 교육을 실시하는 교육기관의 실습세미나에는 대면 방식의 세미나가 총 3회 이상 포함되어야 합니다(한 세미나에 참여하는 학생 수는 30명 이내일 것/주 1회 이상 초과할 수 없음). ◈ 학교, 학생, 기관의 사정에 따라 다음의 방법 중 한 가지 선택 – 학기 중 실습 : 주당 8시간 실습기관 출석하여 최소 160시간 이상 근무 – 방학 중 실습 : 1일 8시간 주 5회 실습기관 출석하여 최소 160시간 이상 근무 (생활시설에서 실습할 경우 실습 인정 시간은 1일 8시간으로 최소 160시간 근무)

1) 본 내용은 보건복지부 · 한국사회복지사협회(2013). 표준실습교육매뉴얼, pp. 131–133. 보건복지부 고시 제2019 - 249호 사회복지사업법 시행규칙 제3조 (별표1) 제2호 라목 재구성.

<table>
<tr><td rowspan="4">실습
가능 기관</td><td>Q</td><td>사회복지현장실습이 가능한 기관은 어디인가요?</td></tr>
<tr><td>A</td><td>◈ 사회복지법인 및 사회복지시설(이용시설, 생활시설 등)
◈ 공공기관(지방자치단체, 보건복지부, 국회 등)
◈ 사회복지서비스를 제공하는 병원, 학교, 교정기관, 시민사회단체 등
※ 위 기관 예시는 참고사항이며, 실습기관 선정은 '실습지도자, 실습시간 기준'을 반드시 준수하여 학교(교육기관)와 상의하여 결정해야 함. 실습기관은 반드시 보건복지부장관의 선정을 받은 기관이어야 함</td></tr>
<tr><td>Q</td><td>타 법령에 따라 설치된 기관 및 법인에서 사회복지현장실습이 가능한가요?</td></tr>
<tr><td>A</td><td>◈ 기관의 정관 등을 통하여 해당 기관이 사회복지사업을 행하고 있어야 하며, 실습지도자 기준에 맞는 지도자가 있으면 가능합니다.</td></tr>
<tr><td rowspan="4">해외실습</td><td>Q</td><td>사회복지현장실습을 해외에서 해도 되나요?</td></tr>
<tr><td>A</td><td>◈ 해외에서의 실습은 인정되지 않습니다.
◈ 단, 해외원조사업 등을 시행하는 국내 사회복지 관련 기관 · 단체가 법적 기준인 실습지도자 및 실습시간 기준을 충족할 경우 인정 가능합니다.</td></tr>
<tr><td>Q</td><td>해외실습이 인정되지 않는 이유가 뭔가요?</td></tr>
<tr><td>A</td><td>◈ 법적 기준인 실습기관 및 실습지도자의 기준이 적용되지 않으므로 인정 불가합니다.</td></tr>
<tr><td rowspan="6">실습지도자
자격기준</td><td>Q</td><td>실습지도자 자격기준의 사회복지실무경력 인정 시점은 어떻게 되나요?</td></tr>
<tr><td>A</td><td>◈ 1급 자격증 취득 후 취득일로부터 3년 이상의 사회복지실무경력이 있는 경우 또는 2급 자격증 취득 후 취득일로부터 5년 이상의 사회복지실무경력이 있는 경우 인정됩니다.</td></tr>
<tr><td>Q</td><td>실습지도자 2급 소지자 중 1급으로 승급된 경우 경력기준은 어떻게 되나요?</td></tr>
<tr><td>A</td><td>◈ 최초 자격증을 발급받은 후 실습지도자 자격기준 중 어느 하나의 기준에 이미 충족한 경우 실습지도자 자격기준에 해당됩니다.
◈ 예를 들어, 2급 취득 후 4년의 경력을 쌓은 후 1급을 취득하여 1년의 경력을 쌓은 경우에는 2급 취득 후 5년의 경력으로 인정됩니다. 또는 2급 취득 후 1년의 사회복지실무경력을 쌓은 후 1급을 취득하여 3년의 경력을 쌓은 경우 1급 취득 후 3년의 경력으로 인정됩니다.</td></tr>
<tr><td>Q</td><td>양성교육 과정을 통해 3급을 취득하였습니다. 3급 취득 후 몇 년의 경력이 있으면 실습지도자 기준이 될 수 있나요?</td></tr>
<tr><td>A</td><td>◈ 사회복지사 3급의 경우, 자격증 취득 후 3년 이상 실무경험이 있으면 2급으로 승급 가능하며, 2급 승급 후 5년 이상 실무경험이 있으면 실습지도자의 기준에 해당됩니다.</td></tr>
</table>

<table>
<tr><td rowspan="2">실습
이수 기준
확인방법</td><td>Q</td><td>사회복지현장실습 이수 기준 확인은 어떤 방법으로 하게 되나요?</td></tr>
<tr><td>A</td><td>◈ 보건복지부장관 선정기관인지와 실습지도자가 등록되어 있는지 사회복지현장실습 확인서 제출을 통해 실습 이수 기준을 확인하게 되며, 자격증 신청 제출 서류와 함께 반드시 확인서를 제출해야 합니다.</td></tr>
</table>

실습기관으로 선정

<table>
<tr><th>구 분</th><th colspan="2">내 용</th></tr>
<tr><td rowspan="2">신청서 및
관계서류
제출</td><td>Q</td><td>신청서 및 관계서류 제출은 어떻게 되나요?</td></tr>
<tr><td>A</td><td>◈ 실시기관으로 선정받고자 하는 기관은 별지 제1호 서식의 기관실습 실시기관 선정 신청서와 아래와 같은 서류를 첨부하여 협회의 장에게 제출하여야 합니다.
☞ 공통서류 : 별지 제2호 서식의 실습지도자 사회복지사업 실무경험 확인서, 전년도 보수교육 이수확인서, 사업자등록증 또는 고유번호증.
☞ 사회복지사업 수행 사실을 확인할 수 있는 다음과 같은 서류
① 사회복지법인 : 사회복지법인 설립허가증
② 사회복지시설 : 사회복지시설 신고증
③ 기타 비영리법인 또는 비영리민간단체 등 : 별지 제3호 서식의 사회복지사업 수행 사실 확인서, 비영리법인 설립허가증 또는 비영리민간단체등록증 등 설립근거 서류, 정관</td></tr>
<tr><td rowspan="2">서류검토</td><td>Q</td><td>제출된 서류는 어떻게 검토되나요?</td></tr>
<tr><td>A</td><td>◈ 협회의 장은 제3조에 따른 제출서류를 접수한 후 보완이 필요하다고 인정될 때에는 기간을 정하여 그 보완을 요구할 수 있습니다.
◈ 협회의 장은 실시기관의 선정을 신청한 자가 제1항에 따른 보완을 요구받고도 정당한 사유 없이 이에 따르지 아니하는 경우에는 그 신청서를 반려할 수 있습니다.
◈ 협회의 장은 제3조에 따라 접수받은 신청서와 같은 조 각 호의 구분에 따른 첨부서류를 검토한 후 그 자료를 보건복지부장관에게 제출하여야 합니다.</td></tr>
</table>

구분		내용
심사 및 선정 공고	Q	**심사 및 선정공고는 어떻게 이루어지나요?**
	A	◈ 장관은 제3조에 따른 제출서류와 제4조 제3항에 따른 검토자료를 심사한 후 시행규칙 제3조 [별표1] 제2호 가목의 선정기준에 적합하다고 인정되면 기관실습 실시기관으로 선정하고 그 결과를 별지 제4호 서식의 사회복지현장실습기관 선정 현황에 따라 홈페이지에 공고합니다. ◈ 협회의 장은 제1항의 공고내용과 실시기관별 사회복지현장실습 운영계획서를 홈페이지에 게시합니다. ◈ 협회의 장은 실시기관의 신청이 있는 경우 별지 제5호 서식에 따라 사회복지현장실습기관 선정 확인서를 발급할 수 있습니다.
재선정	Q	**기관으로 한번 선정된 이후는 어떻게 되나요?**
	A	◈ 제5조에 따른 실시기관 선정의 유효기간은 선정일로부터 3년으로 하며, 3년이 경과한 후에도 실시기관으로 선정을 받고자 할 경우에는 유효기간이 종료되기 전에 신규 선정절차에 준하여 신청하여야 합니다.
기 타	Q	**실시기관 선정취소도 있나요?**
	A	◈ 장관은 제5조 제1항에 따라 선정된 실시기관이 다음 중 어느 하나에 해당하면 그 선정을 취소할 수 있습니다. 다만, 제1호에 해당하면 그 지정을 취소합니다.

※ 실습기관신청 서류 : 기관실습 실시기관 선정 신청서, 기관실습 운영계획서, 신청서 작성 체크리스트, 실습지도자 사회복지사업 실무경험 확인서, 사회복지사업 수행 사실 확인서

PART 01

사회복지현장 실습 총론

제 1 장 사회복지교육과 사회복지현장실습의 이해

사회복지현장실습은 사회복지사 자격을 갖추기 위한 필수과목 중 하나로서 사회복지사업법에 준하는 사회복지교육을 실시하여 한다. 즉, 학교에서 배운 이론과 기술들을 사회복지현장에 적용해 봄으로써 전문가로서의 정체감을 형성하고 유능한 전문 사회복지사로서 성장할 수 있도록 훈련하는 사회복지교육 핵심과정의 하나이다. 사회복지학을 전공하는 학생이라면 누구나 사회복지현장실습을 이수하여야 하며, 실습과정을 통하여 다양한 실천현장에서 조직의 일원이자 예비 사회복지사로서 직간접적인 업무 및 관계에 대한 경험을 하게 된다.

| 제1절 | 사회복지현장실습의 개념

우리는 위에 대한 대답을 하기 전에 먼저 실습이란 무엇인지 사회복지현장실습과 유사한 용어로는 어떠한 것들이 있는지 살펴볼 필요가 있다. 실습(實習, practice)은 사전적 의미로 이미 배운 이론을 토대로 하여 실제로 해보고 익히는 일이다. 즉, 실습은 여러 가지 기술을 습득하기 위하여 직접 경험을 통하여 학습하는 활동을 말한다. 이렇게 볼 때 사회복지현장실습의 개념은 예비 사회복지사가 실습과정을 통해 클라이언트와 사회복지실천 분야의 동료들, 그리고 지역사회와의 만남과 경험을 통해 전문 사회복지실천의 문화, 규범, 가치를 경험하는 과정이라 볼 수 있다(김윤나, 2012). 반면에 교육자들은 실습생의 사회복지에 대한 사명감과 타인과 함께 일할 수 있는 능력을 시험해 볼 수 있고, 지식을 적용하면서 새로운 기술을 터득하고, 사회복지와 관련한 여러 과목을 통합하여 유능한 실천가가 될 수 있도록 교육하고 훈련하는 것이다(Fortune, 1994).

사회복지현장실습은 사회복지학 교육의 핵심을 이루고 있으며, 사회복지학을 다른 유사학문과 차별화시키고 사회복지의 응용과학적 특성을 잘 반영하고 있다. 현장실습을 통한 실천현장에서의 현장학습은 이론과 실천을 결합하는 의미 있는 현장교육이다. 실습생은 실습현장을 통해 사회복지 전문가의 소양을 쌓고 변화하는 계기가 될 수 있는데, 무엇보다도 실습은 학생이 과연 사회복지사가 자신이 나아가야 할 진정한 진로인지를 현장학습을 통해 결정하도록 한다(오혜경 · 하지영, 2007).

사회복지현장실습은 실습(practice), 현장실습(field work), 실습교육(field instruction), 인턴과정(internship), 현장교육(field education) 등의 용어로도 쓰인다(Royse, Dhooper, & Rompf, 2016). 결국 사회복지현장실습은 사회복지 관련 전공 및 부전공 학생을 위한 현장교육 교과목의 하나로서 아동, 청소년, 노인, 장애인 등의 기관에 학생들을 배치하여 실습 및 실습세미나를 통하여 이론과 실천을 연결시키고, 또한 기관의 슈퍼바이저와 대학의 실습지도교수의 지도를 받으며 사회복지사로서의 전문적 자질과 능력을 연마하는 것이다. 즉, 실습학생이 사회복지기관의 체계를 이해하고 실무를 배우는 등 실제로 실천현장에서 교육받도록 하는 것을 말한다. 결과적으로 사회복지현장실습은 예비 사회복지사로서 실무경험 및 사회복지실천현장에 대한 이해를 도모하는 기초실습에 해당되며, 전문적인 교육을 실시하는 분야에서 이루어지고 있는 중요한 교육과정의 하나로 볼 수 있다.

| 제2절 | 사회복지현장실습의 목적과 목표 그리고 과정

1 사회복지현장실습의 기본 목적

사회복지현장실습의 기본 목적은 기대하는 결과나 바라는 미래에 대한 일반적 기술이다. 큰 틀에서 세 가지 측면에서 논의될 수 있다. 첫째, 실습생(학생)이 나아가야 할 방향, 둘째, 교육기관(대학)이 나아가야 할 방향, 셋째, 기관이 나아가야 할 방향이다. 실습생(학생)과 교육기관(대학)은 양질의 이론적인 교육을 통해 방향을 설정하며, 실습생과 기관은 훈련의 도구를 통해, 그리고 교육기관(대학)과 기관은 연계를 통해 기본 목적을 설정한다. 세부적인 목적은 다음과 같다.

1) 실습생(학생)의 기본 목적

(1) 실습생(학생)은 기관에서의 현장실습을 통해 실천지식과 기술을 습득하는 기회를 가진다.
(2) 실습생(학생)은 학교에서 배운 학문적 지식과 실천기술을 기관의 실습현장에서 적용하도록 한다.
(3) 실습생(학생)은 사회복지실천에 대한 적성테스트의 기회로 인식한다.
(4) 실습생(학생)은 개인과 가족 및 집단과 지역사회의 욕구를 바르게 인식하고 관련 클라이언트가 가지고 있는 욕구를 파악하는 기술을 익힌다.
(5) 실습생(학생)은 자신의 능력과 한계에 대한 통찰력을 향상시킨다.
(6) 실습생(학생)은 사회복지사로서의 자아인식을 증진시키고 전문직 정체감을 형성한다.

2) 교육기관(대학)의 기본 목적

(1) 교육기관(대학)은 사회복지기관 및 시설과의 산학협력을 통하여 학교교육과 복지실천 현장의 교량적 역할을 한다.
(2) 교육기관(대학)은 실습지도교수를 통하여 실천현장에서의 구체적이고 실제적인 사례들을 이해하고 현장의 소리를 학습에 반영할 수 있도록 접촉의 기회를 가진다.
(3) 교육기관(대학)은 실습생이 간접적으로 다양한 사회복지실천현장에 대한 이해를 증진시킬 수 있는 기회로 활용한다.
(4) 교육기관(대학)은 학생들의 졸업 후 취업기회의 문을 넓힌다.

3) 기관의 기본 목적

(1) 기관은 학교에서 습득한 지식과 기술을 실천현장에 접목시킬 수 있는 기회를 학생에게 제공한다.
(2) 기관은 대학과 협력하여 미래 사회복지사 양성에 기여한다.
(3) 기관은 전문사회복지사 양성을 위한 교육 프로그램 개발 기회로 활용한다.
(4) 기관은 학교와의 지속적인 연계를 통하여 이론과 실무에 대한 정보를 교류하고 산학협력의 기회를 갖는다.

이상의 사회복지현장실습의 기본 목적은 |그림 1-1|과 같이 표현될 수 있다.

그림 1-1 실습의 목적 다이어그램

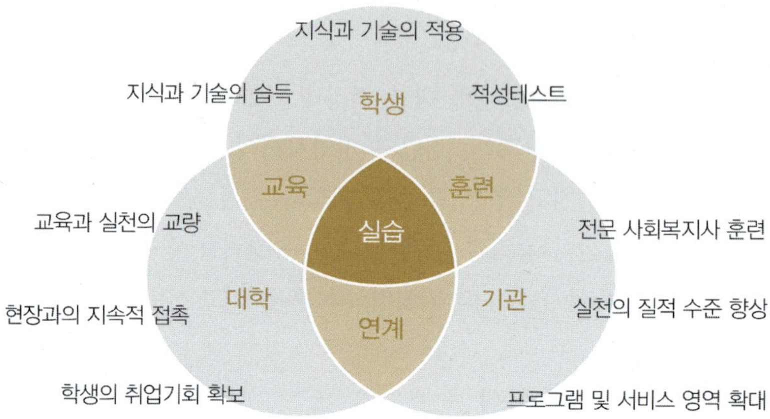

2 사회복지현장실습의 기본 목표

사회복지현장실습의 기본 목적을 설정한 다음은 기본 목적을 달성하기 위한 기본 목표를 명시하여야 한다. 이러한 기본 목표는 구체적이고 측정 가능하고 성취할 수 있는 내용을 담고 있어야 한다. 이러한 사회복지현장실습의 목표는 한국사회복지사협회의 권고안을 통해 재구성하였다.

1) 대학에서 습득한 사회복지에 관한 지식과 기술을 실천현장에 적용하여 실질적인 유용성을 측정한다.
2) 사회복지현장에서 클라이언트 체계의 문제를 확인하고 다양한 정보를 수집하여, 조직화하고, 분석하며, 계획의 수립과 이행, 그리고 개입노력에 대한 평가과정을 경험한다.
3) 지역사회 대상의 특성과 자원에 대한 지식을 활용하여 수치화하여 분석할 수 있다.

4) 사회복지 시설과 기관의 조직, 정책, 절차에 적응할 수 있는 경험적 이해를 통해 대상 시설과 기관에 대해 설명을 통해 표현할 수 있다.
5) 사회복지시설에 대한 자신의 적성을 점검하여 만족할 만한 테스트 결과를 도출한다.
6) 사회복지사로서의 전문직 정체감을 형성하고 자질 함양과 자아인식을 증진시킬 수 있도록 노력한다.

3 사회복지현장실습의 기본 과정

사회복지현장실습의 기본 과정은 사회복지실천의 이론과 지식, 기술이 어우러져 전문능력을 가진 전문가가 되는 것이 방향이며, 이러한 구체적인 실천과정으로서 지식, 기술개발, 전문인으로서의 태도를 이해하는 과정이 수반되어야 한다. 이러한 이해는 측정 가능성에 무게를 두어야 한다. 이러한 기본 과정은 |그림 1-2| 와 같이 지식활용의 측정, 기술활용의 측정, 자원분석, 조직화 분석 평가, 기관의 이해, 실습생 개인의 적성테스트 결과의 과정이 될 것이다.

그림 1-2 실습의 과정 다이어그램

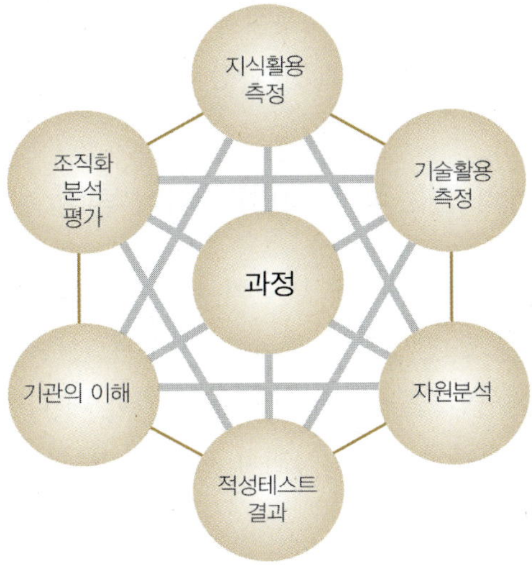

| 제3절 | 사회복지현장실습의 주요 내용

1 사회복지기관에 대한 이해

사회복지기관에 대한 이해로 사회복지기관의 설립이념, 책임, 구조 및 운영에 대해 이해하고, 사회복지현장실습을 통하여 기관이 제공하는 사회복지기관 및 지역사회서비스에 대해서 이해하게 된다.

2 지역사회에 대한 이해

지역사회에 대한 이해는 사회복지기관이 위치해 있는 지역사회의 특징, 환경, 특정 문제를 규명하고 이를 해결하기 위한 방법과 함께 활용 가능한 지역사회 자원체계를 이해하고 활용하는 데 필요한 기본 사항이다.

3 사회복지실천 과정의 적용

사회복지실천에서 사회복지사는 클라이언트 체계(개인, 가족, 집단, 조직, 지역사회 등)에 직 · 간접적인 서비스를 제공하게 되는데, 현장에서의 실습을 통해 문제를 확인하고, 이와 관련된 정보를 수집하고 분석할 수 있으며, 개입계획을 수립 · 실천하고, 개입노력을 평가하는 사회복지실천 과정을 경험한다.

4 사회복지사로서의 전문적 가치관과 의식 함양

실습생은 실습과정 기록을 토대로 기관의 실습지도자와 학교의 실습지도교수가 제공하는 현장학습 지도를 받으면서, 사회복지사로서 전문적 가치관과 역할, 지식, 기술, 자아인식과 복지마인드를 갖게 된다. 또한 기관 내 다른 직원 및 타 학교 실습생과의 유대관계를 통하여 인적 · 사회적 자원을 연계할 수 있다.

| 제4절 | 사회복지현장실습의 필요성과 기대효과

1 사회복지현장실습의 필요성

사회복지현장실습은 사회복지 현장의 풍부한 경험을 통하여 장차 사회복지사로서 실천적 유능성을 갖추기 위해 필요하다는 점에서 현장학습은 매우 중요하다. 사회복지현장실습은 현실사회의 실정을 이해할 수 있다는 점에서 큰 교육적 가치를 가지며, 실습생은 실습과정을 통하여 자신이 선택하는 진로의 적합성과 부적합성을 재고하는 데에도 필요하다. 이러한 필요성을 통해 실습생은 실습현장에서 실천적인 경험을 통하여 사회복지사로서의 정체감을 갖게 된다. 또한 실습생은 클라이언트와 동료 실습생들을 비롯하여 직간접적으로 지역의 또 다른 전문직을 만나게 되고, 그러한 만남을 통하여 전문 사회복지사의 문화와 규범, 가치를 익히는 계기를 마련하게 된다. 그리고 수동적인 학습자로서의 자세에서 능동적인 전문가로 자질이 있는가에 대한 진지한 고민을 통해 진로를 결정할 수 있게 해준다.

그 필요성을 구체적으로 살펴보면,

첫째, 사회복지사에게 필요한 필수능력은 교과과정만으로 익힐 수 없으며 사회복지실천현장에서의 경험을 통해서 얻을 수 있기 때문이다.

둘째, 실습생들은 교과과정에서 배운 사회복지 이론들을 실습을 통하여 사회복지실천현장에서 직접 실천할 수 있는 기회를 갖기 때문이다.

셋째, 실습생들은 실습과정을 통하여 다른 활동으로는 발견하지 못했던 자신의 적성 및 장점과 단점과 같은 자아인식을 경험할 수 있기 때문이다.

넷째, 실습생들은 실습과정을 통하여 사회복지에 대한 지식을 얻을 수 있을 뿐만 아니라 기초적인 제반 사무능력을 배양할 수 있는 기회를 갖게 되기 때문이다.

2 사회복지현장실습의 기대효과

사회복지현장실습 학습과정의 실습주체인 실습생, 실습기관 및 시설 그리고 학교는 사회복지현장실습을 통해 다음과 같은 이점을 얻을 수 있다(서진환, 2001).

1) 사회복지 이론 적용의 기회

사회복지현장실습은 학교에서 배운 이론을 실제의 상황에 적용할 수 있는 기회를 제공함으로써 교과서의 학습을 살아 있는 학문으로 만든다. 정신장애인, 노숙자, 아동학대나 가정폭력의 가해자나 피해자 등 다양한 클라이언트 집단을 실제로 만나 사회복지실천을 수행하는 과정에서 학교에서 배운 내용을 확고히 하며 자신의 관심 대상이나 영역을 발견할 기회를 가질 수 있다.

2) 전문적 역할에 대한 간접적인 학습기회

사회복지 전문직은 개인, 집단, 지역사회를 대상으로 클라이언트의 욕구와 문제를 사정하여 적절한 개입계획을 세워 효과적으로 개입을 해야 하며, 옹호자, 중개자, 임상가, 지역사회 계획과 조직자, 행정가 등의 다양한 역할을 유능하게 수행할 수 있어야 한다. 실습생이 한 학기 동안의 실습경험을 통하여 이러한 역할 각각에 대한 기술을 습득할 수는 없으나, 한 기관에서 실습을 하면서 이러한 역할들을 수행하는 다른 사회복지사들과 다른 전문직의 역할수행을 관찰할 수 있는 간접적인 학습의 기회를 가지게 된다.

3) 전문직으로서의 사회화 과정에 참여하는 기회

실습생은 현장실습지에서의 실천경험 과정에서 전문직의 하위문화 속으로 사회화가 된다. 이러한 사회화 과정은 전문가 집단의 성원으로 수용되어 성원들이 공유하고 있는 기대에 동조하게 되며, 역할모델과 일치하는 전문가적인 자아개념을 발달시키게 됨으로써 이루어진다. 현장실습 기간 동안 클라이언트와 동료들, 그리고 전문가 집단과 만나게 됨으로써 사회복지의 문화, 규범, 가치를 배우게 되고 알게 모르게 이를 내면화하게 된다. 이러한 과정을 통하여 실습생은 수동적인 학습자에서 능동적인 전문가로 변화하게 되는 것이다.

4) 미래 직업계획을 위한 기회

사회복지현장실습은 사회복지직이 자신에게 맞는 직업인지를 결정할 수 있는 기회를 제공함으로써 실습생의 미래 계획을 세우는 데 중요한 역할을 한다. 직업의 선택은 중요한 결정이며, 모두가 사회복지직에 맞을 수는 없다. 학교와 기관, 그리고 실습지도교수와 실습지도자는 실습생들이 실습을 통하여 사려 깊은 지도·감독과 평가를 받도록 함으로써, 자신의 장점과 단점을 발견하고 사회복지직이 자신에게 최선의 선택인지를 결정하도록 원조할 수 있다.

5) 예비 사회복지사로서 정체성 확립을 위한 기회

사회복지현장실습 기간은 사회복지사로서의 정체성이 확고해지는 시기이기도 한데, 실천현장에서 부딪히게 되는 의사결정의 순간에 윤리적 딜레마를 실제로 경험하고, 타 전문가들과의 관계 속에서 서비스 전달에 참여하는 등의 전문가적인 경험은 이러한 과정에 중요한 역할을 하는 것이다. 실습기간은 또한 지식과 기술의 기반에서 의미를 끌어낼 수 있는 기간이기도 한데, 이는 학생 자신의 발달과정에 영향을 줄 수 있다. 즉, 지식과 기술이 내면화되고, 개인적으로나 사회복지직으로 자신감을 얻을 수 있게 되는 것이다.

실습후기

"이제야 사회복지사가 무엇인지 알 것 같아요", "정말 사회복지사가 된 것 같았어요"라고 말할 수 있게 된다.

제2장 사회복지현장실습 실천의 장

| 제1절 | 사회복지실천현장의 개념

사회복지실천의 현장은 사회복지사업법에 의거하여 사회복지서비스를 제공하는 기관 및 시설들을 말한다. 사회복지실천이 이루어지는 곳을 말하는 것으로서 사회복지실천현장은 단지 장소만을 뜻하는 것이 아니라, 사회복지실천이 행해지는 장(setting), 문제(problem), 대상집단(client)을 포괄하는 개념이다.

1 협의의 사회복지실천현장

협의의 사회복지실천현장은 사회복지기관을 말한다. 사회복지실천현장은 사회복지서비스를 직접적으로 또는 간접적으로 제공하는 장(場, setting)이다. 사회복지실천이 이루어지는 '구체적인 장소' 혹은 사회복지서비스를 직접 또는 간접적으로 클라이언트에게 제공하는 장소를 뜻한다. 사회복지기관은 클라이언트의 문제해결 과정에 중요한 영향력을 미치며 사회복지사의 활동을 규정하는 환경으로 이해해야 한다.

2 광의의 사회복지실천현장

광의의 사회복지실천현장은 분야 또는 영역을 말한다. 서비스의 초점이 되는 문제영역을 포괄하는 개념으로 클라이언트에게 서비스를 제공하기 위해 직접적 · 간접적으로 관련되는 모든 현장을 뜻한다. 이는 물리적인 공간이나 장소만을 뜻하는 것이 아니라 사회복지실천이 이루어지고 있는 실천분야, 사회복지서비스를 제공하기 위해 직간접적으로 관련되는 모든 분야를 말한다. 대상은 아동, 청소년, 노인, 여성, 장애인 등이며, 영역은 의료영역, 정신보건 영역, 약물남용 영역, 그리고 서비스 장소는 병원, 학교, 도서관 등으로 분류될 수 있다.

| 제2절 | 사회복지실천현장의 분류

사회복지가 전문화되고 다양화되면서 사회복지실천 영역도 점차 다양화되고 있다. 사회복지실천현장을 분류하는 기준은 무척 다양한데, 일반적으로 사회복지기관의 운영목적, 기관을 설립한 주체 및 재원조달 방식, 서비스 제공방식, 서비스 내용에 따라 구분할 수 있다.

1 기관의 운영목적에 따른 구분

기관의 운영목적에 따른 구분은 1차 현장과 2차 현장으로 분류할 수 있다(김혜란 · 홍선미 · 공계순, 2001).

1) 1차 현장(Primary Settings)

사회복지실천의 1차 현장은 기관의 일차적인 기능이 사회복지서비스를 제공하는 것으로 사회복지사들이 중심이 되어 활동하는 실천현장을 말한다. 예로는, 지역사회의 종합사회복지관, 노인복지관, 여성복지관, 사회복귀시설 등이 있다.

2) 2차 현장(Secondary Settings)

사회복지실천의 2차 현장은 사회복지전문기관은 아니지만 기관의 운영과 서비스의 효과성에 사회복지서비스가 긍정적으로 영향을 미치기 때문에 필요에 의해 부분적으로 사회복지서비스를 제공한다. 사회복지실천이 부분적으로 수행되는 실천현장의 예로는, 학교, 병원, 교정시설, 기업, 의료기관, 보육시설, 행정복지센터 등이 있다.

2 기관설립 주체 및 재원조달 방식에 따른 구분

1) 공공기관

공공기관은 정부의 지원에 의해 운영되며, 사회복지사의 업무는 정부 규정이나 지침에 따라 지도 · 감독받는다. 공공기관의 체계는 계획, 관리, 지원하는 행정체계로 나뉘며 정부 인력으로는 보건복지부, 시 · 도, 구 · 군, 읍 · 면 · 동 행정복지센터 등이 있다.

2) 민간기관

민간기관은 사회복지 관련 사업을 목적으로 사회복지법에 의해 운영되는 것과 사회복지법인이나 재단, 사단법인, 종교단체, 시민사회단체, 자원봉사단체에서 운영하는 비영리 기관을 말한다. 민간기관은 기부금이나 후원금, 재단전입금, 기타 서비스 이용료 등을 주요 재원으로 하며, 직접적인 서비스를 제공하는 사회서비스 기관과 간접서비스나 행정지원을 위해 조직된 협의체로 나뉜다.

3 서비스 제공방식(직접 · 간접)에 따른 구분

1) 행정기관

행정기관은 사회복지실천을 위한 지원기관으로 간접적인 실천의 장이며, 행정 업무와 기관들을 연계하고 협의하는 업무를 담당한다. 행정기관은 사회복지서비스 전달체계를 효율적으로 운영하기 위해 행정업무를 수행하고 기관 간 연계 및 협의 업무를 담당하며, 중앙정부의 사회복지행정기관–보건복지부, 고용노동부, 교육부, 문화체육관광부 등, 민간 행정조직–사회복지협의체 등이 있다.

2) 서비스 기관

서비스 기관은 클라이언트에게 직접 서비스를 제공하는 것을 목적으로 하며 주요 대상자나 문제의 영역에 따라 다르다. 서비스 기관은 아동상담소, 지역사회복지관, 보육시설, 여성복지시설, 장애인복지시설, 정신보건사회복지시설 등이 있다.

4 서비스의 내용에 따른 구분

1) 이용시설

이용시설은 집에 거주하는 클라이언트를 대상으로 주거서비스를 제외한 사회복지 관련 서비스를 제공하는 기관을 말하며 재가 또는 생활인, 지역주민을 대상으로 서비스를 제공하는 실천현장이다. 이용시설로는 성폭력피해상담소, 노인 여가복지시설, 치매주간센터, 정신의료기관, 입양기관, 보호관찰소 등이 있다.

2) 생활시설

생활시설은 주거서비스를 포함한 사회복지 관련 서비스를 제공하는 기관으로 수용보호적 성격을 지닌다. 생활시설로는 아동, 노인, 장애인, 모자가정, 조손가정 등에 의식주 등 제반 사회복지서비스를 24시간 제공하는 실천현장으로 아동양육시설, 모자보호시설, 정신요양시설, 노숙인 등 시설, 장애인시설 등이 있다.

| 제3절 | 사회복지실습기관과 교육기관의 요건과 역할[1)]

1 사회복지현장실습 지도를 위한 실습기관의 요건

사회복지현장실습 지도를 위한 실습기관의 요건으로 사회복지실습기관의 기본 전제는 다음과 같다(서울시사회복지관협회, 2005; 양옥경 · 최소연 · 이기연, 2007).

1) 실습을 기관의 공식업무로 규정하고 있는 기관

실습지도의 공식업무화는 1개년 사업계획서상에 명시된 것만을 의미하는 것이 아니다. 각 시설 및 기관에서 실습을 기관 업무의 일부로 간주하여 이에 대한 계획, 실행, 평가의 과정을 거치는 것을 의미한다.

1) 보건복지부 · 한국사회복지사협회(2013). 표준실습교육매뉴얼(종합사회복지관) 자료를 참고함.

2) 실습에 대한 명료한 목적을 전 직원이 공유하고 있는 기관

실습은 기관의 인력보충 방편이 되어서는 안 된다. 사회복지현장실습의 목적에 대해 기관 전체가 명료하게 인식하여 실습의 본래 목적이 퇴색되지 않도록 해야 한다.

3) 실습지도자에 대한 업무 조정이 가능하고 이를 실행하는 기관

실습지도자에 대한 업무 조정은 업무과중으로 인해 실습지도에 어려움을 겪고 있는 기관이 적지 않기 때문에 실습이 부가적인 업무가 아니라 기관의 공식업무의 하나로 개인에게 할당된 것이라는 인식하에 실습을 지도할 수 있도록 업무를 조정해야 한다. 이는 업무의 공식화와 같은 맥락에서 이해될 수 있다.

4) 실습지도자가 실습지도를 할 수 있도록 성장의 기회를 제공할 수 있는 기관

실습지도자는 실습생에 비해 상위의 지식과 기술을 겸비해야 함을 감안하여 교육이나 훈련의 기회를 제공하므로 질적 수준을 담보하는 실습을 지향하여야 한다.

5) 실습지도를 위한 공간 확보 및 사무기기의 활용이 가능한 기관

기관은 실습기간 중 실습생을 조직성원의 일부로 고려하여 업무를 위한 공간 및 실습과 관련된 사무용품을 활용할 수 있도록 배려하여야 한다.

6) 자격 있는 실습지도자가 있는 기관

(1) 기관실습 실시기관은 다음의 요건을 모두 갖추어야 한다.

가) 사회복지사업을 수행하는 기관, 법인, 시설 또는 단체일 것

나) 보건복지부장관으로부터 선정되었을 것

다) 다음의 요건을 모두 갖춘 기관실습 지도자가 2명 이상 상근할 것

- 1급 사회복지사 자격증을 취득한 이후 3년 이상의 사회복지사업 실무경험이 있거나 2급 사회복지사자격증을 취득한 이후 5년 이상의 사회복지사업 실무경험이 있을 것
- 기관실습이 실시되는 연도의 전년도에 8시간 이상의 보수교육을 받았을 것

이것을 기본 전제로 효과적인 슈퍼비전과 전문적 실습교육을 제공할 수 있는 능력 있는 사회복지사가 있는 기관이어야 한다.

7) 재정적 지원에서 안정성을 갖추고 있는 기관

안정성 있는 기관은 기관의 운영지침이나 원칙이 사회복지의 가치와 부합하면서 재정적인 건실성을 가지고 실습생으로 하여금 자원모금이나 후원자 개발을 강요하지 않는 기관이어야 한다.

8) 사회복지 전문직의 윤리와 가치에 부합되는 사회복지기관

기관은 사회복지사 윤리강령을 강조하면서 기관의 운영원칙이 윤리적 실천에 부합되어야 하며, 더 나아가서 다양한 학생들을 균형 있게 다룰 수 있는 능력이 있고, 학생에 대한 공식적인 안전절차와 규정을 마련해 놓은 기관이어야 한다.

2 사회복지현장실습 기관의 역할

사회복지현장실습 수행기관의 최우선적인 역할은 실습생에 대한 실습을 체계적이며 질적으로 수행하는 것이다.

1) 실습기관의 실습을 위한 준비

(1) 기관의 실습규정 구비 및 실습 관련 직무 분석
(2) 실습지도와 관련된 기관의 기획
(3) 실습지도를 위한 자격 있는 실습지도자 보유
(4) 실습생 공고 및 실습생 선발
(5) 실습시작 전 실습생 대상 사전미팅 진행, 실습계약 및 오리엔테이션 진행
(6) 실습비 공지 및 실습비 공식 지급
(7) 실습생의 실습 시 의복 및 태도에 대한 안내

2) 실습진행과 관련된 실습기관의 역할

(1) 실습계획서 제공 및 계획서에 준한 실습 지도
(2) 실습에 활용되는 표준화 양식 소개
(3) 기관, 지역사회, 클라이언트에 대한 이해
(4) 실습 시 안전수칙 및 실습생의 권리와 의무에 대한 구체적인 안내
(5) 실습일지에 대한 피드백
(6) 정기적인 슈퍼비전 제공
(7) 실습 시 소요되는 비용에 대한 행정적인 처리방법 안내
(8) 실습생 근태 관리
(9) 실습생 소속 대학과의 연계
(10) 실습 중간 평가 진행 및 평가내용 공유, 반영
(11) 실습 종결 평가 진행 및 실습평가서 작성
(12) 실습평가 내용에 대한 피드백 제공

3 사회복지현장 실습지도를 위한 교육기관의 요건

1) 표준교과목 지침에 준거하여 운영

전국적으로 사회복지학과가 개설된 교육기관은 다양하기 때문에 가능한 한 교과과정이 한국사회복지교육협의회의 표준교과목 지침에 준거하여 운영되어야 한다.

2) 기초이론교육이 체계화된 교육기관

교육기관(학교)에서 진행되는 교육내용은 편차로 인해 실질적으로 실습지도가 어려운 점을 감안할 경우 실습과 관련된 기초이론교육에서 사회복지교육협의회의 표준교과목 지침에 준해 교과과정이 운영되고 있는 대학이어야 한다.

3) 실습 전 실습생의 자세와 역할, 실습동기화 교육을 실시하는 대학

실습교육을 실시하는 대학은 실습을 시작하기 전에 학생들에게 실습생의 기본자세와 역할, 실습동기화에 대한 교육을 실시하는 교육기관(대학)이어야 한다.

4) 실습생의 원활한 지도를 위해 실습기관과 의사소통을 하는 교육기관(대학)

실습지도교수는 실습내용에 대해서 실습기관의 상황을 존중해 주어야 한다. 실습계획서 내용과는 다른 사항들을 기관에 요구하지 않도록 해야 하며, 기관을 존중하며 실습지도에 형식적이 아닌 실질적 책임을 갖고 의사소통하는 자세와 노력이 전제되어야 한다.

5) 사회복지사 자격이 있는 전임교원에 의해 실습지도 및 세미나가 운영되는 교육기관(대학)

(1) 실습지도교수의 경우 사회복지실습 경험이 있는 사회복지사 자격증을 보유한 전임교수에 의해 행해지도록 해야 한다.

(2) 사회복지현장실습의 기준 중 실습세미나는 1회당 2시간 이상의 실습세미나를 총 15회 이상 실시해야 하며 이 경우 정보통신망을 이용한 온라인 교육을 실시하는 교육기관의 실습세미나에는 대면방식의 세미나가 총 3회 이상 포함되어야 한다.

또한 학사, 석사 또는 박사 학위 중 2개 이상의 학위를 사회복지학 전공으로 취득한 사람으로서 3년 이상의 사회복지학 교육경험 또는 3년 이상의 사회복지사업 실무경험이 있는 교수가 지도해야 한다.

4 사회복지현장 교육기관의 역할

교육기관(대학)은 실습교육을 위한 강의, 토의, 슈퍼비전, 기관방문 등을 통해 실습의 지도를 진행해야 하며, 실습교육 시 실습조교를 배치하여 실습기관 및 실습학생에 대한 연락, 실습상황 검토, 실습보고서와 평가서 정리 등의 업무를 처리해야 한다(한국사회복지사협회, 2010). 또한 실습지도교수는 실습기관 방문, 전화, 온라인의 방법으로 실습기관과 긴밀한 관계를 유지해야 한다. 실습세미나의 경우는 교육기관(대학)의 상황에 맞춰 수업의 한 형태로 진행해야 하며 실습보고서를 통한 실습 지도와 실습생의 실습 보고, 세미나 방법이 있다.

제3장 각국의 사회복지현장실습교육

| 제1절 | 각국의 사회복지사 자격제도

이 장에서는 한국, 미국, 호주, 싱가포르, 일본의 사회복지현장실습교육[1]에 대해 간략히 살펴보면서 현재의 한국의 사회복지현장실습교육이 나아갈 방향에 대해 고민하는 시간을 가지고자 한다.

1 한국의 사회복지사 자격제도의 특징

한국의 사회복지사 자격제도는 1970년 사회복지사업 종사자 자격 규정으로 시작되어, 1983년 현행 사회복지사 1, 2, 3급으로 분류되었다. 이후 사회복지사 자격제도는 사회복지학과 졸업자 자격 중심으로 운영되다가, 1997년 사회복지 교과목 이수 중심으로 자격증 제도의 골격이 변화되고 사회복지사 1급은 국가시험 체제로 개편되어 현재에 이르게 되었다. 현재 사회복지사의 자격 등급은 1, 2급으로 구분되며 보건복지부 장관이 교부한다. 1급은 사회복지사 2급으로서 사회복지사 1급 국가시험에 합격한 자에게, 2급은 대학원, 대학교, 전문대학 졸업자로서 일정 교과목을 이수한 자에게 자격증을 교부하고 있다.

사회복지사업법 시행규칙 제3조에서 명시하고 있는 사회복지현장실습 교과목에 관한 기준은 실습기관, 실습지도자, 실습시간에 관해 [별표1]에서 별도로 규정하고 있다. 한국의 사회복지현장실습은 사회복지실습의 중요성이 강조됨에도 불구하고 오히려 실습과목이 사회복지사 자격시험을 위한 도구적 성격으로 전락한 듯하다. 2008년도 사회복지사업법이 개정되면서 실습에 관한 법적 기준이 처음으로 명시되었으나, 그 기준의 중요성에도 불구하고 내용이 구체적이지 않아 혼란을 야기하고 있는 실정이었다.

법적 기준은 실습 이수를 위한 최소 수준만을 제시하고 있는 것으로 이를 토대

---

1) 본 내용은 보건복지부 · 이화여자대학교 산학협력단(2011) 내용을 참고함.

로 한국사회복지사협회 등 전문가 단체 등에서 사회복지현장실습 지침서 등을 발간하여 사회복지현장실습 체계화를 도모하고 있으나 그 강제력이 없는 것이 현실이었다.

이에 사회복지 현장에서 필요로 하는 수요에 따라 법정 교과목을 추가하여 시대 변화와 현장 요구를 반영한 사회복지 관련 교과목 이수학점 상향 조정 및 현장실습 확대를 주요 내용으로 규정한 「사회복지사업법 시행규칙」 일부 개정령안이 2019년 8월 12일 공포되어 2020년 1월 1일부터 시행하게 된다.

한국사회복지사협회의 사회복지현장실습 교육지침서(2005)의 실습교육 시간은 일반실습, 심화실습Ⅰ,심화실습Ⅱ 과정 공통기준에 준하여 행한다. 단, 대학원 석사과정 실습의 경우 실습기관과 실습생의 협약하에 아래의 실습시간을 초과하여 계약할 수 있다.

- 학기 : 주 1일 8시간 20주(160시간 이상)
- 방학 : 4주(160시간 이상)
- 생활시설에서 숙식을 하며 실습을 할 경우 3주(160시간 이상)

2 미국의 사회복지사 자격제도의 특징

미국은 전미사회복지교육협의회(CSWE : The Council on Social Work Education)에서 사회복지 학위를 인증한 대학 출신이어야만 공인 사회복지사 자격을 취득할 수 있다. CSWE는 학부 또는 대학원 사회복지학과 학위 프로그램을 인증함으로써 사회복지사를 양성함에 교육의 질을 엄격히 관리하고 있는 것이다. CSWE에서 인증한 사회복지 학위 수여자는 전미사회복지연합위원회(ASWB : The Association of Social Work Boards)에서 주관하는 사회복지사 자격시험에 응시할 수 있다. 이때 응시자의 학위 및 경력 사항에 따라 〈표 3-1〉과 같이 네 가지 레벨로 구분되는 자격시험에 응시하여, 해당 자격을 취득할 수 있다. 해당 자격시험 응시요건은 각 주의 법률에 의하여 결정된다.

표 3-1 ASWB의 사회복지사 자격시험

자격시험명	자격시험 조건
Bachelors	사회복지 학사 졸업자
Masters	MSW 학위, 학위 이수 후 경험은 없는 상태
Advanced Generalist	MSW 학위 이수 후 슈퍼비전하에 2년의 실천 경험
Clinical	MSW 학위 이수 후 2년의 직접적인 임상사회복지실천 경험

출처 : https://www.aswb.org/licensees/about-licensing-and-regulation/

사회복지사 자격증은 ASWB에서 주관하는 자격 취득과 응시자 자신의 학위와 임상경력에 따라 각 주의 법 규정에 의하여 취득할 수 있다. 예를 들면, 뉴욕 주의 경우는 주법에 따라 LCSW(Licensed Clinical Social Worker)를 취득하기 위해서, 우선 사회복지 석사(MSW) 소유자가 3년의 임상경력과 함께 ASWB에서 주관하는 Clinical 레벨의 자격을 취득하면 해당 자격증을 발급받을 수 있다. 또 다른 예로, 캘리포니아 주의 LCSW(Licensed Clinical Social Worker)는 사회복지 석사 소유자로 2년의 임상경력을 가지고 캘리포니아 주의 자체 시험에 통과하면 해당 자격을 취득할 수 있다. 즉, 캘리포니아는 자격 인증을 위해 주에서 자체적으로 개발한 시험을 치르고 있기 때문에 타 주에서 치른 시험성적을 인정하지 않으며, 마찬가지로 대부분의 주에서도 캘리포니아의 시험성적은 인정하지 않고 있다(주은수, 2010).

미국은 주에 따라 자격증의 명칭과 요구되는 요건, 세부내용에서 차이를 나타내고 있지만, 사회복지 학위와 슈퍼비전을 포함한 임상경력 그리고 자격 취득 시험이 사회복지사 자격 취득의 주요 요건이다. 뉴욕 주의 경우 최고 수준의 사회복지사 자격증인 LCSW를 취득하기 위하여서는 일반적으로 학사 4년, 석사 2년, 석사 후 현장경력 3년 그리고 Clinical 시험을 통해 최종적으로 LCSW를 취득할 수 있다. LCSW에는 총 시간은 9년의 기간이 소요된다고 볼 수 있다.

CSWE에서 제공하는 사회복지학사 과정 표준인 EPAS(The Educational Policy and Accreditation Standards)에 따르면, 학부의 현장실습은 최소 400시간 이상 제공되어야 한다고 제시되어 있지만, 일리노이 주 사회복지학부 학생은 최종 학년 안에 600시간 현장실습 이수를 표준으로 하고 있다. 이는 CSWE의 EPAS를 통해 제시하는 학부 실습시간보다 높은 기준으로 운영하고 있음을 보여준다.

결과적으로 전미사회복지교육협의회(CSWE)는 사회복지 학위 인증 안에 대학의 사회복지현장실습에 대한 표준을 제시하고 있다. 즉, 미국에서 사회복지실습의 인증은 대학의 사회복지 전공 학위 인증에 포함되어 있는 것이다. 이것은 사회복지 실습에 있어서 대학의 역할과 책임을 강조하고 있는 것으로 볼 수 있다. 미국은 다른 국가에 비하여 매우 엄격한 사회복지사 자격제도를 둔 나라이다. 특히 전미사회복지교육협의회(CSWE)의 역할이 중요하게 작용하고 있으며, CSWE의 사회복지 학위 프로그램에 대한 인증이 사회복지사의 양성에 있어서 중요한 위치를 차지하고 있다.

3 호주의 사회복지사 자격제도의 특징

호주는 국가 공인 사회복지사 자격제도가 운영되고 있지 않지만, 호주사회복지사협회(AASW : The Australian Association of Social Workers)에서의 인증이 공신력을 얻고 있다. 즉, 현장의 사회복지 관련 기관에서는 AASW의 회원을 구인조건으로 하고 있어, 호주에서 사회복지사로 활동하기 위해서는 반드시 AASW의 회원으로 가입해야 한다. AASW는 미국의 전미사회복지교육협의회(CSWE)와 같이 호주 내 사회복지 학위 학사 및 석사 과정에 대한 인증을 하고 있다. 미국과 마찬가지로 호주에서 공신력 있는 사회복지사가 되기 위해서는 AASW에서 사회복지 학위를 인증한 대학교에서 사회복지 학위를 받은 뒤, AASW 회원자격을 취득해야만 한다. 호주의 사회복지사 양성제도에서 다른 국가(미국, 싱가포르, 일본, 한국)와의 가장 큰 차이점은 국가 공인 자격이 없다는 것이다. 대신 AASW의 회원 등록이 공신력을 가지고 있으며, 사회복지사들로 구성된 AASW가 사회복지 인력 양성에 대한 통제력을 가지고 있다는 것이다. 따라서 AASW가 사회복지 학위 프로그램에 대한 인증을 함으로써 전문성을 갖춘 사회복지사를 양성하고 있는 구조이다.

현장실습은 AASW의 인증기준에 따라 사회복지 학위과정 중에 2년간 실시되어야 한다. 2개의 실습기관에서 일일 7시간, 140일을 완료해야 하고, 최소 980시간 이상 실시되어야 한다. 실습은 실습기관 중 1개의 현장실습기관에서 40일보다 짧아서는 안 된다고 규정하고 있다. 호주는 타 국가의 학부 사회복지 실습시간 이수기준보다 높은 이수시간을 요구하고 있다. 이와 같이 높은 실습시간 이수규준은 사회복지사 양성에 있어서, 현장실습의 중요성을 매우 높게 인식하고 있는 것으로 볼 수 있다.

4 싱가포르의 사회복지사 자격제도의 특징

싱가포르에서 공인 사회복지사가 되기 위해서는 사회복지인증위원회(SWAB : Social Work Accreditation Board)에서 소개하고 있는 사회복지 학위 과정을 마친 졸업생이어야 한다. 사회복지 학위 과정을 마친 졸업생은 임시자격증을 등록한 후 1년간의 전일제 근무를 마친 뒤, 공인 사회복지사 자격을 취득할 수 있는 과정으로 제도가 이루어져 있다. 싱가포르는 등록 사회복지사로 신청하기 위하여, 기관 또는 동료의 추천이 필요로 하는 것이 여타 국가와의 차이점이라 할 수 있다. 공인 사회복지사의 등록요건은 〈표 3-2〉와 같다.

표 3-2 싱가포르 공인 사회복지사 종류

임시등록 사회복지사 Registered Social Worker Provisional(RSWP)	등록 사회복지사 Registered Social Worker(RSW)
• 1년 미만의 전일제 사회복지사로 있는 자 • 동료 또는 고용주 2명의 추천	• 1년의 전일제 사회복지사 경력 관련 교육 80시간 수료자 • 1,000시간 이상의 RSW 자격을 가진 슈퍼바이저로부터 슈퍼비전 • 동료 또는 고용주 2명의 추천

출처 : http://accreditation.sasw.org.sg/cpe-page

싱가포르 사회복지사 양성제도의 특징 중에 하나는 사회복지서비스 제공자가 사회복지사와 사회복지사 자격이 없는 사람인 사회서비스 전문가로 규정되어 있다는 점이다. SWAB에서는 사회복지를 전공하지 않은 학사 졸업생에게 서비스 제공자로 활동이 가능하도록 하고 있으며, 이들을 사회서비스 전문가로 인증하고 있다. SWAB에는 사회복지사 보수교육제도(CPE : Continuing Professional Education)

를 통해 등록된 사회복지사 및 사회서비스 전문가들의 등록 유지를 위한 보수교육제도가 존재한다.

실습시간은 학위과정 중에 방학기간 동안 400시간의 현장실습을 이수하여야 하며, 2회에 걸쳐서 실시한다. 이때 학부 1년 과정을 마친 다음 1회의 실습이 이루어져야 하고, 학부 2년 과정을 마친 다음 마지막 실습이 완료되어야 한다. 이렇게 400시간씩 2회 실시함으로써 총 800시간의 현장실습을 학위과정 중에 이수하여야 한다.

5 일본 사회복지사 자격제도의 특징

일본에서 사회복지사의 자격 취득을 위해서는 사회복지사 국가 자격시험에 합격해야 한다. 국가 자격시험에 응시 가능한 자는 다음과 같으며, 다른 국가(한국, 미국, 싱가포르)에 비해 아주 다양한 경로를 통해 사회복지사 자격 취득이 가능하다.

- 4년제 대학에서 사회복지 지정 과목을 이수 · 졸업한 자
- 2년제(혹은 3년제) 단기대학 등에서 지정과목을 이수 · 졸업한 자로 지정시설에서 2년 이상(혹은 1년 이상) 상담원조 업무에 종사한 자
- 사회복지사 단기양성시설(6개월 이상)을 졸업(수료)한 자
- 사회복지사 일반양성시설(1년 이상)을 졸업(수료)한 자
- 아동복지사, 신체장애복지사, 복지사무소의 사찰지도원, 지적장애복지사 및 노인복지 지도 주사로 5년 이상 종사한 자

사회복지사의 종류는 법적으로 사회복지사, 개호복지사, 정신보건복지사로 구분되어 있다. 또한 사회복지사 자격에 대하여 국가자격이지만 의사와 변호사 같이 업무독점 자격이 아니라 명칭독점의 자격이라고 규정하고 있다. 즉, 사회복지사의 업무는 타 직종에서 실천해도 법률적 문제가 없음을 의미한다.

일본은 2011년부터 인증사회복지사와 인증전문사회복지사 자격제도를 민간 차원에서 실시하고 있다. 민간 사회복지사 제도는 2008년 제도구축을 위한 기초연구

가 이루어지고, 2010년 3월 전문 사회복지사 인증제도를 공포하여 전국 사회복지사의 의견 수렴 과정을 거쳤다. 인증 사회복지사와 인증전문 사회복지사 제도는 아직 국가 자격시험이 아니며, 7개 단체에서 실시하고 있고, 사회복지사 국가 자격시험 합격자를 기본 자격으로 하고 있다. 사회복지사의 전문성에 대한 일본 내부의 요구에 의하여 민간 차원에서 시작하게 되는 인증 사회복지사와 인증전문 사회복지사의 취득요건 및 역할 그리고 세부내용은 〈표 3-3〉과 같다.

표 3-3 일본의 민간 시행 인증 사회복지사 종류

구 분	인증 사회복지사	인증전문 사회복지사
활동	• 소속조직을 중심으로 상담원조 부문에서 리더십을 발휘 • 노인복지, 의료 등 각 분야의 전문적인 지원방법과 제도에 정통하며, 다른 직종 과 연계하여 복잡한 생활과제가 있는 이용자에 대해서도 정확한 상담원조를 실천	• 소속조직과 함께 지역(지역 포괄 지원센터 운영 협의회, 장애인 자립 지원 협의회, 보호아동 대책협의회 등)에서 활동 • 관련 기관과 협력하여 지역에서의 옹호 계획 작성과 새로운 서비스를 개발 • 체계적인 이론과 임상경험을 바탕으로 인재를 육성 · 지도
역할	• 여러 과제가 있는 경우 대응 • 직장에서의 리더십, 실습 지도 • 지역과 외부기관과의 대응창구(긴급 대응, 불만 대응) • 타 직종과의 연계, 직장 내 코디네이터 등	• 여러 과제에 대한 지도 슈퍼비전 실시 • 불만 해결, 리스크 관리 등 조직의 시스템 구축 • 지역기관 간의 연계시스템 구축, 복지정책 형성에 관여 • 과학적 근거에 기초한 실천지도, 실천의 검증과 근거의 축적
주요 요건	• 상담원조 실무경험이 사회복지사를 취득한 후 5년 이상이며, 지정시설 및 직종에 준하는 업무 종사자 • 인정기관에서 연수(슈퍼비전 실적 포함)를 이수	• 상담원조 실무경험이 공인 사회복지사를 취득한 후 5년 이상이며, 사회복지사 제도의 지정시설 및 직종에 준하는 업무종사자 • 인정기관에서 연수(슈퍼비전 실적 포함)를 수강 · 수료하고 있음 • 기준을 충족하고 논문 발표 또는 인정받은 학회에서 발표를 함

출처 : http://www.jacsw.or.jp/ninteikikou/

일본의 현장실습 교육은 상담원조연습, 상담원조실습 지도, 상담원조실습의 세 가지 차원에서 이루어지고 있다. 먼저 상담원조연습은 150시간을 이수해야 한다. 이는 구체적인 상담원조사례를 체계적으로 학습하는 것으로 개별·집단지도를 가정한 실기(역할연기 등)를 개별 및 지역에 대한 이론교육과 함께 연습실에서 진행된다. 둘째, 상담원조실습 지도는 90시간을 이수해야 한다. 이는 실습지역에 대한 이해, 실습전년도부터 학습이나 실습을 위한 수속, 실습계획서 작성, 개별지도 및 집단지도를 통한 상담원조에 대한 지식과 실천기술 습득을 목표로 한다. 이를 위해 연습실에서 개별 및 집단 지도가 이루어지며, 사회복지기관 견학 및 체험학습도 병행하여 진행한다. 셋째, 상담원조실습은 사회복지 실습기관에서 180시간을 이수해야 한다. 이때 상담지원에 관한 전문지식, 전문원조기술 및 관련 지식을 현장에서 실습을 통해 배운다. 또한 슈퍼바이저와 실습담당교원으로부터 지도와 조언을 받으면서 실습을 통해 경험한 일과 과제에 대한 정리를 한다.

| 제2절 | 각국의 사회복지현장실습교육 비교

1 제도적 근거

각국의 사회복지현장실습의 제도적 근거는 〈표 3-4〉와 같다.

표 3-4 각국의 사회복지현장실습 제도적 근거

한 국	미 국	호 주	싱가포르	일 본
사회복지사업법	전미사회복지교육협의회의 학위 인증	호주사회복지사협회의 사회복지 학위 인증	사회복지대학 자체 실습 매뉴얼	사회복지사 및 개호사회복지사법

2 자격제도 주요 특징

각국의 사회복지현장실습 자격제도의 주요 특징은 〈표 3-5〉와 같다.

표 3-5 각국의 사회복지현장실습 자격제도 특징

한 국	미 국	호 주	싱가포르	일 본
• 사회복지 학위 인증 없음 • 사회복지사 국가시험 있음 • 1급, 2급의 자격 구분은 있으나 상위 레벨의 자격 취득 요건 중 슈퍼비전 요구사항 없음	• 사회복지 학위 프로그램 인증 있음 • 사회복지사 국가시험 있음 • 국가자격시험의 수준별로 구분되며 상위 수준 시험요건으로 슈퍼비전 요구됨	• 사회복지 학위 프로그램 인증 있음 • 사회복지사 국가자격시험 없음 • 사회복지사협회 회원 등록을 통해 공신력 있는 자격 획득 • 수준별로 나뉜 자격제도 없음. 단, 별도의 인증 정신보건사회복지사는 존재함	• 사회복지 학위 인증 없음 • 사회복지사 국가시험 없음 • 싱가포르 사회복지인증위원회로부터 인증을 받아야 등록 사회복지사로 공식적 자격을 취득할 수 있음 • 상위 수준으로 등록하기 위하여 슈퍼비전 요구됨	• 사회복지 학위 인증 없음 • 사회복지사 국가시험 있음 • 사회복지사, 개호사회복지사, 정신보건사회복지사로 구분됨 • 사회복지 학위 이수자가 아닌 실무자도 국가시험에 응시할 수 있도록 되어 있음 • 민간협회 차원에서 인증 사회복지사 및 인증 전문 사회복지사 제도가 2011년도부터 시행되고 있음

3 기관요건

각국의 사회복지현장실습 기관요건의 주요 특징은 〈표 3-6〉과 같다.

표 3-6 각국의 기관요건

구 분	한 국	미 국	호 주	싱가포르	일 본
실습 인증제	인증에 대한 관련 제도 없음	학위 인증에 포괄	학위 인증에 포괄	인증제 없음	일본사회복지교육학교연맹 가입에서 인증하고 있으나 세부적이지 못함
현장 실습 기관 요건	사회복지사업법에 의한 시설	기관의 슈퍼바이저 역할(오리엔테이션 참석, 매주 정기적 슈퍼비전 시간 확보 등)을 수행할 수 있는 기관 요구	슈퍼바이저의 자격사항과 슈퍼비전 시간 확보 요구	슈퍼바이저의 자격(4년의 경력)과 슈퍼바이저의 슈퍼비전 훈련 참석 요구	실습교원이 주 1회 방문 가능한 곳
슈퍼바이저 요건	1급 취득 후 3년 경력자 또는 2급 취득 후 5년 경력자 2명 이상 그리고 실습기간 전 년도 8시간 이상의 보수교육을 이수	전미사회복지교육협의회인증 석사 학위 소지자로 학사 또는 석사 후 2년 현장 경력자	호주사회복지사협회 회원자격을 가진 2년 이상의 경력자	등록 사회복지 자격자로 4년의 경력자. 비등록 사회복지사 1년을 포함하면 총 5년의 경력자	자격 취득 후 3년 이상 경력자로 강습과정 수료자

4 커리큘럼

각국의 사회복지현장실습 커리큘럼의 주요 특징은 〈표 3-7〉과 같다.

표 3-7 각국의 커리큘럼

구 분	한 국	미 국	호 주	싱가포르	일 본
실습 시간	학부과정 중 160시간 이상	학부과정 중 400시간 이상	• 2년 동안 980시간 이상 • 2개 기관 이상 실습	1년에 400시간 이상 2회에 걸쳐 실시됨	• 총 실습시간 420시간 • 교내 상담원조연습 150시간 • 교내 상담원조실습 및 현장견학 90시간 • 현장 상담원조실습 180시간
실습 과정 주요 내용	표준화된 규정은 없음	• 실습기관에 대한 오리엔테이션 • 관심 실습지에 대한 개별토론 후 현장 선택 • 실습기관에서 면담 후 결정	• 현장 슈퍼바이저에 대한 교육통합 워크숍 • 현장에 적절한 슈퍼바이저가 없을 시에 외부 슈퍼바이저를 위촉할 수 있도록 대학에서 노력	현장실습 세미나 개최 (학생, 슈퍼바이저 참석)	• 실습에 대한 이론교육과 연습실 실기 • 연습실 실기와 현장견학 • 현장실습 실시
대학의 실습 전담 인력	표준화된 규정은 없음	현장실습 담당교원은 실습지 개발, 실습지와 협력 및 학교와 학생 그리고 현장조정자 역할 전담 인력	실습전담 현장실습 담당교원인 코디네이터와 연락하여 직원이 배치되어 활동	현장실습 담당교원 존재	현장실습 교원활동

| 제3절 | 한국 사회복지현장실습 체계의 개선방향

1 열악한 현장상황 반영 필요

한국은 사회복지현장실습 기관인증제 도입이 필요하다. 예를 들면, 지역아동센터의 경우는 실습생을 구하기도 어려울 뿐더러 지역아동센터에 지원하는 사회복지사도 적어 인적자원이 부족한 상태이다. 따라서 현장의 열악한 현실을 감안한 사회복지현장실습 기관인증제 도입이 필요할 것이다.

2 준비된 실습생의 자세 필요

실습처 선택 시에는 특정 기관에만 실습생이 몰리는 경우도 있으며 실습에 임하겠다는 실습생의 자세가 부족한 경우도 있다. 그리고 사회복지실천현장에서 대리실습을 하는 경우 등의 부정실습, 허술한 실습이 이루어지는 경우가 있기 때문에 실습에 대한 엄격한 규정이 이루어져야 한다.

3 인증기관 선정 및 관리

현장실습 인증요원은 관리자 또는 슈퍼바이저 사회복지사가 배치되어 어느 정도의 권위와 공신력을 가져야 한다. 전국단위 위탁과 함께 시·도단위 위탁을 검토해야 한다. 또한 심사위원을 선정하고 관리하는 것이 매우 중요할 것이다. 또한 평가를 하게 된다면 서류심사만 하는 것이 아닌 현장방문 평가 등 보다 정확한 평가가 이루어질 수 있도록 관리가 되어야 한다.

※ 기관실습 전 체크리스트

- 2020년 이후 보건복지부장관은 선정을 받은 실습기관인지(한국사회복지사협회-현장실습 탭-공지사항) 확인해야 하며 등록된 실습지도자인지 확인해야 한다.
- 기관실습은 실습지도자의 근로시간 내에 실시하며 하루에 이수 가능한 시간은 최소 4시간 이상 최대 8시간 이하여야 한다.

- 사회복지현장실습 교과목의 학점이 부여된 후 기관실습(사후실습)을 진행한 경우 자격증 발급이 불가하다.
- 동일직장(동일기관) 내에서 진행하는 실습은 인정되지 않는다.

4 슈퍼바이저 교육

현장실습은 끊임없는 슈퍼바이저 교육과 커리큘럼을 통해 슈퍼바이저를 위한 맞춤형 교육이 이루어져야 하며, 슈퍼바이저 교육을 통해 학생들에게 양질의 슈퍼비전이 이루어져야 한다. 따라서 슈퍼바이저 교육을 제도화하는 것이 필요하다.

5 기관의 특수성 고려

지역아동센터와 같은 소규모 시설은 슈퍼바이저 역할을 수행하는 것이 용이하지 않아 특수성이 고려되어야 한다.

제4장 사회복지현장실습 관련 기준

| 제1절 | 사회복지사 자격 취득을 위한 사회복지현장실습

1 사회복지사 자격제도

사회복지사는 현대사회에서 다양한 사회적·개인적 문제를 겪는 청소년, 노인, 여성, 가족, 장애인 등에게 사회복지학 및 사회과학의 전문지식을 이용하여 문제를 진단하고 평가함으로써 문제해결을 돕고 지원하는 업무를 담당하는 자를 말한다. 사회복지사업법 제11조는 사회복지에 관한 소정의 전문지식과 기술을 가진 자에게 사회복지사 자격을 부여하고 이들에게 복지업무를 담당하도록 함으로써 아동, 청소년, 노인, 장애인 등 보호가 필요한 사람들에게 전문적이고 체계적인 복지서비스를 제공하기 위한 자격을 규정하고 있다.

2 사회복지사의 역할

1) 기능에 따른 사회복지사 역할 분류

사회복지사는 클라이언트와 직접 대면하여 서비스를 제공한다. 개인상담 혹은 부부·가족치료를 하거나 집단사회복지실천 영역에서는 지지집단, 치료집단 등을 운영하기도 하고 클라이언트에게 적절한 정보를 교육하거나 제공하기도 한다.

(1) 중개자(broker)

중개자는 클라이언트에게 지역사회 내에 있는 서비스 체계나 자원을 활용할 수 있도록 돕거나 안내해 주고 사례관리의 핵심적 기능을 수행한다. 클라이언트가 긴급하게 식량이나 주거, 법률적 도움이나 다른 필요한 자원을 얻도록 도와주며, 지역사회의 다양한 부분들의 상호 이익을 증진하기 위해 교류하도록 돕는다. 유능한 중개자는 사람들을 자원과 연결시키기 위해 지역사회의 자원을 철저하게 파악하여 적절하게 의뢰할 수 있어야 한다. 대안자원들 중 선택권을 클라이언트에게 제공하고 의뢰기관과 클라이언트를 연결한다.

(2) 사례관리자(case manager)

사례관리자로서 사회복지사는 클라이언트의 욕구를 사정하고, 클라이언트가 다른 체계에 의뢰될 때 능력, 기술, 지식 혹은 자원이 부족한 경우에 사례관리자의 역할을 담당하게 된다. 사례관리자는 다른 자원에 의해 제공된 필수 재화와 서비스의 전달을 조정하고, 클라이언트가 시기적절하게 서비스와 재화를 제공받도록 보장한다.

(3) 중재자(peacemaker)

중재자는 사람들과의 분쟁에 개입하여 타협점을 찾고 양자의 입장을 이해하도록 노력해야 한다. 중재자는 중립을 유지하며 논쟁에서 어느 한쪽 편도 들지 않으며, 중범위, 거시체계 사이의 논쟁이나 갈등을 해결하는 역할을 담당한다. 견해가 다른 개인이나 집단 사이의 의사소통을 향상하고 타협하도록 도우며 양측이 서로의 입장을 이해하고 있는지 확인한다. 중재자는 자신의 위치를 분명히 하고, 관련 당사자가 의사를 잘못 전달하는지 인식하며, 입장을 명확히 밝히도록 도와준다.

(4) 옹호자(advocator)

옹호자는 클라이언트를 대변하여 적극적으로 지지하고 사회정의를 지키고 유지하려는 목적으로 개인, 집단, 지역사회의 입장에서 직접적으로 대변 · 보호 · 개입 · 지지하는 행동을 포함한다. 옹호는 클라이언트를 대신하여 자원과 서비스를 획득하는 활동과정이며 클라이언트를 위하여 일을 진행하고 대변하는 것으로, 특히 클라이언트가 필요로 하는 것을 얻을 힘이 거의 없을 때에 적절하게 개입한다.

(5) 조직분석가(organization analyst)

조직분석가는 조직이론과 행정이론에 관한 지식기반으로 기관의 구조 · 정책 · 절차 내에서 서비스 전달에 부정적인 영향을 미치는 요인을 정확하게 파악하는 것이다.

(6) 촉진자(facilitator)

촉진자로서 사회복지사는 클라이언트가 변화하려는 노력을 하도록 격려하며, 서비스 전달체계를 강화하는 방법을 계획하고 실행한다. 집단이 기능하도록 격려하고 지지하며 자극하고 집단에서 집단의 상호작용을 관찰하고 정보를 공유한다.

(7) 계획가(planner)

계획가로서 사회복지사는 사회의 조직, 사회정책을 이해하고 계획하는 일을 한다.

(8) 자문가(consultant)

자문가는 서비스 제공자에게 전문가로서 클라이언트에 대한 지식, 기술, 태도, 문제를 존중하는 태도를 증가시키고, 발전시키며, 수정하고 자유롭게 함으로써 클라이언트에게 더 효과적으로 서비스를 전달할 수 있도록 한다.

(9) 프로그램 개발자(program developer)

사회복지사는 다양한 클라이언트의 욕구 발생에 대응하여 서비스와 프로그램을 개발할 수 있다. 프로그램 개발자는 클라이언트에게 정보를 제공하고 적응적 기술을 가르치며 정보를 분명하고 쉽게 전달하기 위해서 훌륭한 의사소통 기술을 가르친다.

(10) 기획가(designer)

사회복지사는 지역사회 기획가에 대한 접근성이 떨어지는 작은 지역사회, 시골, 신흥도시에서 지역사회 지도자와 함께 기획하는 역할을 맡을 필요가 있다.

(11) 정책과 절차 개발자(policy and procedures developer)

정책과 절차들을 제정하는 과정에 사회복지사가 참여하는 것은 직접적으로 클라이언트에게 서비스를 제공하는 기관에 제한된다. 사회복지사는 클라이언트의 욕구를 평가하고 어떤 정책과 절차들이 클라이언트의 관심에 부합하는지 평가하여야 한다. 사회복지사는 적극적으로 정책과 관련된 의사결정 과정에 참여하는 것이 필요하다.

(12) 아웃리치 역할(outreach role)

사회복지사는 사회문제를 다양한 사람들에게 알리고 문제를 해결하기 위한 서비스와 정책을 제시하며, 공공 또는 민간 서비스 조직을 알리기 위한 정보를 보급하여 서비스의 접근성을 높이는 일이 요구된다.

이상의 내용을 바탕으로 기능에 따른 사회복지사의 주요 역할과 역할의 예를 살펴보면 〈표 4-1〉과 같이 정리할 수 있다.

표 4-1 기능에 따른 사회복지사의 역할

기 능	주요 역할	역할의 예
직접 서비스 제공하기	클라이언트에게 직접 서비스 제공	• 상담가, 가족치료사 • 집단사회복지 지도자 • 정보제공 및 교육자
체계와 연결하기	클라이언트를 다른 체계와 연결하는 역할	• 중개자 • 사례관리자/ 조정자 • 중재자 • 클라이언트 옹호자
연구 및 조사하기	개입방법을 선택하고 그에 대한 효과성을 평가하기 위해 연구 및 조사를 수행하는 역할	• 프로그램 평가자 • 조사자
체계 유지 및 강화하기	서비스 전달 시 효율성을 떨어뜨리는 기관의 정책·기능적 관계를 평가	• 조직분석가 • 촉진자 • 팀 성원 • 전문가
체계 개발하기	기관의 서비스를 확대·개선하기 위해 체계 개발에 관련된 역할 수행	• 프로그램 개발자 • 기획가 • 정책과 절차 개발자

2) 개입수준과 기능에 따른 사회복지사의 역할 분류

마일리 등(Miley et al., 2016)은 사회복지사가 개입하는 수준 혹은 차원에 따라 미시(개인과 가족에 대한 개입), 중범위(조직이나 집단에 대한 개입), 거시(지역사회나 사회에 대한 개입), 전문가 차원으로 구분하였다.

(1) 미시 차원에서의 사회복지사의 역할

개인, 가족과 같은 차원에서는 조력자, 중개자, 옹호자, 교사의 역할로 클라이언트가 처한 문제를 잘 극복할 수 있도록 돕는 역할이 중요하다.

① 조력자(enabler)

조력자는 치료자가 아닌 동반자로서 클라이언트를 격려하고 지지하고 안내하는 역할을 한다. 조력자는 클라이언트의 욕구를 확인하고 문제를 규정하며 문제를 효과적으로 다룰 수 있는 능력을 개발시켜 개인, 가족, 소집단 등을 대상으로 클라이언트를 임파워링하며 클라이언트의 위기상황에서 다양한 스트레스에 대처하도록 돕는 역할을 한다.

② 중개자(broker)

중개자는 클라이언트와 자원 및 서비스를 연결하는 역할로 사례관리의 핵심적 기능을 수행한다. 중개자는 자원을 파악하고 서비스가 적절하게 제공되는가를 점검해야 하므로 자원에 대한 정보와 자원과 클라이언트를 연결하는 데 필요한 지식과 기술들을 가지고 있어야 한다.

③ 옹호자(advocate)

옹호자는 정당한 권리를 대변하고 필요한 자원이나 서비스를 찾거나 이러한 자원 확보에 어려움을 겪는 클라이언트를 위해 권리를 옹호하고 정책 변화를 모색하기 위한 활동을 한다. 옹호자는 클라이언트의 욕구에 서비스 기관이 반응하도록 하며, 클라이언트가 서비스를 받을 수 있고 권리를 획득할 수 있도록 기관 내 프로그램이나 정책을 변화시키는 적극적인 역할을 수행한다.

④ **교사(teacher)**

교사는 클라이언트의 사회적 기능이나 문제해결 능력이 향상될 수 있도록 교육적인 프로그램이나 정보를 제공하며, 정보를 제공하는 것뿐만 아니라 적응기술을 익히도록 클라이언트를 가르치기도 한다. 따라서 교사는 클라이언트를 위해 다방면의 전문적 지식과 정확한 정보, 대인적 기술, 의사소통 기술을 갖추어야 한다.

(2) 중범위 차원에서의 사회복지사의 역할

중범위 차원에서의 촉진자, 중재자, 훈련가 역할은 기관 내부 상호작용이나 조직 차원에서의 전문성 개발을 위해 필요하다.

① **촉진자(facilitator)**

촉진자는 기관이나 조직 차원에서 조직의 기능이나 상호작용, 직원들 간의 협조나 지지, 정보교환을 촉진시키며 조직 간 네트워크를 강화시키고, 조직의 기능이나 상호작용, 정보교환 등을 촉진한다. 또한 기관의 업무가 효과적으로 이루어질 수 있도록 기관업무를 기획하고 실행하는 역할을 한다.

② **중재자(mediator)**

중재자는 공동의 목표와 문제해결을 위해 기간이나 조직의 차원에서, 기관 간 혹은 기관 내의 의사소통의 의견 차이를 조정하는 역할을 수행한다. 견해가 다른 개인이나 집단 사이의 의사소통을 향상하고 타협하도록 돕는 중재자는 중립을 유지하고 어느 한쪽 편도 들지 않으며 서로의 입장을 이해하고 있어야 한다.

③ **훈련가(trainer)**

훈련가는 기관이나 조직의 차원에서 직원들의 전문가적인 능력을 계발시키기 위해서 직원 세미나, 워크숍, 슈퍼비전 등에 참여하여 직원 교육이나 훈련을 담당한다.

(3) 거시 차원에서의 사회복지사의 역할

거시 차원에서의 계획가, 행동가, 현장 개입가는 지역사회 문제를 해결하고 사회적 불평등을 줄이기 위한 적극적인 역할을 한다. 정책수립과 프로그램의 개발, 홍보나 교육활동이 여기에 해당된다.

① 계획가(planner)

계획가는 주민 전체의 욕구를 파악하여 정책적 차원 혹은 거시적인 수준에서, 지역사회 주민이 원하는 것이 무엇인지 이해하고 서비스 개선에 필요한 목표, 정책 또는 프로그램을 계획하는 역할을 한다.

② 행동가(activist)

행동가는 사회적 불평등이나 문제를 인식하고 지역사회나 거시적 수준에서 클라이언트의 이익이나 권리가 침해당하는 사회적 조건에 대항하여 클라이언트가 인권을 보호받고 행사할 수 있는 사회를 만들기 위해 변화를 위한 활동에 참여한다. 행동가는 지역사회의 욕구를 조사하고, 분석하며, 지역사회 활동의 조직, 대중의 이해를 기반으로 자원의 활성화 등을 위해 힘쓴다.

③ 현장 개입가(outreach worker)

현장 개입가는 잠재적인 클라이언트를 대상으로 사회문제를 예방하기 위한 교육을 실시하거나 지역사회나 거시적 수준에서, 서비스 욕구가 드러나지 않는 클라이언트나 지역주민들을 파악하고 이들이 적절한 서비스를 받을 수 있도록 지역사회에 들어가서 활동한다.

(4) 전문가 집단에서의 사회복지사의 역할

전문가 집단에서의 동료, 촉매자, 연구자의 역할은 이론과 실천을 바탕으로 전문직이 제공하는 서비스가 발전될 수 있도록 하는 사회복지사의 활동이다.

① **동료(colleague)**

동료는 전문가로서의 윤리강령을 지키고 동료 간의 지지를 제공하는 역할이다. 따라서 사회복지사 간의 전문적 동료관계를 유지하는 일이 필요하다.

② **촉매자(catalyst)**

촉매자는 전문가 차원에서 사회복지 서비스 전달체계가 효과적으로 기능할 수 있도록 활동하는 역할이다.

③ **연구자(researcher)**

연구자는 전문직 이론의 발전과 프로그램의 향상을 도모하는 역할이다. 지식개발과 서비스와 관련된 자료를 수집·관리하는 기술과 효과성을 평가하는 기술이 요구된다.

이상의 내용을 바탕으로 개입수준에 따른 사회복지사의 역할을 정리해 보면, 〈표 4-2〉와 같이 미시 차원, 중범위 차원, 거시 차원, 전문가 차원으로 설명할 수 있다.

표 4-2 개입수준에 따른 사회복지사의 역할

개입수준	미시 차원	중범위 차원	거시 차원	전문가 차원
역 할	개인과 가족 대상 • 조력자 • 중개자 • 옹호자 • 교사	조직이나 집단 대상 • 촉진자 • 중재자 • 훈련가	지역사회나 사회 대상 • 계획가 • 행동가 • 현장 개입가	동료 및 전문가 집단 대상 • 동료 • 촉매자 • 연구자

다음의 〈표 4-3〉은 사회복지사의 기능과 개입수준에 따른 사회복지사의 역할을 정리한 것이다.

표 4-3 개입수준에 따른 사회복지사의 역할

사회복지사의 역할		개입수준에 따른 역할			
		미 시	중범위	거 시	지역사회
기능 수준에 따른 역할	상담 (consultancy)	조력자	촉진자	계획가	동료/ 점검자
	자원관리/ 조정 (resource management)	중개자/ 옹호자	중재자	행동가	촉매자
	교육(education)	교사	훈련가	현장 개입가	연구자/ 학자

3 사회복지현장실습 선수과목

사회복지현장실습 과목의 수강을 준비하는 학생은 〈표 4-4〉를 확인하여 실습 이수 전에 선수과목을 이수했는지를 점검하여야 한다. 사회복지현장실습의 경우 학점은행제를 통해 수강하고자 할 경우에는 국가평생교육진흥원에서 제시한 규정을 반드시 지켜야 한다. 사회복지 기초과목 중 4과목 이상을 이수하고 성적을 취득한 경우에만 다음 학기 실습과목 수강 및 실습을 이수할 수 있다.

표 4-4 실습 선수과목 이수지침

구 분	한국사회복지사협회[1]	국가평생교육진흥원[2]	비 고
선수과목 이수지침	교육기관에서 지정하는 실습 전 선수과목을 이수하되, 아래 과목 중심으로 4과목 이상 이수 권장 (사회복지개론, 사회복지실천기술론, 사회복지실천론, 사회복지정	사회복지 기초과목 4과목 이상 이수자만 수강 가능 (사회복지개론, 사회복지실천기술론, 사회복지실천론, 사회복지정책론, 사회복지조사론, 인간행동과 사회환경, 지역사회	평생교육진흥원의 실습 선수과목 이수지침은 필수적으로 지켜야 하며, 한국사회복지사의 지침은 실습기관 및 실습교육기관의 상황에 맞춰 활용할 수 있음

	책론, 사회복지조사론, 인간행동과 사회환경, 지역사회복지론, 사회복지 윤리와 철학, 프로그램 개발과 평가 등)	복지론, 사회복지 윤리와 철학, 프로그램 개발과 평가 등의 과목 중 4과목 이상을 선수과목으로 이수해야 함)	
	실습기관의 기준에 따라 아래 과목 중심으로 2과목 이상 이수 권장(노인복지론, 장애인복지론, 아동복지론, 청소년복지론, 가족복지론, 여성복지론, 학교사회복지론, 의료사회사업론, 정신건강사회복지론 등)	실습기관의 요구가 있을 시 실습생으로 하여금 실습기관의 성격에 따른 선수과목(예 노인복지론, 장애인복지론, 여성복지론 등)을 이수하도록 하여야 함 ※ 선수과목 이수 현황 관련 서류(실습생 프로파일 등)는 2년간 보관함	

1) 2006년 한국사회복지교육협의회.

2) 학점인정 등에 관한 법령 및 학점인정 등에 관한 운영규정(2012년 7월 1일) 제정.

| 제2절 | 사회복지현장실습기관과 실습기관 선정

1 사회복지현장실습기관

사회복지사업법 시행규칙 제3조에서 명시하고 있는 사회복지현장실습 교과목에 관한 기준은 실습기관, 실습지도자, 실습시간에 관해 [별표1]에서 별도로 규정하고 있다(보건복지부령 제663호, 2019년 11월 14일, 시행일 2020년 1월 1일).

실습기관은 사회복지사업법 제2조 제1호에 따른 사회복지사업과 관련된 법인·시설 기관 및 단체 등에서 실습을 진행할 수 있다. 실습기관은 반드시 법적 기준에 의한 실습지도자가 있어야 하며, 보건복지부장관의 선정 절차를 거쳐야만 실습기관이 될 수 있다.

한국사회복지사협회에서 제시한 실습기관 사례로는

첫째, 사회복지사업법에 따른 사회복지법인 · 사회복지시설이다.

둘째, 사회복지사업과 관련된 기관 및 단체이다. 관청의 허가를 받은 단체로 사회복지사업을 목적으로 하는 비영리 단체인 사단법인과 재단법인, 그리고 공공기관으로 지방자치단체, 자원봉사센터 등이다.

셋째, 사회복지서비스를 제공하는 병원, 상담소, 학교, 교정기관, 조사연구기관, 시민사회단체 등이 있다.

실습기관 선정은 담당교수와의 상담을 통하여 확인할 사항을 체크하여 실습생이 직접 기관을 선정하여야 한다.

2 사회복지현장실습기관 선정

실습기관 선정 시 필수사항으로는

첫째, 실습기관은 사회복지사업법 제2조 제1호에 따른 사회복지사업과 관련된 법인 · 시설, 기관 및 단체로서 사회복지서비스를 제공하고 있는지의 여부를 확인하여야 한다.

둘째, 실습지도자는 사회복지사 1급 자격증을 소지한 자로서 3년 이상 또는 사회복지사 2급 자격증을 소지한 자로서 5년 이상 사회복지사업의 실무경험이 있는 2명 이상의 보수교육을 받은 자가 실습을 지도하여야 한다. 구체적으로 다음의 예시에 해당하면 실습지도자가 될 수 있다.

[예시 1]
사회복지사 1급 자격증을 교부받은 후 3년 이상 사회복지 실무경험이 있는 경우

[예시 2]
사회복지사 2급 자격증을 교부받은 후 5년 이상 사회복지 실무경험이 있는 경우

[예시 3]

사회복지사 2급 자격증을 교부받은 후 4년 사회복지 실무경험이 있고, 1급으로 승급 후 사회복지 실무경력이 1년 이상인 경우 ☞ 최초 자격증을 취득한 2급 발급일로부터 5년 이상 실무경험이 있으므로 인정 가능

[예시 4]

사회복지사 2급 자격증을 교부받은 후 6년 사회복지 실무경험이 있고, 1급으로 승급 후 사회복지 실무경력이 6개월인 경우 ☞ 최초의 자격증을 취득한 2급 발급일로부터 5년 이상 실무경험이 있으므로 인정 가능

[예시 5]

실습지도자는 실습기관 선정 전년도 8시간 이상의 보수교육을 이수

| 제3절 | 사회복지현장실습시간 기준과 유형

1 사회복지현장실습 기준

사회복지현장실습은 사회복지사업법 시행규칙 [별표1]의 규정에 의거하여 160시간 이상(3학점/ 사회복지현장실습 1일 이수시간은 최소 4시간 이상, 최대 8시간 이하)을 반드시 이수하여야 한다. 일반적으로 1일 실습시간은 8시간을 초과하지 않아야 하며 20일(160시간)이 기본 실습기준이 된다. 그리고 실습기관이나 학생의 사정에 따라 〈표 4-5〉와 같이 학기 중 실습 또는 방학 중 실습, 그리고 직장인을 위한 시간제 및 근무지 실습의 형태 중에서 선택하여 이수가 가능하다. 먼저 학기 중 실습은 주당 8시간을 실습기관에 출석하여 최소 160시간 이상 실습을 하여야 하며, 방학 중 실습은 1일 8시간 주 5회 실습기관에 출석하여 최소 160시간 이상 실습을 실시하여야 한다. 그리고 직장인을 위한 시간제 및 근무지 실습 과정은 토 · 일요일 주당 16시간을 실습기관에 출석하여 최소 160시간 이상 실습을 진행하여야 한다.

2 사회복지현장실습 유형

1) 학기 중 실습(Concurrent Placements)[1)]

학기 중 실습은 학교수업과 병행하여 실시할 수 있으며, 기관에 따라 다소 차이가 있으나 대체로 학기가 시작되면서 실습을 병행하기 때문에 학기가 끝나면 실습도 종료된다. 학기 중 실습은 일반적으로 1주 1회씩 총 20주 동안 실시하며, 중간 및 기말 고사 기간은 20주에 포함할 수 있다.

현재 학기 중 실습은 학교마다 조금씩 차이가 있지만 대개 매주 화요일에 실시하고 있다. 단, 대학원생은 보다 심도 있는 실습을 위하여 주 2회 실습을 하기도 하며, 의료 및 정신의료 분야에서는 학부 학생에게도 주 2회 실습을 권장하기도 한다.

학기 중 실습은 실습과 세미나가 동시에 이루어지기 때문에 매주 실습한 경험을 다른 기관에서 실습을 한 학생들과 나눌 수 있으며, 실습과 관련된 문제를 토의하고 슈퍼비전을 받을 수 있는 장점이 있다. 또한 실습기관에서 어려움에 처했을 때는 이를 실습지도교수와 즉각적으로 의논하여 해결해 나갈 수 있다. 이런 장점 때문에 첫 실습은 가능하면 학기 중 실습을 권장하기도 한다. 하지만 학업과 병행해야 하기 때문에 실습에 전념하지 못한다는 어려움이 있으며, 실습을 주 1회씩 하는 관계로 업무가 단절되어서 지속적인 업무를 수행할 수 없다는 단점도 있다.

2) 방학 중 실습(Block Placement)

방학 중 실습은 방학기간을 활용하여 4주 정도 집중적으로 실습하는 형태로 외국에서 실시되고 있는 블록 플레이스먼트(block placement)와 비슷한 형태이다. 그러나 외국에서는 한 학기를 실습기간으로 정하여 주 5일 직원과 똑같이 상근하면서 실습을 하는 반면, 우리나라에서는 방학기간을 이용하는 것에 차이가 있다.

방학 중 실습은 학업이 없는 시기 동안 실습에 전념할 수 있다는 장점을 가지고

1) 오혜경 · 하지영(2010). 사회복지현장실습 매뉴얼 참고.

있어 실습기관에서도 선호하는 경향이 있다. 하지만 방학 중 실습은 기관에서의 슈퍼비전은 가능하지만, 방학 중인 관계로 대학에서 지도교수로부터의 슈퍼비전이 정기적으로 이루어질 수 없다는 단점이 있다. 그리고 실습기간 동안 같은 기관에서 실습하는 다른 학생들과의 교류는 이루어지지만, 다른 기관에서 실습하는 학생들과 정보를 교류할 수 없다는 단점을 가지고 있다. 따라서 방학 중 실습은 어느 정도 실습에 익숙해 있는 두 번째 실습으로 활용하는 것이 효과적일 수 있다.

3) 시간제 실습(Part-time)

시간제 실습은 직장을 가진 학생들이 야간에 강의를 수강할 수 있도록 하기 위하여 학위의 취득을 장려하기 위한 프로그램의 일환으로 제공된다. 기관에 고용된 학생들이 월급을 받으면서 해당 기관에서 실습업무의 일부분을 수행할 수 있도록 하기 위한 특별한 제도이다. 자신이 기관에서 하고 있는 고유 업무를 그대로 인정하는 것이 아니고, 업무내용 중 특정한 부분을 선정하여 실습지도교수와 상의하여 실습목표를 세우고, 슈퍼비전을 받으면서 실시한다.

표 4-5 실습의 유형 및 시간

실습유형	주당 이수시간	실습 최종 이수시간
학기 중 실습	8시간	160시간 이상(20주 이상)
방학 중 실습	40시간(5일)	160시간 이상(20일 이상)
시간제 실습	16시간(2일)	160시간 이상(10주 이상)

※ 실습세미나는 1회당 2시간 이상의 실습세미나를 총 15회 이상 실시하여야 한다. 이 경우 정보통신망을 이용한 온라인 교육을 실시하는 교육기관은 대면 방식의 세미나가 총 3회 이상 포함되어야 한다(세미나 참여 학생 수는 30명 이내일 것).

※ 직장 내에서의 근무지(재직기관) 실습은 인정하지 않고 있다.

| 제4절 | 실습 관련 주요 제출서류 목록

사회복지현장실습은 다양한 서류 작성이 필요하다. 우선 서류제출자와 제출기관으로 실습생, 기관, 학교가 준비하여야 할 서류가 있으며, 서류는 실습 전과 실습 종결 세미나 시에 각 양식에 맞추어 〈표 4-6〉과 같이 기본적인 서류를 제출하여야 한다. 제출서류는 대학마다 일부 상이하므로 반드시 개인별로 확인하여야 한다. 중요서류 작성에 대한 몇 가지만 살펴보도록 한다.

1 실습신청서

실습생은 실습기관을 방문하여 실습담당자와 실습 가능 여부를 확인하여 실습신청서를 작성하여 실습지도교수(또는 담당직원)에게 제출하여야 한다. 신청서의 내용에 의거하여 대학에서 사회복지현장실습 의뢰서를 실습지에 발송하기 때문에 내용이 철저히 기록되어야 한다.

2 실습의뢰에 대한 회신서

실습의뢰에 대한 회신서는 대학에서 현장실습처로 발송된 대학의 장 명의로 발송되거나 학과장 명의로 발송된 서류에 대한 실습의뢰처의 회신서류를 말한다.

3 실습지도계획서

실습지도자는 실습지의 현황과 실습생과 협의하여 실습계획을 작성하며, 이 계획에 따라 실습이 진행된다.

4 실습일지

실습일지에는 실습내용이 충실히 기록되어야 하며, 총 실습시간 160시간 이상이 달성되어야 한다. 실습과 관련한 사진이나 자료를 뒷면에 부착하여 실습이 철저히 이루어졌음을 증명하여야 한다.

5 실습기관 분석보고서

실습기관 분석보고서에는 본인이 실습한 실습기관에 대한 사회, 문화, 환경, 지역사회 자원, 프로그램 등을 파악하여 기록한다.

6 실습 중간 평가서

실습 중간 평가서는 실습 중간에 이루어지는 평가로서 실습과정 중 발생하는 상황이나 환경, 스스로의 마음가짐 등을 스스로 평가하여 기록한다.

7 실습 종결 평가보고서

실습 종결 평가보고서는 실습을 종결한 후 실습생이 실습과정 등을 되돌아보며 스스로 평가하는 것으로, 예비 사회복지사로서의 역할, 또는 프로그램 진행상의 문제점, 시설이나 학교에 대한 건의사항을 기록한다.

8 실습평가서

실습처에서는 실습생을 평가하여 점수를 부여하여 대학의 실습지도교수에게 우편 또는 실습생 편으로 제출한다. 평가서 점수는 차후 사회복지현장실습 과목의 학점 부여 근거가 된다.

9 사회복지현장실습 확인서

사회복지현장실습 확인서는 실습처에서 확인하여 날인한 후 기타 첨부자료를 첨부하여 제출한다. 사회복지현장실습 확인서는 추후 사회복지사 자격증을 발급받고자 할 때 사회복지사협회에 원본을 제출하여야 한다. 이에 따라 총 실습시간, 실습날짜, 기관장 및 슈퍼바이저, 실습지도교수의 날인 등 서류 기재의 미비함이 없어야 한다.

표 4-6 사회복지현장실습 제출서류

번 호	제출서류		미첨부	첨 부	비 고
1	실습신청서		ㅇ		실습 전 제출
2	실습생 프로파일		ㅇ		실습 전 – 대학에 1부
3	실습기관 정보 확인서		ㅇ		실습 전 제출
4	사회복지현장실습기관 등록증		ㅇ		실습 전 제출
5	실습기관 시설 설립허가(신고)증 사본		ㅇ		실습 전 제출
6	실습지도자 경력 또는 재직증명서(원본)		ㅇ		지정서
7	실습지도자 자격증 사본		ㅇ		실습 전 제출
8	실습의뢰에 대한 회신서(기관 → 학교)		ㅇ		교육기관 발송용
9	사회복지현장실습생의 자세 서약서			ㅇ	
10	실습계약서			ㅇ	
11	실습생 프로파일			ㅇ	실습 시 – 실습지에 1부
12	실습지도자 프로파일			ㅇ	
13	실습지도계획서			ㅇ	
14	실습계약서			ㅇ	
15	실습생 출근부			ㅇ	
16	실습일지(매일 1컷 이상)			ㅇ	교육기관용
17	지도교수 현장실습 점검서			ㅇ	
18	실습기관 방문 · 지도 결과보고서		ㅇ		담당교수 작성
19	실습기관 분석 보고서			ㅇ	타 기관 분석 보고서 첨부
20	실습 중간 평가서			ㅇ	
21	실습 종결 평가서			ㅇ	
22	실습비 납부 영수증			ㅇ	
23	실습과제	지도교수 실습과제			실습기관에서 제시하는 과제가 없어도 반드시 해당되는 과제를 모두 수행해야 함
		실습기관 과제 1			실습 관련 정보 이론적 배경
		실습기관 과제 2			사례관리
		실습소감문			A4 2매 이내

24	실습평가서	o		교육기관 발송용
25	사회복지현장실습 확인서 원본	o		2부 – 실습생용, 대학 보관용

| 제5절 | 숙식, 보건관리, 준비물에 관한 사항

1 숙 식

1) 실습생은 실습기관과 가까운 집이나 거리가 멀 경우 인근주택을 선정하여 출퇴근에 지장이 없도록 편리한 위치에 정한다.
2) 실습기관에 기숙사가 제공되고 있다면 기숙사를 이용한다.

2 보건관리

1) 생활환경 변화에 따른 보건관리에 특히 유의하며 충분한 사전준비를 한다.
2) 구급약품 및 해충에 대한 사전준비를 충분히 한다.
3) 실습생 본인의 건강 · 체질을 고려하여 음식물 섭취에 유의한다.

3 준비물

1) 실습생은 인장 및 학생증 또는 주민등록증과 생활에 필요한 작업복, 작업화, 작업모, 세면도구 및 장거리 파견을 대비한 제방용품, 교과용품 등 기타 일상 필수품을 지참하여야 한다.
2) 두발 및 복장은 단정하여야 하며 실습복은 항시 착용하여야 한다.

제5장 사회복지현장실습의 분류[1]와 지도

| 제1절 | 사회복지현장실습 분류

1 실습방법에 따른 분류

1) 생활형 실습

생활형 실습은 클라이언트들과 함께 지내면서 시설운영 생활의 전체 내용을 점검해 보면서 시설생활의 흐름을 이해하고, 직원들의 업무내용과 시설 내 생활과정을 파악해 보는 것에 초점을 둔 실습을 말한다. 이 방법의 실습은 전문적인 실습지도에는 한계가 있으며, 일반 사회복지기관에서는 전개하기 어려운 방법이다. 그러나 시설 전체 운영과 업무내용을 파악하는 데는 도움을 줄 수 있는 실습이라 할 수 있다.

2) 케이스 담당형 실습

케이스 담당형 실습은 케이스워크서비스(case work service)의 과정을 이해하기 위한 실습으로서 담당하는 케이스를 통해 케이스워크의 초기과정에서 종결과정까지 접근과정과 사회복지사의 역할을 이해하고 서비스 기술 함양에 초점을 둔 실습을 말한다. 실제 사회복지 현장에서는 케이스워크서비스만 실시하는 것이 아니라 다양한 업무내용이 전개되고 있는 실정이다. 따라서 케이스 담당만으로 실습하기에는 부적절하며, 단편적인 실습으로 끝날 수도 있다. 그러나 케이스워커(case worker)로서의 자세나 역할 등 전문적인 기술을 배울 수 있는 실습이 될 수 있다.

3) 혼합형 실습

혼합형 실습은 상기의 생활형 실습과 케이스 담당형 실습 중 어느 한 분야만 실습하는 것이 아니라 생활형 실습을 하면서 케이스를 담당해 보고 기관에서 전개

---

1) http://blog.naver.com/PostView.nhn?blogId=lym6887&logNo=100198374910 참고함.

되는 프로그램도 접해볼 수 있도록 다양한 내용으로 실습에 임하는 것을 말한다. 일반 사회복지시설에서는 이 방법을 활용할 수 있다. 다양한 내용으로 시설생활 현황을 파악할 수 있으며, 케이스를 맡아 전문성 있는 케이스워크 기술을 함께 배울 수 있는 실습이 될 수 있다. 그러나 너무 광범위한 분야에서 실습을 하다 보면 수박 겉핥기식의 실습으로 치우치게 되어 전문적이고 깊이 있는 실습에 도달하기에는 어려움이 뒤따를 수 있다.

2 실습기관 설정에 따른 분류

1) 통년방식(주간식 : Weekly System)

통년방식은 지정된 요일을 실습일로 정하여 보통 주 1회 정도 일정한 실습지에 출퇴근하면서 한 학기 동안 혹은 1년간을 실습기간으로 정해놓고 실습하는 방법이다.

2) 집중방식(집중식 : Block System)

집중방식은 일정 기간을 정해놓고 매일 계속적으로 실습하는 것으로서 주로 방학기간을 이용하는 방학 중 실습을 말한다. 이 방법은 단기간에 끝나는 실습이기에 케이스를 맡아 장기간에 걸쳐 변화되는 모습이나 발전속도를 살펴보기에는 어렵고, 실습기간의 연간 계속적인 사업내용과 기관의 동향 파악에는 어려움이 있다.

3 숙식 여부에 따른 분류

1) 거주형(숙식형) 실습

거주형 실습은 실습지에서 숙식하면서 실습하는 형태이나 이는 입소시설에서만 가능하며 시설 내에서 숙식에 따른 수용능력이 갖추어져야만 가능하다. 또한 시설에서 숙식을 하다 보면 원내 클라이언트의 생활리듬을 해칠 수 있는 단점이 있다. 그러나 클라이언트의 하루 일과 전체를 파악하는 데 도움이 되며 실습기관 운영 전반과 근무시스템을 점검해 보는 데는 유리하다.

2) 통원형(출퇴근용)실습

통원형 실습은 실습생이 실습지에 정규직원과 같이 출퇴근하면서 실습하는 것을 말한다. 일반적으로 현재 거의 모든 사회복지기관에서는 통원형 실습을 전개하고 있다.

4 실습지 구분에 따른 분류

1) 기관(Agency or Center)실습

일반적으로 사회복지기관이라 함은 이용시설을 말한다. 즉, 사회복지협의체나 단체, 사회복지관을 비롯한 노인, 장애인, 부녀복지관 및 각종 상담기관 등 여러 형태의 사회복지기관에서 실시하는 실습을 말한다.

2) 시설(Institution)실습

일반적으로 시설이라 함은 요보호대상자를 입소 조치하여 숙식까지 해결해 주면서 각종 서비스를 제공하는 사회복지시설을 말하며 이용시설에 반대되는 개념이라 할 수 있다. 이러한 입소시설에서 실시하는 실습을 시설실습이라 한다.

3) 복지행정(Welfare Administration)

복지행정은 사회복지 전문요원이 맡고 있는 사회복지행정 실무내용을 파악하려는 실습으로 사회복지사가 배치되어 있는 행정복지센터 등에서 실시하는 실습을 말한다.

5 실습 지도방법에 따른 분류

1) 개별 지도방법(Individual Conference)

개별 지도방법은 슈퍼바이저가 실습생을 개인별로 대하면서 슈퍼비전을 주고 실습 중 발생하는 개인적인 문제까지도 상담하면서 해결할 수 있도록 조언해 주는 방법이다.

2) 그룹 지도방법[Group(Team or Peer) Conference]

그룹 지도방법은 실습생을 서브그룹(sub-group)별로 나누어 슈퍼비전을 주거나 실습생 전체를 대상으로 동시에 슈퍼비전을 주는 방법이다.

6 실습유형에 따른 분류

1) 상담형 실습

상담형 실습은 아동상담소 및 부녀상담소와 같은 상담기관과 일반 사회복지기관 등에서 클라이언트와 직접적으로 면접상담, 전화상담을 해보면서 상담기술을 익혀가는 실습을 의미한다.

2) 지도형 실습

지도형 실습은 실습생이 자기가 맡은 케이스가 아동이나 장애인 등으로서 그들에게 학습지도, 생활지도, 기능훈련 및 적응훈련 지도를 실시하는 것으로 그들의 각종 기능 향상과 발전을 꾀함은 물론 훈련 · 지도하는 기술을 함양하고자 하는 실습을 말한다.

3) 기획형 실습

기획형 실습은 실습지에서 진행되거나 전개할 수 있는 각종 프로그램이나 이벤트, 프로젝트 등에 대해 의견을 교환하며, 기획 초기단계에서부터 자료를 수집하고 실제 기획해 볼 수 있도록 하는 실습이다.

4) 봉사형 실습

봉사형 실습은 사회복지 관련 학과 학생들이 봉사하는 마음으로 실습에 임하는 것을 의미하며 사회복지 현장에서 실습지도자나 실습기관 종사자들의 부족한 일손을 직접 도와주면서 사회복지사로서의 자세와 태도, 자질 등을 키워가고 또 그들의 기술 등을 습득해 가는 실습이라 할 수 있다.

7 실습 진행과정에 따른 분류

1) 예비학습(강의)

예비학습은 실습의 의의와 목적 등에 대하여 학생에게 충분히 이해시키기 위해 실습 시작 전에 이루어지는 과정이다.

2) 실무실습

실무실습은 실제 업무에 참여하여 실습과정에 임하는 것을 말한다. 즉, 사회복지사가 현장에서 해야 하는 일과 기술을 익혀가면서 전문 사회복지사의 자질을 키워가는 본 실습과정을 의미한다.

3) 연구실습

연구실습은 실습 종료 후 실습에 대한 평가를 실시하면서 실습 전 과정에 대한 문제와 실습 자체의 문제점들을 찾아보면서 그 개선점 등을 모색하는 과정을 의미한다.

8 실습교육의 내용에 따른 분류

1) 행정적 실습

행정적 실습은 사회복지시설에서 이루어지는 행정업무 내용을 지도하는 것으로 문서 작성에서부터 사업계획 및 예산수립, 교부금 신청 및 보호조치 요령을 비롯하여 시설 인허가 절차에 이르기까지 다양한 행정업무를 실습해 보는 것을 말한다.

2) 교육적 실습

교육적 실습은 사회복지 현장에서 필요한 사회복지 전문지식을 학교에서는 배웠지만 해당 시설에서 그 이론을 적용시킬 수 있도록 관계이론을 재교육하면서 실습에 임하도록 하고 사회복지 이론을 재정리할 수 있도록 하는 것을 말한다.

3) 지지적 실습

지지적 실습은 실습생들의 긴장과 불안감을 해소해 주며 격려해 주고 장기간 실습에 임하는 심리적 부담감을 덜어주면서, 실습 중 각종 문제에 봉착 시 선행 실습 지도자가 조언해 주며 사회복지사의 모델을 제시하면서 지지하는 실습을 말한다.

4) 평가적 실습

평가적 실습은 사회복지 현장에서 평가기술을 함양시킴으로써 자기의 업무능력 평가는 물론 업무의 효율성과 효과성을 평가할 수 있는 기술과 방법을 습득시키는 실습을 의미한다.

9 실습분야에 따른 분류

실습분야는 일반적으로 사회복지 분야를 아동복지 분야, 노인복지 분야, 장애인 복지 분야 등으로 분류하듯이 클라이언트를 아동, 청소년, 장애인, 노인, 지역사회 중에서 어떤 대상으로 실습을 할 것인가에 따라 분류하는 방법이다.

| 제2절 | 사회복지현장실습 지도

실습교육은 전문직업인으로서 지식과 기술을 개발하여 이론을 실천에 적용할 수 있도록 하는 중요한 과정이며 의도적으로 계획되는 현장교육이다. 즉, 사회복지 방법에 관한 이론과 지식을 기초로 실습지에서 직접 서비스를 담당해 보고 사회복지 이론의 적용 가능성을 스스로 검토 · 평가해 보는 기회를 가지면서 전문가로 나아가는 기초실무를 닦아보는 것이다. 이렇듯 사회복지실습은 실습생이 학교에서 배운 이론을 실무에 접목하여 이론과 실제를 연계하는 사회복지교육의 꽃이라고 할 수 있는 것이다. 이를 위해서 실습기관에서는 복지전문가로서 능력을 발휘할 수 있도록 실습내용을 마련해야만 할 것이다.

1 행정적 실습

행정적 실습은 행정적인 업무처리 능력을 키워주기 위한 것으로서 시설의 역사, 목적, 규칙, 정책 등을 비롯하여 복지행정 실무에 관한 구체적인 지도가 이루어져야 한다. 이는 사업계획서 작성 및 예산 수립, 각종 문서수발 등 행정실무, 각종 보고서류 유형 및 작성, 클라이언트 대상 등 각종 구비서류, 임직원 관계서류, 직원 조직 및 관리, 비품, 소모품 관리대장 및 각종 일지 종류, 원생 입·퇴소 행정절차 및 관계서류, 시설 인·허가 서류 및 절차, 기초생활수급권자 신청과정, 공공부조 신청 및 처리절차 등이다.

2 교육적 실습

교육적 실습은 학교에서 배운 이론을 현장에 적용해 볼 수 있게 하는 것이고 실습에 관련된 이론을 재교육하는 것이며, 그에 따른 방법과 기술을 가르치고 도와주는 실습이다. 교육적 실습에는 해당 분야의 기초적 이론(지역사회복지론, 재가복지론, 장애인복지론 등), 해당 분야 관계 법규 및 운영지침, 상담이론과 생활 지도방법, 자원동원과 사회복지관 사업, 개별 지도방안 연구, 케이스 매니지먼트(case management)의 이론과 실제적 기술 습득, 집단활동과 프로그램 개발, 관찰, 의사소통의 기술, 행동수정 이론과 클라이언트 지도 실제, ADL(일상생활동작) 이론과 방법 등이 포함된다.

3 지지적 실습

지지적 실습은 실습생들의 긴장, 불안, 스트레스에 대한 심리적 원조이며 지지적이고 이해심이 많은 사회복지사의 모델을 제시하는 것이다. 실습상황에서 흔히 일어날 수 있는 것은 자신의 실수로 인하여 시설에 피해를 주거나, 클라이언트에게 손상을 끼치지 않을까 하는 심리적 부담을 갖는 경우가 있으며, 장기간 실습으로 인한 태만과 의욕상실, 경험부족에 따른 자신감 결여 등이 나타날 수 있다.

4 평가적 실습

평가적 실습은 기관조직, 지역사회에 대한 지식에 근거한 업무수행능력 평가, 복지사로서 자아인식 분야의 발달 평가, 클라이언트와의 전문적 관계 수립과 유지 능력 평가, 사회조사 · 진단 · 치료 · 면접 · 기록 등에 관한 평가, 각 업무분야별 · 영역별 평가문안 검토 · 제작, 클라이언트 발달, 기능 향상 점검표 제작 활용 등이 있다.

5 생활형 실습

생활형 실습은 시설에서 실습할 때 적용되는 것으로 원생들과 함께 지내면서 시설의 생활리듬을 이해하고 직원의 업무내용 및 시설 운영의 실태, 기능들을 파악하는 것이다.

6 케이스 담당형 실습

케이스 담당형 실습은 클라이언트의 문제를 종합적으로 이해하기 위하여 원인을 분석해 해결방안을 모색하면서 자립계획까지 수립해야 한다. 이러한 문제해결을 위해서는 케이스 자신에 대한 문제, 타인과의 관계, 객관적 환경문제 등으로 구분하여 조사해 보아야 한다.

7 기획형 실습

기획형 실습은 프로그램의 기획 전 주민욕구조사 실시, 타 복지관 사회복지 프로그램 조사 · 분석, 이론적 배경을 위한 문헌조사, 새로운 프로그램 계획서 작성, 프로그램 기획과 자원 등을 활용, 새로운 프로그램 전개 및 중간평가, 프로그램의 평가 · 효과 분석, 프로그램 컨퍼런스(conference) 실시 참여, 각종 이벤트 기획, 지도기관 제출용 프로젝트에 대한 프로포절(proposal) 작성 및 신청 등이다.

8 종합적인 측면의 실습

종합적 측면의 실습은 기관 내에서 그 기관에서 사회사업가가 개입하는 대상의 특징에 관해 전문적 수준에서 이해하고, 그러한 대상자에게 서비스를 제공하기 위해 요구되는 지식이나 기술, 가치관은 어떠한 것인지 파악하고, 그에 입각하여 사회복지사와의 관계 등을 이해한다. 실습기관의 형편과 실습생의 시간에 따라 상호유기적인 관계를 맺어 가능하면 많은 영역에서 경험할 수 있는 실습지도가 이루어지게 해야 할 것이다.

| 제1절 | 사회복지시설과 실습지도

1 사회복지시설의 개념

사회복지시설(institution)의 개념은 최광의, 광의, 협의의 관점으로 나누어 볼 수 있다. 최광의의 사회복지시설은 사회복지사업을 수행할 목적으로 설치된 입소 및 이용시설과 사회복지사업법에 규정된 사업이나 최광의의 사회복지를 목적으로 하는 시설까지 총칭해서 말한다. 광의의 사회복지시설은 각종 복지활동의 연락, 협의, 조직 등 광범위한 모든 제도와 활동을 총칭해서 말한다. 협의의 개념은 전문 사회복지서비스를 실시하는 장소, 특히 클라이언트를 입소하여 보호하는 장소를 의미한다.

2 사회복지시설 실습의 개념

사회복지시설 실습은 사회복지시설에서 행해지는 실습을 생각할 수도 있고 시설 종사자 양성, 즉 사회복지시설 운영을 위한 전문가를 배출하기 위한 실습으로 간주할 수도 있으며 시설 운영 전반에 관한 내용들을 실습하는 것으로 볼 수 있다.

3 사회복지시설의 실습지도

1) 시설실습에 따른 문제

시설실습에 따른 문제점으로는 시설의 구조적인 문제와 폐쇄성, 시설장의 실습에 대한 인식 부족, 실습 지도경험 부족과 지도자 부족, 시설의 실습 프로그램 및 전문적인 실습내용의 부재, 과중한 시설업무에 실습 지도업무가 부과되는 점이다. 또한 실습생 수용능력의 문제, 시설에서 전개되는 서비스 내용의 전문성 희박과 원생 보조 등의 봉사형 실습 위주, 실습생들 역시 시설업무와 케어 서비스들, 단순

업무보조 등으로 인식하여 전문성의 불인정, 실습생들과 학교에서의 시설에 대한 불신, 집단실습으로 인해 시설 생활리듬을 흐트러뜨릴 수 있으며 입소자들의 사생활을 해칠 수 있다는 점이다.

2) 시설실습 지도의 전제조건

무리한 실습은 실습생이나 실습기관 모두에게 피해가 갈 뿐이다. 따라서 실습을 실시하기 전에 여러 가지 점검해야 하고 준비해야 할 내용이 있다. 선행되어야 할 요건들과 준비단계에서 전개해야 할 내용, 그리고 시설실습이 이루어지기 위해서 준비해야 할 사항들을 구분하여 정리해 보면 다음과 같다.

(1) 준비 전 단계의 선행요건

준비 전 단계의 선행요건은 실습기관 직원들의 인식 개선, 실습생 수용능력 문제, 집단실습 지도자 확보, 그룹 슈퍼비전의 방법 · 기술 습득 등이다.

(2) 준비단계에서의 전제조건

준비단계에서의 전제조건은 확고한 실습목적 설정, 실습 지도내용과 지도방법 결정, 실습 지도자 선정과 사전교육, 지도자별 지도계획안 마련, 사전 준비상항 점검 등이다.

(3) 시설실습 지도의 조건

시설실습 지도의 조건은 시설장의 의식구조 개선, 시설의 구조적인 문제 우선 해결, 시설 · 학교 상호 간의 불신 제거, 생활형 실습에 따른 문제 해결, 전문성 있는 지도내용 개발, 시설에서의 세심한 배려, 시설 생활자들의 사전 동의와 협조 등이다.

(4) 오리엔테이션

오리엔테이션이 실시되면 실습은 시작되는 것이다. 오리엔테이션이 잘되면 실습 전개과정에서 차질을 빚지 않게 된다. 그러므로 구체적인 내용과 세세한 부분까지 체계적으로 철저하게 오리엔테이션이 이루어져야 한다.

(5) 실습지도 실시

실습지도에서는 어떤 내용으로 지도할 것인지, 어떻게 지도할 것인지가 큰 문제다. 시설에서 실습하게 되므로 시설 운영에 따른 내용과 시설입소자들의 복지와 교육, 치료 측면에서 관계 내용이 다루어지게 되며 생활형 실습으로 전개되므로 입소자들의 생활 전반에 관한 내용을 체크해 보게 된다.

(6) 평가 및 정리

① 실습생이 평가해야 할 내용

실습생이 평가할 내용은 실습시설에 대한 평가, 시설 내 복지서비스에 대한 평가, 실습에 대한 평가로 나누어 생각해 볼 수 있다.

첫째, 실습시설에 대한 평가로서는 시설 운영 전반에 관한 내용과 실습생들이 실습기간 중 보고 느낀 것을 토대로 평가하는 것으로 시설에서 참고할 수 있다. 둘째, 시설 내 복지서비스에 대한 평가는 시설 내에서 입소자복지에 대한 서비스 내용과 이러한 평가를 토대로 실습생이 제시한 아이디어나 의견을 참고하여 시설에 잘 적용한다면 시설 내 복지서비스가 질적인 측면에서 발전할 수 있는 것이다. 셋째, 실습에 대한 평가는 실습을 종결하면서 실습의 준비상태, 실습생 수용능력 문제, 실습일정과 구체적인 프로그램, 직원들의 실습에 대한 이해와 협조 정도, 지도자의 역량과 의욕, 관리자의 실습에 대한 의식 등을 대상으로 평가해 보는 것이다.

② 실습기관에서 평가해야 할 내용

실습기관에서 평가할 내용은 다음과 같다.

첫째, 실습지도자가 실습 종료 후에 실습생을 개별적으로 평가하는 것이며, 둘째, 실습지 자체 평가로서 실습 종료 후 실습지도자와 시설장 및 관계 직원들이 모여서 실습과 관계되는 전반적인 것을 자체 평가하고 각종 문제점을 발견·분석해 가면서 대책을 강구해 보는 것을 말한다.

(7) 실습평가서 작성 송부

실습평가는 실습생들의 개인 학점에 반영되고 있다. 일반적으로 〈표 6-1〉과 같이 실습생에 대한 평가를 실시한 후 실습생 개인별 실습평가서를 작성하여 해당 학교 학과에 우송해야 한다.

표 6-1 실습평가서

실 습 평 가 서

기관명		실습지도자	
실습부서		실습지도교수	
실습기간			
실습생		평가일시	

* 출석상황

☐ 무단결석 없음　☐ 무단결석 1회　☐ 무단결석 2회　☐ 무단결석 3회 이상

* 다음은 실습생에 관한 평가입니다. 실습생이 실습지도 기간 동안 보여주었던 태도와 행동을 기준으로 아래 항목에 솔직하게 평가해 주기 바랍니다. 실습내용에 포함되어 있는 사항에 관해서만 평가하여 주시고, 평균에는 평가항목 총점을 평가항목 개수로 나눈 점수를 기입하면 됩니다. (1점 : 매우 그렇지 못하다 ~ 5점 : 매우 그렇다)

항목	내 용	1	2	3	4	5
실습지도에 대한 태도	1. 실습지도 시간을 엄수한다.					
	2. 적극적이고 긍정적인 자세로 실습지도에 참여한다.					
	3. 실습지도에서 지적된 내용을 수용한다.					
	4. 배우는 입장에서 진지하게 노력하고 발전하려는 태도를 갖는다.					
	5. 실습지도자와 실습생으로서 공식적 관계를 형성한다.					
기관이해 및 관계유지	6. 동료 실습생과 긍정적이고 원만한 협력관계를 유지한다.					
	7. 기관의 목적, 정책, 규칙, 사업내용을 이해한다.					
	8. 기관 내에서 실습생으로서의 권한과 한계를 알고 일한다.					
	9. 기관 내 타 직원과 협조적인 대인관계를 형성, 유지하여 업무를 처리한다.					
기본적 태도와 자질	10. 일의 우선순위를 결정하는 능력이 있다.					
	11. 할당된 시간 안에 일을 계획하고 수행한다.					
	12. 자신의 장점과 단점을 잘 인식하고 대응한다.					
	13. 사회복지실천 지식을 실습내용에 적용한다.					
	14. 사회복지실천의 가치와 윤리를 갖고 임한다.					

	15. 전문가로서의 편견, 선입견, 고정관념을 인식하고 객관성을 유지한다.					
	16. 실습지도 내용을 실행에 옮긴다.					
	17. 실습과정을 책임감 있게 수행한다.					
기록	18. 기록, 보고서 등을 정해진 일시에 제출한다.					
	19. 실습내용을 사실에 근거하여 정확하게 기록한다.					
	20. 실습내용을 체계적이고 구체적으로 기록한다.					
	21. 클라이언트와의 상호작용 및 실습생의 사고와 감정을 기록한다.					
	22. 실습지도를 통해 지적된 사항 및 배운 것을 정확히 기록한다.					
전문적 태도와 관계 형성	23. 클라이언트와 전문적 관계를 형성하고 활용한다.					
	24. 전문적 관계 형성에서 동정과 감정이입을 구별하여 적용한다.					
	25. 주변의 자원을 파악하고 그것을 활용하려고 노력한다.					
	26. 비심판적이며 경청과 수용의 태도를 갖는다.					
	27. 클라이언트의 능력과 동기의 한계를 수용한다.					
	28. 실습지도자가 지시한 것을 잘 파악하여 실행에 옮긴다.					
개인에 대한 개입	29. 클라이언트가 표현한 의사소통과 암시적인 의사소통을 이해한다.					
	30. 실습생이 의도한 바를 클라이언트에게 명확하게 전달한다.					
	31. 클라이언트의 문제와 상황에 관련된 정확한 자료를 수집한다.					
	32. 수집된 자료를 체계적으로 종합하고 이론에 기초하여 사정한다.					
	33. 클라이언트 가족 등 주변의 지지자원을 활용한다.					
	34. 클라이언트와 환경과의 상호 역동성의 이해 아래 개입목표와 전략을 수립한다.					
	35. 개입목표에 따라 클라이언트의 긍정적인 변화를 유도한다.					
가족에 대한 개입	36. 가족의 역동성을 파악하고 가족상황에 관련된 정확한 자료를 수집한다.					
	37. 가족의 구조를 명확히 이해하여 필요한 가족개입의 기술을 활용한다.					
	38. 가족의 상호 역동성의 이해 아래 개입목표와 전략을 수립한다.					
	39. 가족구성원을 개별화하고 성원들이 긍정적으로 변화하도록 유도한다.					

집단에 대한 개입	40. 집단 역동을 파악하여 의미 있는 개입으로 집단을 지도한다.					
	41. 집단에서 주 진행자와 보조진행자의 의미와 역할을 알고 실천한다.					
	42. 집단의 구조를 명확히 하고 필요한 집단지도의 기술을 활용한다.					
	43. 집단성원을 개별화하고 성원 간 의미 있는 관계를 형성하도록 한다.					
	44. 집단의 목적에 대해 정확히 사정한다.					
	45. 정확한 사정에 입각하여 적절한 프로그램을 계획하고 실행한다.					
	46. 집단의 상호작용이 목적지향적이고 성원들이 긍정적으로 변화하도록 한다.					
지역사회에 대한 개입	47. 지역주민들이 지역사회의 요구와 문제를 파악하도록 돕는다.					
	48. 파악된 지역사회 요구를 사회행동으로 계획하고 실행한다.					
	49. 지역사회 구조와 권력에 대해 이해하고 그 지역사회 상황을 정확히 파악한다.					
	50. 지역사회 자원을 정확히 파악하고 접근한다.					
정책 및 행정 분야	51. 정책 형성 및 개선과 관련된 이해집단들의 문제상황 및 요구와 정책발의자들 및 집행자들의 이해관계를 정확하고 객관적으로 이해한다.					
	52. 정책 형성 및 개선과 관련된 이해집단과 건설적이고 전문적인 관계를 맺는다.					
	53. 문제상황에 적합한 정책대안을 개발하는 데 적극적으로 참여한다.					
	54. 기본 정보를 정확히 사용하며 실증적인 자료분석의 지식을 갖고 문제를 분석한다.					
	55. 사회복지 행정체계 및 전달체계에 대해 정확하게 이해한다.					
기관 고유 항목	56.					
	57.					
	58.					

※ 기관 고유 항목에는 기관의 특성과 실습상황에 맞는 평가항목을 실습지도자가 추가적으로 직접 기입하고 평가할 수 있다.

<table>
<tr><td>총 평</td><td colspan="5">(실습생의 실천가로서의 장단점 및 대학에 대한 건의)</td></tr>
<tr><td>평가문항 개수</td><td colspan="2"></td><td>총 점</td><td colspan="2"></td></tr>
<tr><td>평균
(총점÷평가문항 개수)</td><td colspan="5">(기록 후 테이프 부착 후 실습지도자 서명 요망)</td></tr>
<tr><td rowspan="4">평점부여</td><td colspan="5">여기에 부여하는 평점은 실습생이 받게 되는 성적표상의 최종 평점은 아닙니다. 대학 실습지도 점수와 더불어 사회복지현장실습 평점 부여 시 주요 고려 사항이 됩니다.</td></tr>
<tr><td>A+</td><td>B+</td><td>C+</td><td>D+</td><td rowspan="3">F</td></tr>
<tr><td>A0</td><td>B0</td><td>C0</td><td>D0</td></tr>
<tr><td>A−</td><td>B−</td><td>C−</td><td>D−</td></tr>
</table>

3) 시설실습 지도내용

시설실습 지도내용으로는 행정적인 면, 교육적인 면, 지리적인 면, 평가적인 면, 원생들의 생활적인 면, 원생들의 개별 지도적인 면, 프로그램 기획적인 면, 종합적인 여러 가지 측면 등으로 나누어서 시설에서 접근할 수 있는 부분을 선택하여 지도할 수 있다.

(1) 개별지도 및 개인서비스 실시

개별지도 및 개인서비스로 지도목표를 세우고 구체적인 지도방법을 모색하여 서비스를 제공한다면 실습생들에게는 케이스 관리능력을 향상시키는 실습이 되며 입소자들에게는 욕구 해결뿐 아니라 개인적인 문제가 조금씩 해결되면서 개별지도 서비스가 이루어지는 것이다.

(2) 실습생을 봉사자로 활용하는 프로그램

실습생을 봉사자로 활용하는 경우는 상호 협조하는 관계를 형성하는 것이 좋다. 각종 복지업무를 도와주면서 실습한다면 실습생들은 현장을 이해하면서 실제 업무를 배울 수 있고 지도자에게는 일손을 덜어주는 것이기에 일거양득이 될 수 있다.

| 제2절 | 사회복지현장실습 보고서 작성

1 실습계획서

실습계획서는 실습을 시작하기 전 기관에 제출하는 것으로, 해당 실습기관을 선택한 이유와 실습생 자신이 실습을 통해 얻고자 하는 내용을 포괄적으로 담은 계획서이다. 실습계획서를 작성할 때 객관적인 문체를 사용하고 실습생의 열의와 노력이 드러나는 내용으로 작성한다.

2 기관분석 보고서

기관분석 보고서는 실습 진행 중 실습생이 기관의 행정 및 업무 전반에 대해 파악하기 위해 기관에 관한 조사내용을 보고서로 작성한다. 이는 기관의 설립취지 및 성격, 그리고 지역사회의 특성에 따른 기관의 사업내용 등을 포괄적으로 파악하고, 종사자들의 특성 및 역할을 알아보는 데 그 목적이 있다.

3 사회복지실습 평가 계획서

실습 평가 계획서는 실습의 구체적인 목표를 사전에 설정하고 이에 대한 세부적 달성방법을 모색하여 목표지향적인 실습이 되도록 하는 것이다. 또한 중간 및 최종 평가 시 구체적인 평가가 이루어지도록 각각의 평가기준을 설정하는 것도 중요하다.

4 실습 중간 평가서

실습생은 실습 진행기간 중반 이전에 자신의 실습과정 및 내용에 대해 중간 평가서를 작성하고 이를 토대로 기관실습 지도자와 중간평가를 진행한다. 실습 초기에 세운 목표에 따라 실습이 진행되고 있는지 실습생 자신이 스스로 평가하는 것뿐만 아니라 실습지도자와 동료 실습생, 그리고 기관 종사자들이 지금까지의 실습내용에 대해 종합하여 실습생 자신의 자세 및 역할, 실습내용 등을 수정 · 보완하여 실습 종료 시까지 실천할 수 있도록 노력하는 데 그 목적이 있다. 이러한 과정을 통해 보다 질 높은 실습이 진행될 수 있다.

5 실습 종결 평가서

실습 종결 평가서는 해당 실습과정 전반에 대해 실습생 자신의 평가를 작성하여, 실습 종료 1주일 전 또는 기관이 원하는 일정 안에 기관실습 지도자에게 제출해야 한다. 이를 토대로 기관실습 지도자, 동료 실습생, 기관 종사자 등과 더불어 실습과정 전반에 걸친 실습생의 역할과 실습내용에 대해 총 평가를 진행한다.

| 제3절 | 사회복지현장실습 진행절차

1 사회복지현장실습 진행 도식과 절차

실습생 모집 및 진행은 실습기관, 교육기관의 사정에 따라 변경될 수 있으나 |그림 6-1|과 같은 절차를 참고하여 진행한다. 일반적으로 실습과정은 실습지 선정 → 실습지 방문 또는 전화로 실습내용 파악 → 실습지 선택 → 실습조교에게 통보[제출할 내용 : 기관주소, 전화, Fax 번호, 실습담당자, 실습생의 인적사항(이름, 학번, 연락처)] → 실습의뢰 공문 작성 및 발송(실습실 업무) → 실습 전 오리엔테이션(학교 및 기관) → 실습 진행 → 실습 종료 후 기관에서 실습 평가서 발송(평가서 양식은 실습생이 제출)으로 진행된다.

|그림 6-1|은 사회복지현장실습 진행절차를 나타낸 것이다.

그림 6-1 사회복지현장실습의 진행절차

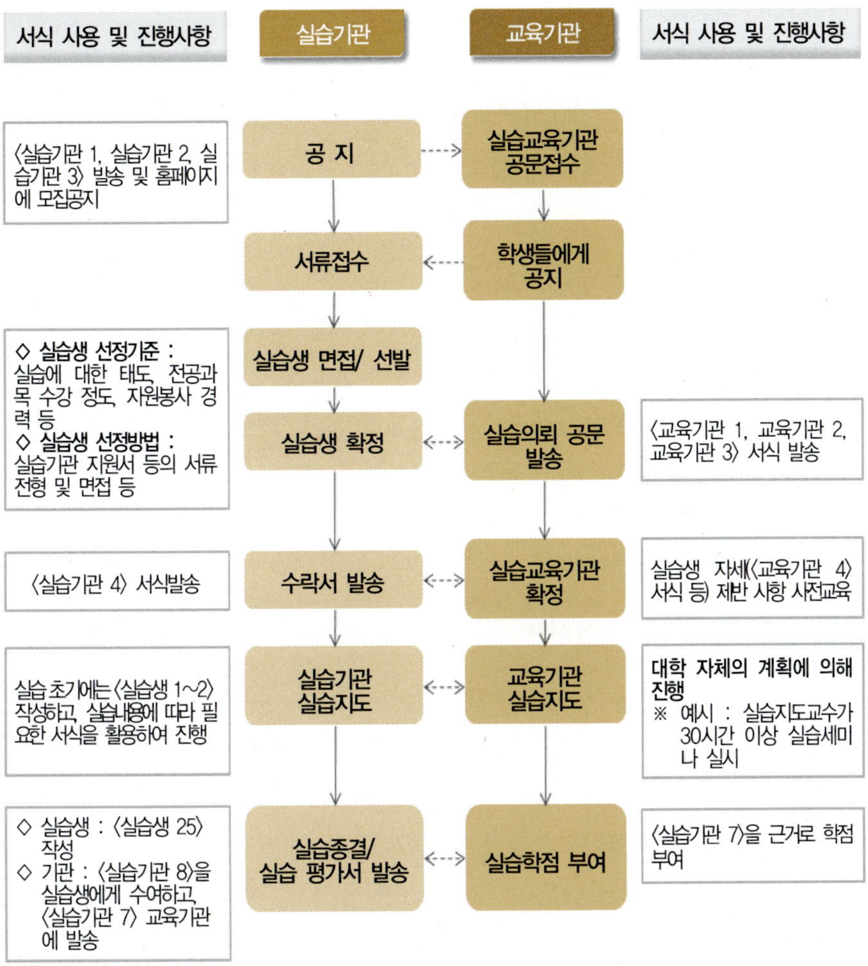

출처 : 한국사회복지사협회(2010). 사회복지현장실습안내서, p. 7 재구성.

2 사회복지현장 실습생 모집절차

1) 실습생 모집

실습기관의 실습지도자는 실습내용과 일정 등을 포함한 실습계획을 수립하여 교육기관에 공문 발송 및 사회복지 관련 홈페이지에 실습생 모집을 공고한다.

2) 실습생 선정

실습기관은 실습생 선정기준을 정하여 서류전형, 실습생 태도 및 자질 등을 파악할 수 있는 면접 등을 활용한다. 예를 들면, 실습에 대한 태도, 실습 전 전공이수과목, 자원봉사 경력 등을 실습생 선정기준으로 참고할 수 있다. 교육기관은 실습생 선정이 완료되면 실습기관에 실습의뢰 공문 발송을 한다.

3) 실습생 수락

실습기관은 선정된 실습생이 소속된 교육기관에 실습의뢰 수락서를 공문으로 발송하여야 한다. 실습기관 선정 시는 실습생의 상황에 따라 실습생이 직접 실습기관을 선정할 수 있으나 실습기관 선정에 필요한 교육기관 간 실습생 선정 공문 발송, 실습의뢰 수락서 공문 발송 등의 행정절차를 반드시 거쳐야 한다.

4) 실습 준비 및 오리엔테이션

실습 준비 및 오리엔테이션은 실습행정 담당자 주관하에 실시한다.

5) 실습지도

실습지도자는 실습계획에 따라 실습을 진행하고, 실습기관과 교육기관은 중간평가와 종결평가를 실시한다. 실습평가의 종류로는 개별평가와 중간 · 종결평가가 있다. 개별평가는 수시로 실습생의 자기평가를 돕고, 수행의지를 고취하며 실습생의 의견을 반영하기 위한 평가이다. 그리고 중간 · 종결평가는 실습생의 수행 정도를 객관적으로 평가하고 실습지도를 통해 교육효과를 향상하기 위한 평가이다.

6) 실습종결

실습기관의 실습지도자는 실습평가서를 작성하여 해당 교육기관에 공문으로 발송하여야 한다. 교육기관은 실습기관의 실습평가서 등을 참고하여 실습학점을 부여한다.

| 제4절 | 사회복지현장실습 단계별 정리

사회복지현장실습 프로그램은 기획안에 따라 실습지도자에 의해 실습을 수행하는 것을 의미하며, 사회복지현장실습 교육단계는 사전단계, 초기단계, 중간단계, 종결 및 평가 단계로 구분하여 살펴볼 수 있다.

1 사회복지현장실습 사전단계

사전단계는 사회복지의 새로운 경험과 기술 및 지식을 접하는 기회 제공을 위한 사전계획을 수립하는 것이다. 따라서 실습생에 대한 실습 전 확인사항을 점검하는 단계이다. 여기에서는 실습계약, 실습생 프로파일, 자기소개, 오리엔테이션, 실습지도자와의 관계 형성 등을 통해 실습 전 확인 및 점검이 이루어진다.

2 사회복지현장실습 초기단계

사회복지현장실습 초기단계의 초점은 사회복지 윤리강령에 입각한 실습자세와 역할의 중요성을 강조한다. 그리고 각종 보고와 양식(일지 등)의 중요성 이해(실습생 근태관리를 통한 모니터링)를 도우며, 기관 및 지역사회에 대한 이해와 사회복지 실천 지식을 지도한다. 초기단계에 적합한 실습내용으로는 오리엔테이션과 기관 차원의 교육부서 및 팀 차원의 교육을 통해 실습을 효과적으로 할 수 있도록 돕는다. 초기단계에 적합한 실습과제로는 학습동기 부여와 체계적인 문서 작성의 필요성이 강조된다. 이 단계에서는 기관분석 보고서, 지역사회(사정) 분석 보고서, 지역사회 지도 그리기 등의 내용을 제시하고 있다. 실습지도자에게 초기단계는 실습 슈퍼바이저와 실습생 간의 신뢰를 다지는 단계이며, 실습생별 맞춤형 및 개별화를 이루는 단계이다.

3 사회복지현장실습 중간단계

사회복지현장실습의 중간단계는 실습 초기의 긴장이 완화되면서 실습지도자에 대한 모방을 통해 학습이 점차 심화되어 가는 단계로 실습생의 실습지도자에 대한 의존도를 줄이면서 전문적인 성장을 위한 과업과 과제를 부여하고 역할을 수행할 수 있도록 한다. 그리고 학교에서 배운 지식과 기술을 구체화하고 정밀화하면서 실습생의 자신감을 고취시킬 수 있도록 하고 있다. 실습지도자는 자신의 실습지도 방법에 대한 평가를 토대로 부족한 부분을 보완해 준다. 중간단계에 적합한 실습내용으로는 〈표 6-2〉와 같이 현재 강조되고 있는 사례관리 기능, 서비스 제공 기능, 지역사회 조직화 기능에 대해 살펴보도록 한다.

표 6-2 중간단계 실습내용

기 능	중점실습
사례관리 기능	가정방문 동행, 인테이크, 사례회의 참관, 사례관리 모니터링, 인테이크지 및 사례관리 관련 기록 작성
서비스 제공 기능	프로그램 참관, 보조, 기획과 진행, 기록, 프로그램 관련 정보 수집 및 자료 분석, 프로그램 만족도 조사 수행
지역사회 조직화 기능	지역조사, 자원(후원, 봉사자) 개발 계획 수립 및 개발, 자원(후원, 봉사자) 관리, 주민모임 참관 및 보조, 기록 등

실습 중간단계에서의 중간평가 시점은 학기 중이나 방학 중 모두 실습기간 중반이 되는 시점에 진행한다. 실습 중간평가는 실습생이 작성한 실습 중간 평가서 내용을 토대로 진행된다. 실습생은 실습 중간 평가서를 작성하고, 총괄 실습지도자와 영역별 실습지도자가 참석하여, 실습생 전원이 함께 실습 중간 평가회의를 진행한다. 평가회의는 실습생이 본인의 실습 중간 평가서를 각자 발표하고, 발표 직후 각 실습지도자들이 발표한 내용을 토대로 슈퍼비전을 제시하게 된다.

중간단계에 적합한 실습과제로 프로그램별 과정참여 보고서, 프로그램 계획서 및 평가서, 중간평가서의 작성과제를 부여하게 된다. 기관에 따라 타 기관 방문을 실시할 경우 타 기관 방문보고서 등의 과제 제시가 가능하다. 특별히 부서 심화실습의 경우에는, 지역사회를 중심으로 한 사회조사 보고서도 작성할 수 있다.

4 사회복지현장실습 종결 및 평가 단계

종결 및 평가 단계는 실습기간 중 학습한 실천기법과 기술을 보다 정교히 하면서 확고히 하는 단계라 볼 수 있다. 따라서 기관의 맥락과 문화, 지역사회, 대상에 대한 이해의 폭을 확장하면서 클라이언트나 집단과의 전문적 관계를 종료하는 연습을 통해 공적·사적 관계에 대한 경계를 학습하는 단계이다. 또한 사회복지사로서 자신의 강점과 약점에 대한 인식을 통해 자신감을 확고히 하며 전문직에 대한 정체성을 형성하도록 지도하는 데 초점을 두고 있다. 종결단계에서의 적합한 실습과정은 〈표 6-3〉과 같다.

표 6-3 종결단계 실습과정

실습 종결 평가서 및 실습 총평가서 작성	▶	① 개별 평가 진행 ② 집단(팀) 평가 진행	▶	① 실습 종결 평가보고회 ② 실습만족도 평가서 작성 ③ 실습지도자 평가서 작성	▶	실습 총평가서 학교제출

실습 종결 평가서와 실습 총평가서는 각각 작성하되 그 내용 기술에 있어 실습생이 실습지도 기간 동안 보여주었던 태도와 행동(실습 수행내용)을 기준으로 실습생이 직접 작성한다. 그러나 실습 총평가서(학교제출용)는 실습생과 실습지도자가 각각 작성한 후 평가항목을 상호 비교하면서 피드백을 제공하도록 한다. 각각 작성한 이후 상호 평가 후에 최종 조율된 평가서를 학교에 제출하는 것이 바람직하다. 마지막으로 실습 총평가서를 발송하게 된다. 실습 총평가서(학교제출용)는 실습 종결 후 약 3일 이내 발송이 되며, 현장실습 확인서와 함께 동봉하여 발송이 되면 실습이 마무리된다. 〈표 6-4〉는 사회복지 현장에서 일반적으로 이루어지고 있는 각 단계의 과제 및 활용양식을 간략하게 정리한 것이다.

표 6-4 사회복지현장실습 각 단계의 과제 및 활용양식

단 계	주요 내용	과제물	활용양식
준비 단계	• 실습 전 확인사항 점검 • 실습준비 최종점검 • 실습계약 체결 • 실습서약서 작성 • 오리엔테이션 실시 • 자기소개 • 실습지도자와 관계 형성	실습생 프로파일 실습생 실습계획서	준비점검표, 프로파일, 실습계획서, 실습계약서, 실습서약서
초기 단계	• 필수 공통교육 (윤리, 철학, 행정, 예산, 문서작성, 프로그램 계획서 작성 등) • 기관 및 직원 소개(라운딩) • 지역사회 탐방 • 부서별 사업 이해	기관분석 보고서 지역사회 분석 보고서 지역사회 지도 그리기	실습일지, 실습생 출근부, 실습지도 기록서, 사회복지사 선서, 사회복지사 윤리강령, 기관분석 보고서, 지역사회 분석 보고서
중간 단계	• 사례관리 실습 • 서비스 제공 기능 실습 • 지역사회 조직화 기능 실습 – 그 외 실습 • 타 기관 방문 • 사회조사 : 지역조사, 욕구조사	과정참여 보고서 프로그램 계획서 프로그램 평가서 중간 평가서 기관방문 보고서 사회조사 보고서	과정참여 보고서, 프로그램 계획서, 프로그램 평가서, 중간평가서, 사례관리 양식, 계획서, 진행일지, 종결기록서, 집단지도 양식, 사회조사 양식, 기관방문 보고서, 사회조사 보고서
종결 및 평가 단계	• 종결 – 사례종결 – 실습종결 • 평가 – 실습만족도와 실습평가 – 실습보고회	실습만족도 작성 실습보고회 진행 실습평가서	실습만족도 실습평가서 현장실습 확인서

주 : 상기 내용은 기관의 사정 및 상황에 따라 다를 수 있음
출처 : 보건복지부 · 한국사회복지사협회(2013). 표준실습교육매뉴얼, p. 88.

PART 02

사회복지현장 실습 슈퍼비전과 현장실습교육

제7장 사회복지현장실습의 슈퍼비전[1)]

| 제1절 | 사회복지현장실습 슈퍼비전과 필요성

1 슈퍼비전

1) 슈퍼비전의 개념

슈퍼비전(supervision)이라는 말은 | 그림 7-1 | 과 같이 라틴어의 super 'over'(위에서)와 videre 'to watch', 'to see'(지켜보다)의 합성어에서 유래함으로써 글자 그대로 정의하면, 다른 사람이 하는 일에 대해 책임을 지고 지켜보는 감독자(overseer)의 일이라는 의미가 된다. 그러다 보니 남의 일을 몰래 감시하는 일로 오해되기도 하지만 전혀 그렇지는 않다. 과거에는 이 개념이 업무가 양적으로나 질적으로 괜찮게 수행되는가를 확인하는 데 관심을 두는 행정적 측면을 강조했다. 그러나 최근에는 슈퍼비전이 다양한 기능들을 수행하는 것으로 개념이 확대되었다. 로간빌 등(Loganbill, Hardy, & Delworth, 1982)은 슈퍼비전을 한 사람이 타인의 치료적 능력의 발달을 촉진하려는 의도를 가지고 계획적으로 하는 대면관계라고 정의하였다. 우리나라에서는 한때 슈퍼비전을 지도감독이라고 번역해서 사용한 적이 있었으나 지금은 슈퍼비전이라는 원어를 그대로 쓰고 있다.

---

1) 김융일 · 양옥경(2004). 사회복지 슈퍼비전론 참고로 재구성함.

그림 7-1 슈퍼비전의 개념

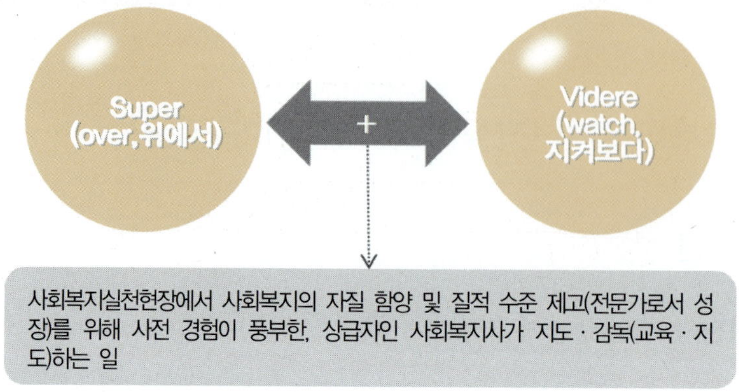

슈퍼비전은 전문 상담자가 되고자 하는 상담자에게 적절한 직업적 행동을 습득할 수 있도록 슈퍼바이저가 도와주는 계속적인 교육과정이라고 정의될 수 있다. 또한 수업과 실습 과정 혹은 상담 실제의 두 가지 교육내용을 합하여 상담자가 실제적 지식을 습득할 수 있도록 도와주는 것이다. 따라서 슈퍼비전은 상담 실습생이 전문 상담자로 성장하는 데 필수적이다.

2) 슈퍼비전의 기능

사회복지(사업) 문헌들을 검토해 보면, 슈퍼비전은 주로 행정적(administrative) 기능과 교육적(educational) 기능의 관점에서 정의되어 왔다. 그러나 최근에는 슈퍼비전 개념 정의에 또 하나의 고유하게 다른 부가적인 책임, 즉 표출적-지지적(expressive-supportive) 기능을 포함시키고 있다(표 7-1).

표 7-1 슈퍼비전의 세 가지 기능 비교

	행정적 슈퍼비전	교육적 슈퍼비전	지지적 슈퍼비전
목 표	작업배경 제공	업무능력 개선	업무만족감 지원
내 용	조직의 구조와 사회복지사의 업무를 도울 기관자원에의 접근법을 제공	업무에 필요한 지식과 기술을 제공	효과적으로 업무를 수행할 수 있게끔 심리적이고 대인관계적인 자원을 제공

장애물	조직의 장애물	무지의 장애물	정서의 장애물
관심 영역	효율적인 조직에 사회복지사를 연결시켜 사회복지사가 조직의 구조와 자원을 효율적으로 이용할 수 있게끔 하는 데 관심	지식과 기술의 향상을 통해 사회복지사의 효율성을 증대시키는 데 관심	업무수행을 방해하는 스트레스를 감소시키고 사기를 증진시켜 사회복지사의 효율성을 증대시키는 데 관심
사회 복지사 모델	효율적으로 과제를 수행하는 사회복지사	자질 있고 능력 있는 사회복지사	동정적이고 이해심 많은 사회복지사

이렇게 볼 때 슈퍼비전의 기능은 사회복지시설의 모든 실천현장에 있는 직원이나 실습생에 대하여 전문성과 능력을 발휘할 수 있도록 교육 및 지도, 원조하는 활동을 말한다. 결국 사회복지서비스를 필요로 하는 사람들에 대한 간접적인 원조의 기능을 수행할 뿐만 아니라 사회복지 기관과 시설의 활동을 지원하는 기능도 있다.

3) 슈퍼비전의 목적과 목표

슈퍼비전의 목적은 큰 틀에서 상담자를 위한 것과 내담자를 위한 것으로 구분된다. 상담자를 위한 슈퍼비전의 목적은 상담자의 자질 향상과 직업적 발달을 조장하는 것이고, 내담자를 위한 목적은 내담자에게 믿을 수 있고, 효과적인 상담서비스를 제공하는 것이다. 슈퍼비전은 상담자에게 전문 상담자로서 필요한 능력을 습득하게 하고, 그 능력을 직업적 발달 단계에 맞추어 발전할 수 있도록 하는 것이다. 내담자를 보호하는 것은 슈퍼비전의 중요한 목적이다. 한 가지 경우는 경험과 상담기술이 부족한 상담자로부터 내담자를 보호하는 것이다. 다른 경우는 내담자를 손상된 상담자로부터 보호하는 것이다. 손상된 상담자란 상담의 실제 능력 면에서는 내담자에게 효과적인 도움을 줄 수 있으나, 현재 개인적인 문제로 인하여 일시적으로 자신의 기능을 충분히 발휘하지 못하는 상담자를 말한다.

슈퍼비전의 목적은 사회복지사의 전문적인 능력의 개발과 자질 향상으로, 사회복지사는 실무현장에서 슈퍼비전을 통하여 대인서비스에 관한 지식과 기술을 익힘으로써 전문적인 능력과 자질을 향상시킬 수 있다. 또한 슈퍼비전은 실무자를 지지하고 격려하며 그들에게 정보를 제공하며, 특히 경험이 없는 예비 사회복지사에게 도움을 주려는 목적이 있다.

슈퍼비전의 목표에는 단기목표와 장기목표가 있는데 슈퍼비전의 세 가지 기능에서 볼 때, 행정적 기능의 단기목표는 사회복지사가 그의 업무를 효과적으로 수행할 수 있도록 작업배경을 제공하는 것이며, 교육적 슈퍼비전의 단기목표는 사회복지사가 그의 업무를 더욱 효과적으로 수행할 수 있는 능력을 향상하는 것이고, 지지적 슈퍼비전의 단기목표는 사회복지사가 그의 업무를 수행하는 데 대하여 기분좋게 느끼도록 돕는 것이다. 그러나 이와 같은 목표들은 그 자체가 목적이 아니라 슈퍼비전의 장기목표 달성을 위한 수단들이다. 슈퍼비전의 장기목표, 즉 궁극적 목표는 클라이언트에게 특정 기관이 제공하도록 되어있는 특정 서비스를 효율적이고 효과적으로 제공하는 것인데, 이와 같은 장기목표를 달성하기 위해 위의 단기목표들이 달성되어야 하는 것이다.

2 슈퍼비전의 유형 및 방법

슈퍼비전의 유형으로는 개별 슈퍼비전, 집단 슈퍼비전, 외부 슈퍼비전을 중심으로 활용하며 구체적인 내용은 다음과 같다.

첫째, 개별 슈퍼비전은 슈퍼바이저와 슈퍼바이지가 일대일로 진행하는 구조이다.
둘째, 집단 슈퍼비전은 슈퍼바이저와 슈퍼바이지들이 집단(슈퍼바이저 외 2인 이상)으로 진행하는 구조이다.
셋째, 외부 슈퍼비전은 기관에서 선정한 외부 전문가에 의해 이루어지는 구조이다.

슈퍼비전의 방법으로는 슈퍼비전 기록, 모델링, 멘토링 및 코칭, 과제, 교육, 토론, 보고서 제출, 독서 등 다양한 방법을 활용한다.

3 슈퍼비전의 과정

1) 계획단계

슈퍼비전은 다음을 참고하여 계획한다.

첫째, 연초에 기관 전체의 연간 슈퍼비전 운영 계획서를 작성하여, 기관의 슈퍼비전 실행과 모니터링, 평가를 계획한다.

둘째, 슈퍼바이지는 연초에 연간 슈퍼비전 계획서를 작성하여 슈퍼바이저에게 제출하고, 슈퍼바이저는 이를 검토한 후 슈퍼바이지와 합의하여 연간 슈퍼비전 계획을 수립한다.

셋째, 연간 슈퍼비전 계획서 작성 완료 후 해당 과에 사본 1부를 제출하고, 해당 과는 이를 취합하여 보관한다.

2) 실행단계

슈퍼비전은 다음을 참고하여 실행한다.

첫째, 슈퍼바이지는 개별 슈퍼비전 최소 3일 전까지 슈퍼비전 신청서를 담당 슈퍼바이저에게 제출하고 슈퍼바이저는 이를 검토하여 슈퍼비전을 준비한다.

둘째, 슈퍼비전은 업무시간 내에 실시를 원칙으로 하되 기관의 상황에 따라 실시하며, 슈퍼비전 방해요소가 없는 독립된 장소에서 최소 60분 이상 실시한다.

셋째, 개별 슈퍼비전은 사회복지직의 경우 최소 월 1회 이상 정례화된 슈퍼비전을 실시하며, 사회복지직에 해당되지 않는 직원은 최소 반기 1회 이상 정례화된 슈퍼비전을 실시한다.

넷째, 집단 슈퍼비전과 외부 슈퍼비전은 필요에 따라 수시로 실시한다.

다섯째, 개별 슈퍼비전과 집단 슈퍼비전에 대한 기록은 정해진 슈퍼비전 기록지 양식에 슈퍼바이지가 작성하며, 슈퍼바이저와 슈퍼바이지가 내용을 확인하고 서명하여 각자 보관한다.

여섯째, 기관 전체 슈퍼바이저와 슈퍼바이지를 대상으로 슈퍼비전 관련 교육을 기관 내외부에서 실시한다. 슈퍼바이저는 기관에서 실시하는 슈퍼비전 관련 교육 외에 외부에서 실시하는 슈퍼바이저로서의 역량 개발 및 자질 향상을 위한 관련 교육에 참석한다.

3) 평가단계

슈퍼비전은 다음을 참고하여 평가한다.

첫째, 연간 슈퍼비전 운영 계획에 따른 평가를 최소 연 1회 이상 실시하고 그 결과를 공유하여 향후 슈퍼비전 계획 수립 및 실행에 반영한다.

둘째, 슈퍼바이저와 슈퍼바이지는 연간 슈퍼비전 평가를 최소 연 1회 이상 실시하고 그 결과를 공유하여 향후 슈퍼비전 계획 수립 및 실행에 반영한다.

평가는 슈퍼비전을 교육, 상담 자문과 구별되게 하는 슈퍼비전 활동이다. 상담자를 평가하는 것은 적절한 수준에 도달하지 못한 상담자로부터 내담자를 보호하고 각 회기마다 내담자가 적절한 도움을 받고 있는지에 대해서 점검하는 역할을 한다. 더 나아가 평가는 현재 실습생이 만나고 있는 그리고 앞으로 이 상담자가 만날 내담자를 보호하는 역할을 한다.

4) 슈퍼바이저의 위계적 위치

슈퍼바이저의 위치는 중간 관리층이다. 슈퍼바이저는 중간(in-between) 직원이라고 설명되기도 하고 한 발은 작업팀 속에 다른 한 발은 관리층 속에 딛고 있으나 어느 쪽과도 분명하게 연결되어 있지 않은 위치에 있다고 설명되기도 한다. 슈퍼바이저는 부하의 지도자이지만 기관장의 부하이며, 최고급의 피용자이면서 최고급의 관리자이고, 하위 행정가(sub-administrator)이면서 상위 실천가(supra-practitioner)이다. 그래서 관리층과 작업집단 모두의 성원이면서 이들 양자의 가교역할을 수행한다. 기관장은 주로 프로그램 기획, 정책수립, 기관예산 확보, 지역사회 관계와 같은 외적 운영에 대해 책임이 있는 데 비해 슈퍼바이저는 프로그램 관리 및 시행과 같은 내적 운영에 대해 책임이 있다. 그래서 기관장은 기관 정책과 계획 영역을, 슈퍼바이저는 관리영역을, 사회복지사는 서비스 영역을 통제한다고 일컬어진다.

5) 간접 서비스로서의 슈퍼비전

슈퍼바이저는 사회복지사를 경유해서 클라이언트와 간접적인(indirect) 접촉을 한다. 슈퍼바이저는 직접 서비스를 제공하는 사회복지사가 클라이언트를 제대로 잘 도울 수 있도록 도울 뿐 클라이언트에게 직접적인 서비스를 제공하지는 않는다.

6) 상호작용 과정으로서의 슈퍼비전

슈퍼비전은 과정(process)으로 정의된다. 슈퍼비전 기능을 수행함에 있어서 슈퍼바이저는 신중하고 의식적으로 선택된 일련의 활동들을 차례차례 수행한다. 슈퍼비전 과정에는 시작단계, 중간단계, 종결단계가 있으며 각 단계에는 다소 다른 활동들을 수행할 것이 요구된다.

슈퍼비전 과정은 관계(relationship) 속에서 진행된다. 이 관계에는 적어도 두 사람이 관여되기 때문에 그들의 상호작용은 슈퍼비전의 중요한 측면이다. 사회복지사와 클라이언트 간의 관계와 유사성을 보여주는 슈퍼바이저와 슈퍼바이지의 관계는 ① 라포(rapport, 사이좋게 지낼 수 있는 일반적 능력), ② 신뢰(trust, 슈퍼바이저에 대해 개방적일 수 있으며 성공은 물론 실수와 실패를 함께 나눌 수 있는 슈퍼바이지의 능력), ③ 배려(caring, 클라이언트는 물론 사회복지사에 대한 관심을 전달할 수 있는 슈퍼바이저의 능력)라는 세 가지 요인들로 구성되어 있는 것으로 설명되어 왔다. 슈퍼바이저와 슈퍼바이지들은 소규모의 연동(interlocking) 사회체계를 수립하는데, 그것은 최선의 상태로 협력적이고, 민주적이며, 참여적이고, 상호적이며, 개방적이고, 존중적이다.

슈퍼비전 관계(supervisory relationship)에서 다루어지는 쟁점 중에는 사회복지사와 클라이언트 간의 관계가 슈퍼바이저와 슈퍼바이지의 상호작용에 영향을 준다는 병행과정[parallel process : 반영(reflection)과정이라고도 부름] 등이 있다. 슈퍼비전이 효과적이려면 ① 구조화되어야 하고(structured), ② 정규적이어야 하고(regular), ③ 일관성이 있어야 하며(consistent), ④ 사례중심적이어야 하고(case-oriented), ⑤ 평가되어야(evaluated) 한다.

7) 경험적 요소로서의 슈퍼비전

경험적 요소로서의 슈퍼비전은 '무엇(what)'과 '언제(when)' 그리고 '어떻게(how)'로 개념화될 수 있다. '무엇'은 슈퍼비전 모형에서 슈퍼바이저와 슈퍼바이지 사이에 무엇이 일어나는가를 말하는데, 이것은 모형의 종류, 모형의 목표와 내용, 목표에 따른 기법들에 의해 좌우된다. '언제'는 내용의 시간적 적용으로서 슈퍼바이지의 클라이언트와의 일과 관련하여 슈퍼비전이 언제 실시되는가를 말한다. 즉, 슈퍼바이지가 클라이언트와 만나는 동안에 슈퍼비전이 실시될 수도 있고(live), 만난 다음에 즉시 실시될 수도 있고(immediate), 어느 정도 나중에(delayed) 실시될 수도 있다. '어떻게'는 슈퍼비전이 제공되는 양식(modality), 즉 개인형태나 집단형태 또는 동료(peer)형태의 슈퍼비전을 말한다.

4 슈퍼비전의 필요성

사회복지현장실습에서의 슈퍼비전은 왜 필요하며 얼마나 중요한가를 인식함으로써 앞으로의 학습동기를 높일 수 있을 것이다. 슈퍼비전의 필요성은 다소 중복이 되기는 하지만 일반적으로 | 그림 7-2 |와 같이 이론의 급증과 전문적 교육과 훈련의 부족, 전문직으로의 정착 등의 사회환경적 변화에 따른 필요로 일반적인 필요성과 임상에서의 필요성으로 나누어 볼 수 있다.

그림 7-2 슈퍼비전의 필요성

1) 일반적 필요성

사회사업서비스는 주로 기관을 통해 제공되기 때문에 사회복지사는 조직인이다. 즉, 독립적인 사업가형의 전문가 양성을 표방하고 있는 다른 전문직들(의사나 변호사 등)에 비해 사회사업은 전통적으로 기관(조직)배경을 강조해 왔다. 기관은 복잡한 조직이며 효과적인 운영을 위해서는 관료제를 필요로 한다. 관료제에서는 위계제, 즉 명령계통을 통해 상사가 부하의 업무를 결재 등을 통해 지도하고 감독하는 중간 관리제도가 존재하게 되는데 이와 같은 제도를 인간서비스 전문조직에서 받아들여 발전시킨 것이 슈퍼비전이다.

사회복지기관들의 재원, 자원, 정책 등이 주로 기관 외부에서 제공됨으로써 사회복지사들이 이들을 얼마나 효과적이고 효율적으로 사용하고, 배분하고, 실천하는가의 책임성 문제가 대두된다. 따라서 이러한 문제를 감독할 제도를 국민이나 정부 등이 요구하게 되는데 이를 위한 장치가 슈퍼비전이다.

사회복지기관의 사회복지사들이 하는 일들이 원래 일상적이지 못하고, 표준화되어 있지 않으며, 예견하기가 어렵고, 개별화되어 있기 때문에 사회복지사들이 하는 일에 대한 공식적이고 광범위한 정보수집 체계를 관리층에서 수립하기가 어렵다. 그래서 다른 통로를 통해 정보를 수집하게 되는데 이것이 바로 슈퍼바이저와 슈퍼바이지 간의 컨퍼런스이다.

사회복지사들은 직접적인 관찰을 허용하지 않는 조건(개인 면접에서와 같은 프라이버시의 필요성)에서 그들의 기능을 수행할 때가 많다. 이런 경우에 슈퍼비전을 통해 사회복지사가 하는 일이 점검되지 않는다면, 클라이언트에게 해를 끼칠 수도 있는 실천(관계)으로부터 클라이언트를 효과적으로 보호하기가 어렵다. 집단이나 지역사회사업실천에 대한 슈퍼비전 압력이 적은 것은 바로 이 공개성 때문이다. 의사와 같은 전문가들도 비공개적으로 기능을 수행하지만 전문활동의 성과는 사회사업의 경우보다 객관적이고 관찰 가능하다.

의사나 변호사는 일을 잘못하면 고객이 줄어들지만 사회복지사의 경우에는 일을 잘못해도 의사나 변호사처럼 타격을 입지는 않는다. 따라서 이에 대한 통제장치가 사회복지사에게는 더욱 필요하다. 더욱이 비자발적(involuntary) 클라이언트들(보호관찰소에서 수강 명령이나 사회봉사 명령을 받고 사회복지관에 의뢰된 비행청소년 등)은 기관 포로와 다름없다. 즉, 이들은 서비스를 자기 마음대로 선택하거나 포기할 수가 없기 때문에 강제적으로 특정 서비스를 받아야 한다. 이때 이와 같은 무력한 클라이언트를 보호할 수 있는 장치로 슈퍼비전을 들 수 있다.

사회복지사들의 모임인 전문가 단체(사회복지사협회)의 회원 통제력이 의사협회나 변호사협회와 같은 다른 전문가 단체들에 비해 약한 편이다. 회원들의 행위와 능력을 보장하고 가입과 제명을 통해 전문가의 수준을 통제할 수 있는 능력이 다른 전통적인 전문가 단체들에 비해 약하다 보니 그 대안으로 기관 슈퍼비전과 같은 통제기제를 주장하게 되는 것이다.

부모-자녀 갈등, 부부갈등, 질병, 죽음, 의존, 일탈 등의 어려운 문제를 다루어야하는 사회복지사들은 상당한 정서적 에너지를 소모해야 한다. 경우에 따라서는 다루는 문제들이 사회복지사 자신의 삶의 장에서 직접 고통받고 있는 것들일 수도 있다. 그래서 클라이언트를 돕는 데 실패했을 때 그것을 사회복지사 자신의 개인적 실패로 느낄 수 있다. 이와 같이 책임은 크고 해결책은 모호하고 해결 가능성이 제한되어 있을 때에는 죄책감, 불안, 실망, 욕구좌절 등이 뒤따르게 됨으로써 소진(burn out)과 이직, 정신장애로 귀결될 수도 있기 때문에 슈퍼비전은 필요하다.

2) 임상적 필요성

(1) 임상실천의 부활

임상실천은 사회개량 운동의 압력이 있었던 1960년대 동안 임상실천이 후퇴한 이후 다시 대규모로 부활되면서 소위 개별지도와 집단지도로 불리던 것은 보다 전문화되고 일반적인 심리치료로 대체되었다. 이 영역에서의 사회복지사의 기능은 개인, 집단, 가족 치료를 수행하는 것이다. 그러나 사회사업 문헌에는 이와 같은 변화에 대한 언급이 없으며 대학들도 이와 같은 실천기능의 변화에 대응하지 못하고 있다. 사회복지 전문직과 대학들은 이 변화에 대응하거나 그렇지 않으면 다른 전문직들에 의해 흡수당할 위험에 직면할 수 있기 때문에 슈퍼비전은 필요하다.

(2) 정신병 치료에서의 사회사업의 주도

사회복지사들이 심리치료를 제공하는 집단 중에서 우세한 집단이라는 경향은 계속 유지될 것 같다. 이유는 정신과 의사의 수는 일정한 데 비해 다른 전문직들이 심리치료에 참여하게 되었으며 이들 중 대다수가 시회복지사들이기 때문이다. 즉, 사회복지사들이 상황적 · 심리적 역기능 문제에 대한, 즉 경미한 신경증 행동, 의사소통 문제, 상황적 스트레스에 대한 대화요법(talking therapy)의 대부분을 맡게 되었으며 정신과 의사들은 생물학적인 문제를 다루게 되었기 때문이다.

(3) 이론의 급증

이상과 같은 기능적 변화와 함께 실천분야에서는 혼란스러울 정도로 이론을 강조해 왔다. 130여 종의 서로 다른 사회사업실천 이론이 혼재해 있기 때문에 사회사업실천 이론은 다양화된 불안정의 시기에 놓여 있다고 볼 수 있다. 최근에 체계이론의 실천지식에 대한 공헌도는 최고조에 달해 있다고 할 수 있으며, 가장 넓은 의미에서의 정신분석 이론도 되살아나고 있다. 사회사업실천은 전반적으로 이론적 휴면의 고원현상을 조장하고 있는 듯하며, 어떤 점에서는 행동유형에 기초한 개입 이론의 개발보다는 개인, 집단, 가족 치료와 같은 방법론을 개발하던 초기시기로 회귀하고 있다. 자조(스스로 하는) 접근법(do-it-yourself approaches)[2]은 빛을 잃어가고 있다. 만일 슈퍼바이저들이 이론적 · 개념적 학습에서 슈퍼바이지를 돕고자 한다면 이러한 발전에서 뒤떨어지지 말아야 한다.

(4) 전문적 기준의 변화

지금은 전문직으로 들어가는 기준을 설정할 책임이 학교에 있는 것이 아니라 면허제도(licensing)를 통해 전문직으로 옮겨가고 있다. 여기에서 문제가 되는 것은 필기시험이 과연 슈퍼바이지의 능력을 측정하는 데 충분한가 하는 것이다.

초기 사회사업실천은 실천가들의 능력을 점검하기 위해 주로 슈퍼비전에 의존하였다. 이것은 사례, 이론, 기법, 평가 및 행정적 문제 등에 대한 토론 속에서 이루어졌다. 그러나 현재 사회사업 전문직은 능력을 평가하기 위한 자격시험에 더 많이 의존하고 있다. 능력을 향상시키기 위한 언어적 상호교환의 비중이 감소하면

2) 이 접근법은 카렌 호나이(Karen Horney)가 주장한 것으로 1960년대에 여러 가지로 각색되어 발전하였다가 1970년대부터는 지지율이 떨어졌다.

서 전문가들은 중요한 것을 잃고 있는 것 같다. 우리는 자신에게 '우리는 그러한 시험을 통하여 무엇을 달성할 수 있으며 무엇을 달성하고 있는가? 그러한 시험의 한계는 무엇인가?'와 같은 질문을 해보아야 한다. 슈퍼바이지의 두려움, 불안, 의심의 처리, 실천철학 개발, 기본적으로 효과적인 자기스타일의 확인과 같은 일들은 필기시험으로는 기대할 수가 없는 것이다.

(5) 제한적인 슈퍼비전 훈련과 치료자의 영향

대학은 소수집단, 사회환경 속에서의 인간 행동, 조사, 정책에 관련된 내용을 교과과정에 포함시키라는 압력이 커지자 실천내용과 슈퍼비전을 다루는 교과과정을 줄여나갔다. 사회사업대학원 중 13%만이 슈퍼비전 과목을 개설하였는데, 이것은 2년간의 교과과정을 건강, 노인, 정신건강, 농촌실천 등으로 세분화하다 보니 슈퍼비전까지 다룰 여유가 없기 때문이다. 이러한 상황하에서 초보 실천자에 대한 슈퍼비전은 사회복지사에게 실천에 대한 통일된 관점을 제공하고 전문직 전반을 소개하는 수단이 될 수 있을 것이다. 대학들이 점점 임상훈련 프로그램을 개발하는 데 관심을 가지지 않고 있으며, 학교와 현장 간의 부조화 때문에 임상실천을 위한 적절한 훈련도 불가능해지고 있다. 이처럼 학자들과 실천가들이 양극화되는 한, 학생들과 실천가들이 필요로 하는 슈퍼비전의 요건은 합의되기 어렵다.

(6) 실천가의 긴장 및 소진의 예방

실천가들 사이에는 슈퍼비전에 대한 강조가 줄어든 시점에 즈음하여 소진에 대한 관심이 증가하였다. 비록 소진의 양과 정도에 대해서는 이견이 있다 할지라도 훌륭한 슈퍼비전이 소진을 예방하는 데 도움이 되는 것으로 간주되었다. 그러나 슈퍼비전이 점차 도외시되어 가는 시점에서 소진에 대한 관심이 증가되고 있다는 것은 아이러니한 사실이다. 만일에 소진이 실제 가속화되고 있다면, 슈퍼비전에 대한 강조가 감소하게 된 원인을 추적하여야 한다. 이것이 가능하다면, 슈퍼비전에 대한 요건을 더욱 새롭게 하여 소진에 대처할 수 있을 것이다. 많은 경우 소진은 대처기제의 부족과 관계가 있는 것으로 본다.

실천가들은 실천이 요구하는 여러 가지 막중한 업무와 책임에 대처할 수 없다면 믿을 만한 자원에 의존해야 한다. 슈퍼바이저는 이러한 어려움을 해결하기 위한 가장 적합한 자원이다. 자원으로서의 슈퍼비전이 없다면, 실천가들은 혼자서 애를 쓰거나 동료들에게 도움을 청하거나, 어떤 경우들에서는 그들이 받은 치료경험들에 의존할 것이다. 그러나 이 조치들은 사회복지사를 좀처럼 돕지 못하며 경우에 따라서는 소진을 더욱 악화시킬 수 있다.

(7) 비윤리적 실천과 슈퍼비전의 영향

비윤리적 실천은 사회 일반에서 그리고 실제적으로 정신건강실천가들 사이에 늘어나고 있는 것 같다. 실천가와 환자 사이에 성관계가 있다는 증거가 많아진다는 사실이 이를 입증한다. 치료관계라는 것이 원래 강렬한 데다가 성적 내용을 다루는 정신치료훈련 프로그램이 부족하다는 현실을 고려할 때, 이 영역에서 윤리적 문제가 대두되는 것은 이해할 만하다. 슈퍼비전은 실천에서의 성적인 내용을 다루고 실천가가 이러한 문제를 처리하는 데 적절하고 윤리적인 방법을 개발하도록 돕기 위한 중요한 무대이다. 개업한 실천가의 수가 증가함에 따라 다른 사람들에게서 실천을 점검받는 경우는 점점 줄어들고 있다. 윤리적 문제는 다루기 어려운 문제이긴 하지만 훌륭한 슈퍼비전을 통해 공개시키는 것이 윤리문제에 대한 안전장치 구실을 할 수 있다.

| 제2절 | 슈퍼바이지와 슈퍼바이저의 반응

1 슈퍼바이지의 게임

슈퍼바이지의 게임은 | 그림 7-3 | 과 같이 요구수준 조작하기, 관계 재정의하기, 세력 불균형 줄이기, 상황 통제하기로 나누어 그에 대한 슈퍼바이지의 대처상황을 살펴볼 수 있다(Kadushin, 1974).

그림 7-3 슈퍼바이지의 게임

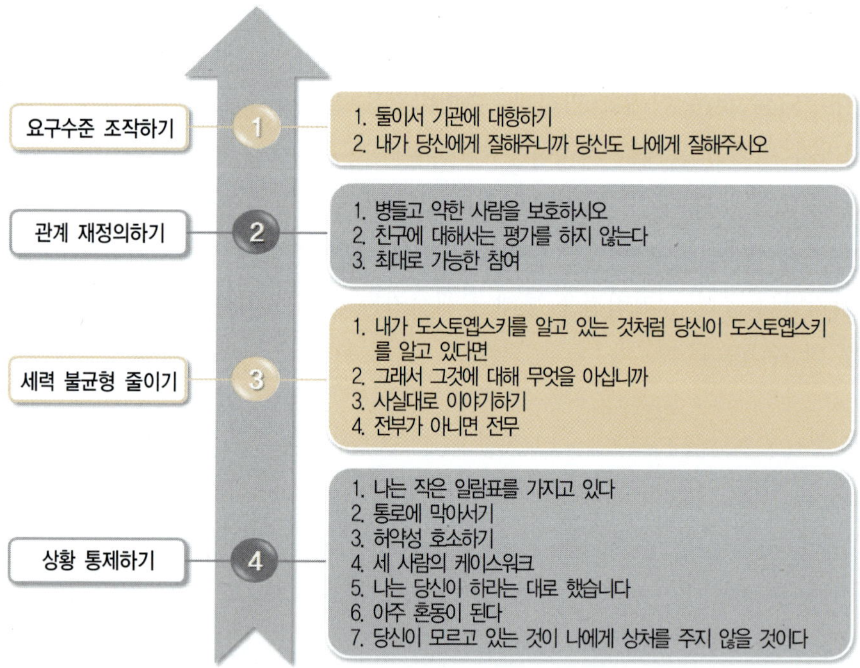

1) 요구수준 조작하기

(1) 둘이서 기관에 대항하기

둘이서 기관에 대항하기 게임은 대개 기계적인 기관절차를 참지 못하는 지적이고 직관적으로 천부적 재능이 있는 슈퍼바이지들이 하는 게임이다. 이런 슈퍼바이지들은 서식, 보고서, 시간엄수, 리코딩들을 경멸한다. 좀 더 세련된 슈퍼바이지는 기관업무의 관료제적 정향과 전문제적 정향 간의 갈등을 언급함으로써 게임을 부추긴다. 슈퍼바이저가 게임을 하기로 선택하면 그는 기관의 행정절차를 타도하기 위해 슈퍼바이지와 동맹을 맺은 셈이 된다.

(2) 내가 당신에게 잘해주니까 당신도 나에게 잘해주시오

이 게임의 주된 술책은 아첨이다. "내가 만났던 슈퍼바이저 중에서 당신이 최고입니다", "당신의 직관력은 대단해서 내가 당신하고 이야기를 하고 나면 클라이언트가 다음에 무슨 말을 할지를 거의 모두 알 수가 있습니다", "당신은 정말 시종일관 도움이 되십니다", "앞으로 나는 당신과 같은 훌륭한 사회복지사가 되기를 기대합니다"와 같은 말들은 이에 속한다. 이것은 슈퍼바이저가 합법적 요구들에 실천가를 단호하게 붙들어 놓을 수 없게 하는 정서적 공갈협박이다.

2) 관계 재정의하기

(1) 병들고 약한 사람을 보호하시오

나를 때리지 말고 치료해 주시오(treat me, don't beat me)라고 불릴 수도 있는 이 게임은 행정적 위계제에서의 교사와 학생의 관계를 치료상황의 사회복지사와 클라이언트의 관계로 바꾸는 것이다. 슈퍼바이지는 그의 업무보다는 자기 자신을 들추어 냄으로써 슈퍼바이저에게 자신의 개인적 문제를 해결하는 데 도움을 달라고 요청한다. 약아빠진 슈퍼바이지는 이 문제들을 직무상의 어려움에 연결시킨다. 클라이언트에게 부과되는 요구의 종류들은 사회복지사에게 부과되는 요구보다 덜 부담이 되는 것들이다. 이렇게 되면 슈퍼바이지의 개인적 문제를 토의하는 데 많은 시간이 소비되기 때문에 그의 업무를 토의할 시간이 적어질 수밖에 없다.

(2) 친구에 대해서는 평가를 하지 않는다

여기에서 슈퍼비전 관계는 사교적 관계(social relationship)로 재정의된다. 슈퍼바이지는 휴식시간에 슈퍼바이저와 커피를 마시려 하며, 점심에 초대하고, 출퇴근을 같이 하면서 같은 버스나 차를 타려고 한다. 이때 슈퍼바이저는 슈퍼비전 관계에서의 사회적 성분이 전문적 성분을 손상시키는 경향이 있음을 알아야 한다.

(3) 최대로 가능한 참여

이 게임은 보다 최근의 관계 재정의로서 전자들보다 모호한 면이 있다. 여기에서는 슈퍼바이저 대 슈퍼바이지의 역할을 동료 대 동료의 역할로 바꾸는 것이다. 슈퍼바이지는 슈퍼비전 관계가 민주적 참여원칙에 근거해서 수립된다면 가장 효과적일 것이라고 제안한다. 슈퍼바이지 자신이 배우기를 원하고 바라는 것을 가장 잘 알고 있기 때문에 컨퍼런스의 의제를 결정할 책임을 슈퍼바이저와 슈퍼바이지가 동등하게 부여받아야 한다는 것이다. 그러나 단단히 마음먹은 슈퍼바이지의 손에서 놀아남으로써 컨퍼런스의 의제 결정은 슈퍼바이지의 통제력에 좌우되기가 쉽다. 그래서 슈퍼바이지에 의해 기대수준은 낮아지고 위협이 되는 내용들은 회피될 수 있다.

3) 세력 불균형 줄이기

이 게임은 슈퍼바이저와 슈퍼바이지 사이의 세력의 불균형을 줄임으로써 불안을 경감시키려고 슈퍼바이지가 고안하는 것이다. 슈퍼바이저의 세력원(source of power)의 하나는 행정적 위계에서 차지하고 있는 그의 지위이고 다른 하나는 그의 우월한 전문적 지식과 기술인데, 이 게임은 후자의 권력 차이를 줄이려는 것이다.

(1) 내가 도스토옙스키를 알고 있는 것처럼 당신이 도스토옙스키를 알고 있다면

슈퍼바이지가 컨퍼런스 중에 불쑥 “이 클라이언트의 행동은 ‘죄와 벌’의 라스콜리니코프를 생각나게 합니다”라고 말하면서 “기억나세요?”라고 묻는다. 슈퍼바이저는 옛날에 이 소설을 읽었기는 하더라도 기억이 아물거릴 수 있는데 그러면 슈퍼바이지는 소설내용을 슈퍼바이저에게 가르쳐 주게 된다. 이렇게 되면 교사와 학생의 역할은 바뀌고 세력 불균형과 슈퍼바이지의 불안은 동시에 감소된다. 슈퍼바이저로서는 이 게임을 거부하면 자기의 무식을 고백하는 것이 되기 때문에 이 게임에 따르게 된다.

(2) 그래서 그것에 대해 무엇을 아십니까

이 게임은 세력의 불균형을 줄이기 위해 상황적 이점을 이용하는 것이다. 예를 들면, 가족치료 토론에서 결혼해서 자녀가 있는 여성 슈퍼바이지가 미혼의 여성 슈퍼바이저에게 결혼생활의 경험과 실제로 엄마가 되는 것에 대해 넌지시 이야기함으로써 슈퍼바이저를 저자세로 만드는 것이다. 이렇게 되면 역할이 바뀜으로써 슈퍼바이저는 덜 위협적인 인물이 된다.

(3) 사실대로 이야기하기

사실대로 이야기하기는 보다 최근에 개발된 게임으로 컨퍼런스에서 아주 음란한 말들(four-letter words)을 클라이언트들이 실제로 사용하고 있기 때문이거나 실상을 알린다는 이유로 영리하게 사용하는 것이다. 이때 불쾌해하고 침착성을 잃는 슈퍼바이저는 슈퍼바이저의 부르주아적이고 청교도적인 면을 파헤쳐 온 슈퍼바이지에 대해 어느 정도 통제력을 잃고 있다고 볼 수 있다.

(4) 전부가 아니면 전무

사회행동 지향적인 슈퍼바이지는 사회적 관계의 근본적인 변화에 관심이 있기 때문에 구체적인 가족생활을 돕는 데 관심이 있는 사례지향적인 슈퍼바이저를 견디지 못한다. 이와 같은 게임은 슈퍼바이저가 변절했다고, 기존 체제에 매수되었다고, 정의로운 사회관을 상실했다고, 원인보다는 증상에 관심이 있다고 슈퍼바이저가 느끼게 하려는 것이다. 이 게임은 슈퍼바이지의 비난이 일리가 있기 때문에 효과적일 수 있다.

4) 상황을 통제하기

이 게임은 슈퍼비전 상황의 통제력을 더욱 노골적이고 직접적으로 슈퍼바이지의 수중에 넣으려는 목적으로 시도된다.

(1) 나는 작은 일람표를 가지고 있다

이 게임은 슈퍼바이지가 그가 토론하고자 하는 일련의 질문들을 컨퍼런스에 가지고 오는 것이다. 이 게임을 잘하는 슈퍼바이지는 슈퍼바이저가 전문적으로 아주 관심이 많아서 상당한 연구를 해온 문제들과 관련되는 질문들을 만들어서 가지고 온다. 슈퍼바이지는 이 질문들에 대한 대답을 들을 의무가 없다. 질문에 대해 슈퍼바이저가 강의를 하는 동안 슈퍼바이지는 마음속으로 주말에 놀 계획 등을 짤 수도 있다. 첫 번째 질문에 대한 답변이 끝나면, 슈퍼바이지는 장면을 바꾸는 적절한 말과 함께 두 번째 질문을 한다. 이렇게 되면 슈퍼바이지가 컨퍼런스 상호작용의 내용과 방향 모두를 통제하고 있는 셈이다. 슈퍼바이저가 이 게임에 빠지는 까닭은 그의 지식을 과시하려는 욕구를 채울 수 있고, 슈퍼바이지의 의존욕구를 충족시킬 수 있으며, 또한 슈퍼바이지의 질문들은 수용, 존경, 응답되어야 한다는 슈퍼비전 원칙에 어긋나지 않을 수 있기 때문이다.

(2) 통로에 막아서기

여기에서 슈퍼바이지는 그의 미흡한 업무가 비판적으로 분석될 수 있을 것임을 알기 때문에 그의 잘못을 자진해서 받아들이는 식으로 컨퍼런스를 시작한다. 예를 들면, 면접은 잘못되었으나 이제는 더 잘하는 방법을 알게 되었다라는 식이다. 이와 같은 슈퍼바이지의 압도적인 자기비하에 직면한 슈퍼바이저는 슈퍼바이지에게 동정적으로 자신감을 주는 수밖에 없다. 이와 같은 전술은 슈퍼바이저가 슈퍼바이지의 잘못에 대해 길게 토론하는 것을 어렵게 할 뿐만 아니라 슈퍼바이지가 보여주는 한정된 장점이 있게 되면 칭찬을 해줄 수밖에 없게 한다. 다시 한번 슈퍼바이저는 용서하는 어버이가 되는 것이다.

(3) 허약성 호소하기

슈퍼바이지 자신은 대단히 깨지기 쉬워서 쉽게 상처받으며 너무 다그치면 추락할 수도 있음을 슈퍼바이저에게 알리는 것이다. 이와 같은 의사소통은 슈퍼바이저로 하여금 어떤 고통스럽거나 위협적인 논점을 효과적으로 탐색하지 못하게 한다. 이것은 외유내강형 게임이라고도 할 수 있다.

(4) 세 사람의 케이스워크

이 게임은 슈퍼바이지가 그의 무지와 무능 상태에서 어떻게 일을 진행시킬 것인가에 대한 자세한 처방을 박식하고 유능한 슈퍼바이저에게 의뢰하는 것으로서 "다음에는 무엇을 하시겠습니까?", "그런 다음에 무엇이라고 말하시겠습니까?"와 같은 식으로 묻는 것이다. 슈퍼바이지는 슈퍼바이저에 대한 사례 책임의 짐을 벗게 되고 슈퍼바이저는 슈퍼바이지와 사례의 부담을 나누어 갖게 된다. 실제로 슈퍼바이저는 슈퍼바이지와 사례관리 책임을 분담하고 있으며, 클라이언트에게 상처를 입히지 않도록 감독할 책임이 있기 때문에 이 게임을 하게 된다.

(5) 나는 당신이 하라는 대로 했습니다

이 게임은 적의가 있는 슈퍼바이지에 의해 이루어질 수 있는데 슈퍼바이저로 하여금 사례관리에 대해 구체적 지시를 내리게 한 다음 슈퍼바이지는 슈퍼바이저가 이 사례에 대해 책임이 있으며 자기는 단지 지시를 따랐을 뿐인 것처럼 행동한다. 그렇게 되면 성공률은 틀림없이 그리고 필연적으로 낮아질 수밖에 없다. 이 게임은 비록 강한 슈퍼바이저조차도 방어적이 되게 한다.

(6) 아주 혼동이 된다

이 게임은 슈퍼바이지가 전임 슈퍼바이저, 같은 기관의 다른 슈퍼바이저, 교수 등과 같은 다른 권위자들을 들먹임으로써 슈퍼바이저의 권위를 줄이려는 것이다. 슈퍼바이지는 현재의 슈퍼바이저가 특정 상황에서 바람직하다고 보는 접근법이 전임 슈퍼바이저가 취하는 접근법과 다르다고 지적한다. 사회사업에서 다루는 상황들이 원래 완전한 확신을 가지고 해결책을 제시할 수 없는 것들이 많다 보니 다른 권위자들의 대안에 슈퍼바이저는 흔들릴 수밖에 없으며 결국 슈퍼바이저의 슈퍼바이지에 대한 권위의식은 부식당하게 된다.

(7) 당신이 모르고 있는 것이 나에게 상처를 주지 않을 것이다

슈퍼바이저는 거리를 만드는(distancing) 기법에 의해 슈퍼비전 상황에서의 위협 정도를 통제할 수 있다. 슈퍼바이저는 슈퍼바이지의 업무를 간접적으로, 리코딩을 통해서, 말을 통해서만 알 수 있다. 그래서 슈퍼바이지는 그의 업무를 좋게 보여주기 위해 자료를 선택하거나 왜곡할 수 있다. 슈퍼바이지는 소극적이 되고 과묵해지거나 사소한 것을 끊임없이 말함으로써 슈퍼바이저를 압도한다. 어떤 식으로 하든, 슈퍼바이지는 그가 실제로 하고 있는 일과 그 일을 비판적으로 분석할 책임이 있는 슈퍼바이저와의 거리를 넓힌다. 이것은 그의 업무에 대한 비판위협을 줄일 뿐만 아니라 슈퍼바이저가 슈퍼바이지의 클라이언트와의 관계의 프라이버시 속으로 침입하지 못하게 한다.

5) 게임 거스르기

지금까지 설명한 방어적 게임들이 슈퍼바이지에게는 불안유발 스트레스를 극복할 수 있도록 도움을 주겠지만, 이 게임들은 슈퍼비전의 목적들을 역기능화하거나 전도시킬 수 있다. 따라서 슈퍼바이저는 이 게임들을 중단시킬 필요가 있다.

슈퍼바이저가 제기하는 게임을 다루는 가장 단순하고 직접적인 방법은 게임하기를 거절하는 것이다. 그러나 이 거절방법이 어려운 까닭은 슈퍼바이저가 이 게임을 함으로써 얻게 되는 이득 때문이다. 슈퍼바이저가 게임하기를 거절하기 위해서는 자기이익을 포기할 준비와 능력을 갖추어야 한다. 예를 들면, 기관타도를 부추기는 게임을 하자고 했을 때 슈퍼바이저는 행정적 권한 행사에서 편안한 마음을 가져야 하고, 슈퍼바이지의 적개심과 거절의 위험을 감수하면서 처리하려고 해야 하며, 전문적 지향보다는 관료적 지향이라는 비난을 감수해야 한다.

두 번째 방법은 공개적인 직면(confrontation)이다. 여기에서 슈퍼바이저는 슈퍼바이지가 하고 있는 짓을 폭로하고 솔직하게 인정하게 한다. 직면(대결)은 그것이 포함하고 있는 당혹과 자기위협을 처리할 수 있는 슈퍼바이지의 능력에 대해 충분히 고려한 후 사용되어야 한다. 슈퍼바이저는 방어적 게임이 슈퍼바이지에게 어떤 의미가 있는지를 알 필요가 있다. 게임을 폭로하는 것이 슈퍼바이지에게 심각하고 개인적 손상을 줄 수도 있기 때문이다. 해석과 직면은 인정 많은 신중함, 적절한 시기 선택, 사용법에 대한 이해를 필요로 한다.

또 하나의 접근법은 업무 관련 스트레스에 적응하기 위해 슈퍼바이지가 하려고 하는 게임을 슈퍼바이저가 알고 있다는 것을 솔직하게 알려주는 것이다. 이때의 초점은 슈퍼바이지의 행동역학이나 이 역학에 대한 반응에 있는 것이 아니라 게임을 함으로써 슈퍼바이지가 얻게 되는 손실에 있다. 이 게임들은 슈퍼비전의 근본 목적, 즉 전문적으로 성장하도록 슈퍼바이지를 돕는 것을 효과적으로 성취하지 못하게 한다. 슈퍼바이지는 이와 같은 게임들에서 이김으로써 실제로는 지고 있는 것이다.

2 슈퍼바이저의 게임

슈퍼바이저는 우선 저항 및 게임의 유형을 인식하여야 한다. 이러한 저항이나 게임을 통해 슈퍼바이지에게 어떠한 부수적 이득을 주는지 명확히 파악하고 이에 대처하기 위한 방법을 모색하여야 한다. 이러한 대처로는 |그림 7-4|와 같이 게임 거절하기, 공개와 직면, 게임임을 알리기를 통한 극복이 있다.

그림 7-4 슈퍼바이저의 게임

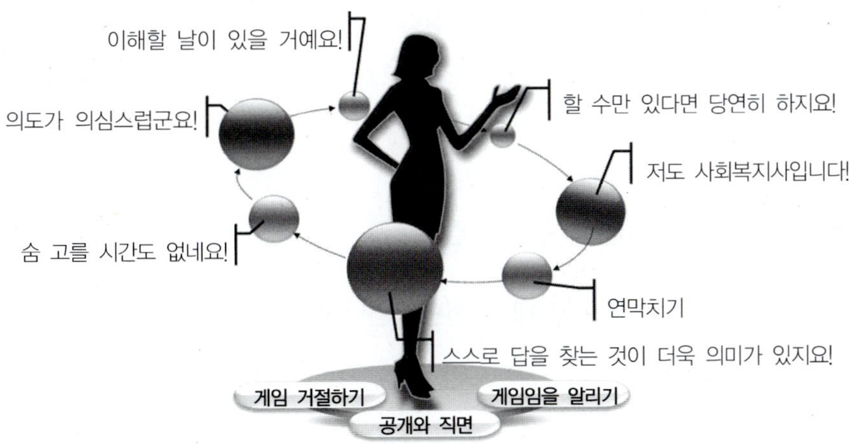

1) 게임 거절하기

게임 거절하기는 '~척하지 않기'로 슈퍼바이저의 취약성이나 비난받고 싶지 않은 욕구, 인정받고 싶은 욕구를 포기하게 만들기이다. 즉, 슈퍼바이지의 비난이 나에 대한 애정이 아닌 자신의 부담을 덜기 위한 수단임을 인식하는 것이다.

2) 공개와 직면

공개와 직면은 어떤 과정이 폭로되길 또는 폭로되지 않기를 원하는 것을 스스로 공개하도록 하는 것과 이에 직면시키는 것이다. 그러나 슈퍼바이지 직면시키기는 조심스럽게 사용하여야 한다.

3) 게임임을 알리기

게임임을 알리기는 슈퍼바이저가 게임을 인식하고 있음을 알리는 것이다. 즉, 어떠한 행위가 슈퍼바이지 자신의 성장 · 발전에 도움이 되지 않음을 알리고 슈퍼바이저는 슈퍼비전의 목적에 초점을 두어야 한다.

| 제3절 | 사회복지현장실습 슈퍼비전의 원칙

현장실습기관 슈퍼비전의 원칙은 실습기관, 교육기관의 모든 슈퍼비전이 정기적이고 규칙적이며 구조적으로 실습지도자나 실습지도교수가 직접 지도해야 한다. 또한 실습과정 중에 슈퍼비전의 내용이 반영되어야 한다.

1 사회복지현장실습의 슈퍼비전[3)]

1) 실습기관 및 실습내용에 대한 전반적인 오리엔테이션을 실시

첫째, 실습기관을 소개한다.

둘째, 실습의 의미, 의의 및 목표를 수립한다.

셋째, 실습생의 자세 및 태도에 대해 교육한다.

넷째, 사례기록 작성요령에 대해 교육한다.

다섯째, 실습일지를 포함한 각종 보고서 작성요령에 대해 교육한다.

3) 한국사회복지교육협의회(2012). 2012년 사회복지 교과목 지침서.

2) 실습내용에 대한 직접적인 슈퍼비전

첫째, 실습일지를 정기적으로 점검하고 피드백을 준다.
둘째, 실습에서 사례기록에 대한 슈퍼비전을 준다.
셋째, 그 외의 사항에 대해 정기적인 슈퍼비전 시간을 갖는다.

3) 실습지도 시간

첫째, 학기 중 실습의 경우는 개별 및 집단 지도를 포함하여 주당 1회, 1회당 60분 이상 지도한다.
둘째, 방학 중 실습의 경우는 개별 및 집단 지도를 포함하여 주당 최소 3회 이상, 1회당 60분 이상 지도한다.
셋째, 실습지도 인원은 실습지도자 1인당 최대 5명까지 실습생을 지도한다.

2 사회복지현장 교육기관의 슈퍼비전

1) 실습기관 방문, 전화, 온라인의 방법으로 실습기관과 긴밀한 관계 유지

첫째, 실습지도자와 실습생별 실습목표를 협의한다.
둘째, 실습생의 실습목표 성취 정도와 실습상황을 검토한다.
셋째, 실습 관련 문제 발생을 예방하거나 문제상황을 중재한다.

2) 슈퍼비전 형식

첫째, 실습지도교수는 실습교육을 위한 강의, 토의, 슈퍼비전, 기관방문 등을 통해 실습지도를 진행한다.
둘째, 실습교육 시 실습조교를 배치하여 실습기관 및 실습학생에 대한 연락, 실습상황 검토, 실습보고서와 평가서 정리 등의 업무를 처리한다.

3) 실습세미나[4)]

현장실습 교육기관의 실습세미나 수업은 기본적으로 학교수업의 한 형태로 진행된다. 이는 실습생에게 실습지도교수가 슈퍼비전을 제시하는 것으로 1회당 2시간 이상 총 15회 이상 실시하여야 한다. 단, 온라인 교육의 경우는 대면방식의 세미나가 총 3회 이상 실시되어야 한다.

(1) 실습보고서를 통한 실습지도

첫째, 실습생은 실습일지, 사례기록, 집단지도 보고서 등 각종 보고서를 작성하여 실습기관 실습지도자의 확인을 받은 후 실습지도교수에게 제출한다.

둘째, 실습지도교수는 실습생과 개별면담 또는 집단면담을 하여 문제점과 개선점을 토의하고 필요한 경우 실습기관 실습지도자와 협의하여 문제점을 해결한다.

셋째, 실습지도교수는 실습내용과 관련된 참고문헌을 소개하여 활용하도록 지원한다.

(2) 실습생의 실습보고 세미나

첫째, 실습생의 실습과정에 관한 강점 및 개선점을 토의한다.

둘째, 사회복지실천의 방법 및 기술을 개인 · 가족 · 소집단에 적용하는 과정에 대해 토의한다.

셋째, 사회복지실천 과정이 다양한 클라이언트 체계에 미치는 영향을 토의한다.

넷째, 사회복지조직으로서 실습기관에 대한 기능과 역할을 이해한다.

다섯째, 사회복지정책, 사회복지 법규 및 제도를 사회복지 대상자와 연계하여 토의한다.

여섯째, 사회복지실천현장에서 직면하는 윤리적 딜레마에 대해 토의한다.

일곱째, 사회복지사로서의 전문적 자아의식에 대해 토의한다.

4) 한국사회복지교육협의회(2012). 2012년 사회복지 교과목 지침서 재구성.

| 제4절 | 슈퍼바이저와 슈퍼바이지 그리고 슈퍼비전의 관계

슈퍼바이저(supervisor)는 슈퍼비전의 업무를 담당하는 특정한 사람이며, 슈퍼바이지(supervisee)는 슈퍼비전을 받는 사람으로 대변될 수 있다. 슈퍼비전을 주는 사람인 슈퍼바이저(supervisor)는 주로 슈퍼비전을 받는 슈퍼바이지(supervisee)에게 용기를 주고, 정보를 제공하며, 상대방의 말을 들어주는 사람으로 정의될 수 있다.

슈퍼바이저와 슈퍼바이지의 역할과 책임으로 슈퍼바이저는 슈퍼비전 지침을 준수하여 수용적이고 협력적인 태도로 슈퍼비전을 제공하여야 한다. 그리고 슈퍼바이지는 슈퍼바이저에게 적극적으로 슈퍼비전을 요청하고 능동적인 태도로 슈퍼비전에 임해야 한다.

슈퍼바이저는 슈퍼바이지의 상담활동을 지도하고 감독하는 역할을 맡은 사람으로 볼 수 있다. 또한 슈퍼바이지를 한 개인으로서 존중하고 상담에 대한 상담자의 근심, 걱정, 불안을 이해하고, 그의 성장에 대한 믿음을 가져야 한다. 슈퍼비전 관계에서 슈퍼바이저가 가져야 할 태도는 공감적 이해, 상담자 존중, 진실성, 즉시성, 구체성 등이다. 그리고 슈퍼바이저가 가져야 할 성격적인 특성으로는 신중한 자세, 상담에 대한 헌신적 태도와 직업정신, 상담자의 성장과 안녕에 대한 관심, 유머감각, 친밀한 관계를 맺는 자질, 적절한 시기 선택의 능력, 자기성찰의 개방성, 책임감 등이 있다.

슈퍼바이저의 바람직한 행동적인 특성으로는 비위협적이고, 비권위적인 태도, 융통성, 상담자 옹호, 다양한 스타일과 학습에 대한 개방성, 자신감 있는 태도, 직업적 확신과 자기 확신 등이 있으며, 자기중심적이고 기회주의적인 태도는 배제되어야 한다.

슈퍼비전에서 교육은 슈퍼바이지가 실습을 시작하기 전에 획득하지 못한 기술을 새로 배우고, 수업에서 익힌 기술을 상담에서 유용하게 사용하는 연습을 뜻한다. 슈퍼비전 활동 중 자문은 도움을 필요로 하는 사람이 전문가에게 단기에 걸쳐 의견을 묻거나 조언을 청하는 것이다. 다른 활동 중 상담은 도움을 필요로 하는 사람이 전문적 훈련을 받은 사람과의 대면관계에서 생활과제의 해결과 사고, 행동 및 감정 측면의 인간적 성장을 위해 노력하는 학습과정이다.

슈퍼비전 관계는 슈퍼바이저와 슈퍼바이지가 갖는 정서적 경험으로 슈퍼비전에서의 대인관계를 말한다. 슈퍼비전 관계 자체는 중요한 학습경험이다. 슈퍼비전 관계에서 슈퍼바이지는 불안을 경험하며, 또 다른 특성은 상담실습생이 슈퍼바이저에게 의존하는 것이다.

슈퍼바이지는 자신이 실습하게 될 상담기관을 신중히 선택해야 하며, 내담자의 특성 외에도, 슈퍼바이지는 상담기관이 내담자에게 어느 정도 상담기간을 허락하는지, 어떤 이론적 방법을 선호하는지, 사례와 관련된 서류는 얼마나 만들어야 하는지, 그리고 기관의 다른 활동에는 어느 정도 참여하도록 규정하고 있는지를 살펴보아야 한다.

| 제5절 | 실습 슈퍼비전 활동과 관련된 논의점

1 전문적 실천의 다양성 이해

실습현장은 광범위한 배경을 가진 학생들을 교육시켜야 하며, 개인 학생들의 학습욕구를 충족시켜 주어야 한다. 또한 개별지도나 집단지도, 그리고 통합적 방법에 대한 학습욕구를 충족시켜 준다. 또한 특수한 사회복지 및 사회사업 방법에 경력이 있는 실무자가 슈퍼비전을 주면서 그 방면에 대한 실무 습득의 기회가 제공되어야 한다.

실습 슈퍼비전 활동은 실습생을 위한 사례 선정과 사례량 배당에 있어서도 실습생의 학습욕구를 충분히 고려하여야 한다. 실습생 실습평가서에 기재된 실무의 각 측면을 의식적으로 교육시켜야 하며, 실습자는 학생의 비전문적 행동에 대해 엄격히 교육시키려고 노력하는 모습을 보여주어야 한다.

행정적인 면에 대한 교육은 실습 초기에 시작되나 중간단계에 와서는 학생의 케이스와 밀접한 관계를 갖고 구체적으로 이행되거나 특별한 경험을 통해 수행된다. 더불어 학생이 현재 맡고 있는 케이스와 관련하여 정책 변경을 요청할 수 있는 상황이 생길 수도 있다(→ 실습을 통해 행정실천 분야에서 좋은 경험을 한 것이다). 또한 서류 작성상의 불편을 수정하도록 건의해 볼 수 있으며, 실습지도자에게 항상 요구되는 전문적 가치관과 윤리관을 학생들이 내재화할 수 있도록 돕는다.

2 실습생의 다양성과 교육방법

1) 젊고 경험이 없는 학생들

젊고 경험이 없는 학생들은 실습지도자의 시간을 많이 요구하나 배움으로써 발전하는 것이 분명하기 때문에 가르치는 것에 대한 보상을 받을 수 있다. 따라서 기초부터 시작해야 하며, 특히 일상생활의 사건들에 대하여 많은 것을 가르쳐야 한다.

2) 경험이 있는 학생들

경험이 있는 학생들은 과거 일해왔던 방식과 새로운 방식 사이에서 상실감을 경험할뿐더러, 새로운 기술과 개념들을 의식적으로 적용해야 하기 때문에 좌절할 수 있다.

3) 연소의 학생들

연소의 학생들은 자신들의 제한된 생활범위 밖에 있는 사람들의 생활방식에 대해서는 거의 모르고 있기 쉽다. 하지만 대부분의 실습지도자들은 학습경험을 통해서 경험 없는 학생들을 도와줌으로써 만족감을 얻을 수 있으며, 점차 성숙되고 유능한 사회복지사로 발전하는 것을 기대할 수 있다.

4) 연장의 학생들

연장의 학생들은 이전에 해왔던 방식을 강력히 주장하거나 때로는 실습지도자의 제의에 무조건 순종함으로써 책임을 회피하는 태도가 나타날 수 있으므로 학생에게 현실을 볼 수 있도록 해주어야 한다.

5) 사회복지 및 사회사업 경험이 없는 연장의 학생

이 학생들은 자신의 관심이나 경험이 예상과 기대와 다르면 흥분하게 된다. 성공하고자 하는 욕구가 강하기 때문에 어떤 어려움도 과도한 불안으로 여겨질 수 있다. 따라서 지속적인 지지를 해주어야 하며, 당면하는 어려움은 자연스러운 것이며, 극복될 수 있다는 희망을 주어야 한다.

3 현장실습의 일반적 문제

실습지도자는 실습지도 현장에서 일어나는 일반적인 문제들이 암시하는 의미를 인식할 수 있어야 한다.

첫째, 실습지도자는 슈퍼비전을 회의에 가져오는 학생의 업무수행 성취량을 알고 있어야 한다.

둘째, 학생들의 레코딩 능력을 파악할 수 있어야 한다.

셋째, 실습지도자의 권위와 관련된 문제는 주로 과도로 의존적인 학생에 의해서 제기될 수 있다.

넷째, 실습지도자들이 공통적으로 직면하는 문제는 자신의 감정처리 문제로 인해서 업무상 어려움을 겪는 학생들이다.

다섯째, 학생들의 각기 다른 학습속도가 문제가 된다.

여섯째, 실습지도자에게 가장 어려운 과업 중의 하나는 낙제하는 학생을 대변하는 것이다.

일곱째, 학생을 지도하는 실습지도자는 문제를 가진 학생들을 돕기 위해 노력하면서도 다른 한편으로는 유능한 학생들에 대해서도 관심을 가져야 한다.

제8장 사회복지현장실습교육 내용

| 제1절 | 사회복지현장실습의 오리엔테이션

1 기관에서의 실습오리엔테이션

실습오리엔테이션은 기관의 목적, 철학, 설립배경 등이 설명되고, 직원소개, 실습일정 및 실습내용이 설명되며, 슈퍼바이저가 배정된다.

2 학교에서의 실습지도

1) 실습파일

실습파일은 학생이 실습내용을 기록하여 제출한다. 지도교수는 실습일정표, 실습일지, 과정기록, 기타 모든 내용이 정리된 실습파일을 검토하고 필요시 개별적으로 지도한다.

2) 실습세미나

실습세미나는 전통적이면서도 가장 효과적인 집단지도 방법이다. 실습세미나 시간은 사회복지기관의 자원체계를 이해하고, 실습경험을 다른 학생들과 나누며, 사회복지실무와 관련된 여러 이슈들을 심도 있게 논의할 수 있으며, 애로사항이 발생할 경우 해결점을 모색할 수 있는 시간이다.

3) 실습지도

실습지도는 실습지도교수와 기관의 직접적 대면을 통해 이루어진다. 실습지도교수는 기관과 슈퍼바이저를 방문하여 학생의 실습이 원활하게 진행되고 있는지를 확인한다.

4) 실습지도자 1인당 실습지도 인원

실습지도 인원은 실습지도자 1인당 최대 5명까지 실습생지도가 가능하다.

5) 실습지도교수 기준

실습지도교수 기준은 현장 실무경험이 풍부한 실습지도 전임교수를 채용하여 가능한 한 전임교수가 실습지도를 담당하도록 권장하고 있다. 실습지도교수는 아래 기준을 충족해야 한다.

> 학사, 석사 또는 박사 학위 중 2개 이상의 학위를 사회복지학 전공으로 취득한 사람으로서 3년 이상의 사회복지학 교육경험 또는 3년 이상의 사회복지사업 실무경험이 있는 교수(한 세미나에 참여하는 학생 수는 30명 이내일 것)

6) 실습평가

실습평가는 실습기관에서 슈퍼바이저에 의한 평가와 대학의 실습지도교수에 의한 평가의 두 가지 평가에 의해 이루어진다.

(1) 실습기관에서의 평가

(1)-1 : 중간평가 - 실습 시작단계에서 설정한 목적이 어느 정도 달성되었는지를 평가하고 앞으로 남은 실습기간 동안의 실습 방향을 조정해 준다는 점에서 의의가 있다.

(1)-2 : 최종평가 - 실습과 관련하여 실습생의 이론적, 실천적, 행정적 및 전문성의 발달을 평가하게 된다.

(1)-3 : 실습평가서 - 실습의뢰 공문서에 동봉한 공식적인 실습평가서에 의한 평가이다.

(2) 대학에서의 평가

실습지도교수는 학생들의 실습에 대한 평가를 하게 된다. 평가는 실습일지, 실습기록, 실습 관련 보고서, 슈퍼바이저와의 방문면담 혹은 전화면담 그리고 실습세미나에서의 발표 등을 종합하여 이루어진다. 최종보고서 제출 시 기관의 조직, 기관의 사회복지 실천이념 정도, 실습기간 동안 슈퍼바이저와 기관의 직원과의 관계, 실습학생의 사회복지사에 대한 적합성, 다음 학기에 실습희망 여부 등의 내용을 요약 · 정리하여야 한다.

3 기관에서의 실습지도

기관에서는 슈퍼바이저를 정하여 실습을 지도하고 있으며, 경우에 따라서는 전체 실습을 총괄하는 슈퍼바이저가 있고, 부서별 실습을 담당하는 담당자가 있다. 실습지도는 학생들의 과정기록을 토의하는 방식으로 개인지도 또는 집단사례회의를 통해 슈퍼비전을 주기도 한다.

4 실습비

실습비는 실습생 1인당 10만 원 내외에서 이루어진다. 그러나 실습기관은 후원금, 실습 이외 교육 등의 명목으로 실습생에게 추가비용을 요구해서는 안 된다.

| 제2절 | 사회복지현장실습교육 분야

현장실습교육 내용은 일반적으로 필수공통, 필수선택, 자유선택으로 구분하여 진행한다.

1 현장실습교육 필수공통

현장실습교육 필수공통은 모든 실습교육에 필수적으로 구성되어 있으며 세부내용은 〈표 8-1〉과 같다.

표 8-1 현장실습 필수공통 내용과 과제물

구 분	실습내용	과제물
필수 공통 내용	1. 오리엔테이션 1) 기관소개 및 지역소개 2) 대상집단의 이해 3) 실습생의 자세와 역할 4) 실습일정과 과제 안내	각 내용에 따른 보고서 및 일지작성 제출
	2. 행정업무 1) 훈련목적하의 각종 기안서(공문, 품의, 지출결의 등) 작성 및 결재과정 참여 2) 기관운영과 관련된 규정 검토 3) 예 · 결산서 작성 연습	실습내용에 대한 실습생의 의견서 및 관련 서식 작성 제출

2 현장실습교육 필수선택

현장실습교육 필수선택은 〈표 8-2〉의 세 가지 내용 중에서 최소 1개의 내용을 선택하여 진행한다.

표 8-2 현장실습 필수선택 내용과 과제물

구 분	실습내용	과제물
필수 선택 내용	3. 사례관리 1) 사례접수(intake) 2) 사례회의 3) 자원연결 4) 개입 5) 사후관리	각 내용 중 실습내용에 해당되는 자료와 기록을 작성 제출
	4. 집단지도 1) 소집단 지도(집단 역동성 중심의 프로그램) 2) 대집단 프로그램(프로그램 개발과 운영, 캠프, 자원봉사관리 등)	집단 프로그램 계획서와 집단지도 및 활동기록을 작성 제출
	5. 지역복지 및 정책 개발 1) 지역사회조직(지역자원 개발, 주민조직화, 주민교육, 복지 네트워크 구축 등) 2) 정책 개발 및 평가 3) 사회행동, 홍보, 옹호 등	과정기록, 계획서 및 평가서 등을 작성 제출

3 현장실습교육 자유선택

현장실습교육 자유선택은 〈표 8-3〉과 같이 기관여건에 따라 필요한 부분을 선택하여 구성한다.

표 8-3 현장실습 자유선택 내용과 과제물

구분	실습내용	과제물
자유 선택 내용	6. 개별상담	사례에 대한 전체과정 기록 3회 이상 작성 제출
	7. 가족상담 및 치료	3대 이상 가계도, 전체 과정 기록 1회 이상 작성 제출
	8. 프로포절 작성	해당 단체양식에 부합하여 1개 이상 작성 제출
	9. 사회조사	설문지 작성, 조사 참여, 코딩과 분석과정 전체 참여 및 보고서 작성 제출
	10. 타 기관방문	실습목적에 맞춰 2개 이하 기관 방문 및 보고서 작성 제출
	11. 지역탐방	지역의 특성과 자원에 대한 사정 및 분석 보고서 작성 제출

4 현장실습교육 기타 사항

1) 사회복지현장실습 확인서

사회복지사자격증 신청 시에는 〈표 8-4〉와 같이 사회복지현장실습 확인서와 졸업 증명서, 성적 증명서, 기본 증명서와 함께 제출하여야 한다. 사회복지현장실습 확인서는 실습의 종결을 알리는 중요한 서류이다.

표 8-4 사회복지현장실습 확인서

<table>
<tr><th colspan="5">사 회 복 지 현 장 실 습 확 인 서</th></tr>
<tr><td rowspan="4">실습생 인적 사항</td><td>성명</td><td></td><td>주민등록번호</td><td></td></tr>
<tr><td>주소</td><td colspan="3"></td></tr>
<tr><td>전화번호</td><td></td><td>휴대전화</td><td></td></tr>
<tr><td>학교/ 학과명</td><td></td><td>실습지도교수 성명</td><td></td></tr>
<tr><td rowspan="9">실습 기관</td><td>실습기관명</td><td></td><td>전화번호</td><td></td></tr>
<tr><td>주소</td><td colspan="3"></td></tr>
<tr><td>실습기간</td><td colspan="3">년 월 일부터 ~ 년 월 일까지</td></tr>
<tr><td>실습시간</td><td colspan="3">총 시간(매주 요일부터 ~ 요일까지, 1일 시간)</td></tr>
<tr><td>실습내용</td><td colspan="3"></td></tr>
<tr><td>실습지도자명</td><td></td><td>사회복지사 자격번호 (취득일)</td><td>(. .)</td></tr>
<tr><td colspan="2">실습지도자 경력기간</td><td colspan="2">담당업무</td></tr>
<tr><td colspan="2">년 월 일 ~ 년 월 일</td><td colspan="2"></td></tr>
<tr><td colspan="2">년 월 일 ~ 년 월 일</td><td colspan="2"></td></tr>
<tr><td colspan="5">위와 같이 실습내용을 확인합니다.
년 월 일
실습지도자 : (서명 또는 인)
실습기관 : (직인)

년 월 일
실습지도교수 : (서명 또는 인)

한국사회복지사협회장 귀하</td></tr>
<tr><td colspan="5">※ 기관방문이나 자원봉사활동 등은 사회복지현장실습에 포함되지 않습니다.
※ 허위사실 기재로 판명될 경우 자격증 교부가 되지 않을 수 있습니다.</td></tr>
</table>

〈 사회복지현장실습 기준 〉

- 실습기관 : 사회복지사업법 제2조 제1호에 따른 사회복지사업과 관련된 법인 · 시설, 기관 및 단체로 한다.
- 실습지도자 : 사회복지사 1급 자격증을 소지한 자로서 3년 이상 또는 사회복지사 2급 자격증을 소지한 자로서 5년 이상 사회복지사업의 실무경험이 있는 자가 실습을 지도하여야 한다.
- 실습시간 : 현장실습 시간은 160시간 이상으로 한다.

2) 실습기관과 교육기관 간담회 개최

학기당 1회의 간담회를 개최하여 실습지도교수와 실습지도자 간의 의견개진 기회를 마련한다.

| 제3절 | 사회복지사 자격증 취득을 위한 전공과목 및 학점

〈표 8-5〉는 사회복지사 2급을 취득하기 위해 이수해야 할 필수과목과 선택과목을 명시한 것이다. 대학원의 경우는 8과목 이상(필수 6과목 이상 18학점/ 과목당 3학점 이상, 선택 2과목 이상 6학점/ 과목당 3학점 이상), 대학과 전문대학은 17과목 이상(필수 10과목 이상 30학점/ 과목당 3학점 이상, 선택 7과목 이상 21학점/ 과목당 3학점 이상)을 반드시 이수하여야 한다(사회복지사업법 시행규칙 [별표1]).

표 8-5 사회복지사 자격증 취득을 위한 관련 교과목 및 학점

구 분	교과목	이수과목(학점)	
		대학원	대학 · 전문대학
필수 과목	사회복지학개론, 사회복지법제와 실천, 사회복지실천기술론, 사회복지실천론, 사회복지정책론, 사회복지조사론, 사회복지행정론, 사회복지현장실습, 인간행동과 사회환경, 지역사회복지론	6과목 18학점 (과목당 3학점) 이상	10과목 30학점 (과목당 3학점) 이상
선택 과목	가족복지론, 가족상담 및 가족치료, 교정복지론, 국제사회복지론, 국제사회복지론, 노인복지론, 복지국가론, 빈곤론, 사례관리론, 사회문제론, 사회보장론, 사회복지역사, 사회복지와 문화다양성, 사회복지와 인권, 사회복지윤리와 철학, 사회복지자료분석론, 사회복지지도감독론, 산업복지론, 아동복지론, 의료사회복지론, 자원봉사론, 장애인복지론, 정신건강론, 정신건강사회복지론, 청소년복지론, 프로그램 개발과 평가, 학교사회복지론	2과목 6학점 (과목당 3학점) 이상	7과목 21학점 (과목당 3학점) 이상
전 체		8과목 24학점	17과목 51학점

※ 교과목의 명칭이 위 표의 교과목 명칭과 같지 않더라도 보건복지부장관이 위 표의 교과목과 내용이 같다고 인정하는 경우에는 그 교과목을 위 표의 교과목으로 본다.

| 제1절 | 사회복지사의 윤리

1 사회복지사의 윤리강령 전문

사회복지사는 인본주의 · 평등주의 사상에 기초하여, 모든 인간의 존엄성과 가치를 존중하고 천부의 자유권과 생존권의 보장활동에 헌신한다. 특히 사회적 · 경제적 약자들의 편에 서서 사회정의와 평등 · 자유와 민주주의 가치를 실현하는 데 앞장선다. 또한 도움을 필요로 하는 사람들의 사회적 지위와 기능을 향상시키기 위해 저들과 함께 일하며, 사회제도 개선과 관련된 제반 활동에 주도적으로 참여한다. 사회복지사는 개인의 주체성과 자기결정권을 보장하는 데 최선을 다하고, 어떠한 여건에서도 개인이 부당하게 희생되는 일이 없도록 한다. 이러한 사명을 실천하기 위하여 전문적 지식과 기술을 개발하고, 사회적 가치를 실현하는 전문가로서의 능력과 품위를 유지하기 위해 노력한다. 이에 우리는 클라이언트 · 동료 · 기관 그리고, 지역사회 및 전체 사회와 관련된 사회복지사의 행위와 활동을 판단 · 평가하며 인도하는 윤리기준을 다음과 같이 선언하고 이를 준수할 것을 다짐한다.

2 윤리강령 제정연혁

1973. 02. 윤리강령 초안 제정 결의
1982. 01. 15. 사회복지사 윤리강령 제정
1988. 03. 26. 제1차 사회복지사 윤리강령 개정
1992. 10. 22. 제2차 사회복지사 윤리강령 개정
2001. 12. 15. 제3차 사회복지사 윤리강령 개정

3 사회복지사의 윤리기준

우리나라 사회복지사 윤리강령은 다음과 같다(한국사회복지사협회[1], 2016).

1) 사회복지사의 기본적 윤리기준

(1) 전문가로서의 자세

① 사회복지사는 전문가로서의 품위와 자질을 유지하고, 자신이 맡고 있는 업무에 대해 책임을 진다.

② 사회복지사는 클라이언트의 종교, 인종, 성, 연령, 국적, 결혼상태, 성 취향, 경제적 지위, 정치적 신념, 정신 · 신체적 장애, 기타 개인적 선호, 특징, 조건, 지위를 이유로 차별대우를 하지 않는다.

③ 사회복지사는 전문가로서 성실하고 공정하게 업무를 수행하며, 이 과정에서 어떠한 부당한 압력에도 타협하지 않는다.

④ 사회복지사는 사회정의 실현과 클라이언트의 복지 증진에 헌신하며, 이를 위한 환경 조성을 국가와 사회에 요구해야 한다.

⑤ 사회복지사는 전문적 가치와 판단에 따라 업무를 수행함에 있어, 기관 내외로부터 부당한 간섭이나 압력을 받지 않는다.

⑥ 사회복지사는 자신의 이익을 위해 사회복지 전문직의 가치와 권위를 훼손해서는 안 된다.

⑦ 사회복지사는 한국사회복지사협회 등 전문가 단체활동에 적극 참여하여, 사회정의 실현과 사회복지사의 권익 옹호를 위해 노력해야 한다.

(2) 전문성 개발을 위한 노력

① 사회복지사는 클라이언트에게 최상의 서비스를 제공하기 위해, 지식과 기술을 개발하는 데 최선을 다하며 이를 활용하고 전파할 책임이 있다.

---

1) 한국사회복지사협회는 개별 사회사업협회로 창립해 1967년 한국사회사업가협회로 명칭을 변경하여 1977년 보건복지부 소관 법인 설립허가를 받았다. 그리고 1985년 사단법인 한국사회복지사협회로 개칭하였다. 1999년 사회복지사 자격증 발급업무를, 2003년 사회복지사 1급 국가시험을 보건복지부로부터 위탁받았다. 2013년 사회복지현장실습 등록시스템을 구축하였다.

② 클라이언트를 대상으로 연구하는 사회복지사는 저들의 권리를 보장하기 위해 자발적이고 고지된 동의를 얻어야 한다.

③ 연구과정에서 얻은 정보는 비밀보장의 원칙에서 다루어져야 하고, 이 과정에서 클라이언트는 신체적 · 정신적 불편이나 위험 · 위해 등으로부터 보호되어야 한다.

④ 사회복지사는 전문성을 개발하기 위해 노력하되, 이를 이유로 서비스의 제공을 소홀히 해서는 안 된다.

⑤ 사회복지사는 한국사회복지사협회 등이 실시하는 제반 교육에 적극 참여하여야 한다.

(3) 경제적 이득에 대한 태도

① 사회복지사는 클라이언트의 지불능력에 상관없이 서비스를 제공해야 하며, 이를 이유로 차별대우를 해서는 안 된다.

② 사회복지사는 필요한 경우에 제공된 서비스에 대해 공정하고 합리적으로 이용료를 책정해야 한다.

③ 사회복지사는 업무와 관련하여 정당하지 않은 방법으로 경제적 이득을 취하여서는 안 된다.

2) 사회복지사의 클라이언트에 대한 윤리기준

(1) 클라이언트와의 관계

① 사회복지사는 클라이언트의 권익 옹호를 최우선의 가치로 삼고 행동한다.

② 사회복지사는 클라이언트에 대하여 인간으로서의 존엄성을 존중해야 하며, 전문적 기술과 능력을 최대한 발휘한다.

③ 사회복지사는 클라이언트가 자기결정권을 최대한 행사할 수 있도록 도와야 하며, 저들의 이익을 최대한 대변해야 한다.

④ 사회복지사는 클라이언트의 사생활을 존중하고 보호하며, 직무 수행과정에서 얻은 정보에 대해 철저하게 비밀을 유지해야 한다.

⑤ 사회복지사는 클라이언트가 받는 서비스의 범위와 내용에 대해, 정확하고

충분한 정보를 제공함으로써 알 권리를 인정하고 존중해야 한다.

⑥ 사회복지사는 문서 · 사진 · 컴퓨터 파일 등의 형태로 된 클라이언트의 정보에 대해 비밀보장의 한계 · 정보를 얻어야 하는 목적 및 활용에 대해 구체적으로 알려야 하며, 정보 공개 시에는 동의를 얻어야 한다.

⑦ 사회복지사는 개인적 이익을 위해 클라이언트와의 전문적 관계를 이용하여서는 안 된다.

⑧ 사회복지사는 어떠한 상황에서도 클라이언트와 부적절한 성적 관계를 가져서는 안 된다.

⑨ 사회복지사는 사회복지 증진을 위한 환경조성에 클라이언트를 동반자로 인정하고 함께 일해야 한다.

(2) 동료의 클라이언트와의 관계

① 사회복지사는 적법하고도 적절한 논의 없이 동료 혹은 다른 기관의 클라이언트와 전문적 관계를 맺어서는 안 된다.

② 사회복지사는 긴급한 사정으로 인해 동료의 클라이언트를 맡게 된 경우 자신의 의뢰인처럼 관심을 갖고 서비스를 제공한다.

3) 사회복지사의 동료에 대한 윤리기준

(1) 동료

① 사회복지사는 존중과 신뢰로서 동료를 대하며 전문가로서의 지위와 인격을 훼손하는 언행을 하지 않는다.

② 사회복지사는 사회복지 전문직의 이익과 권익을 증진시키기 위해 동료와 협력해야 한다.

③ 사회복지사는 동료의 윤리적이고 전문적인 행위를 촉진시켜야 하며, 이에 반하는 경우에는 제반 법률규정이나 윤리기준에 따라 대처해야 한다.

④ 사회복지사가 전문적인 판단과 실천이 미흡하여 문제를 야기시켰을 때에는 적절한 조치를 취하여 클라이언트의 이익을 보호해야 한다.

⑤ 사회복지사는 전문직 내 다른 구성원이 행한 비윤리적 행위에 대해, 제반 법률규정이나 윤리기준에 따라 조치를 취해야 한다.

⑥ 사회복지사는 동료 및 타 전문직 동료의 직무가치와 내용을 인정 · 이해하며, 상호 간에 민주적인 직무관계를 이루도록 노력해야 한다.

(2) 슈퍼바이저

① 슈퍼바이저는 개인적인 이익의 추구를 위해 자신의 지위를 이용해서는 안 된다.

② 슈퍼바이저는 전문적 기준에 의해 공정하게 책임을 수행하며, 사회복지사, 수련생 및 실습생에 대한 평가는 저들과 공유해야 한다.

③ 사회복지사는 슈퍼바이저의 전문적 지도와 조언을 존중해야 하며, 슈퍼바이저는 사회복지사의 전문적 업무수행을 도와야 한다.

④ 슈퍼바이저는 사회복지사, 수련생 및 실습생에 대해 인격적 · 성적으로 수치심을 주는 행위를 해서는 안 된다.

4) 사회복지사의 사회에 대한 윤리기준

(1) 사회복지사는 인권존중과 인간평등을 위해 헌신해야 하며, 사회적 약자를 옹호하고 대변하는 일을 주도해야 한다.

(2) 사회복지사는 필요한 사회서비스를 개발하기 위한 사회정책의 수립 · 발전 · 입법 · 집행에 적극적으로 참여하고 지원해야 한다.

(3) 사회복지사는 사회환경을 개선하고 사회정의를 증진시키기 위한 사회정책의 수립 · 발전 · 입법 · 집행을 요구하고 옹호해야 한다.

(4) 사회복지사는 자신이 일하는 지역사회의 문제를 이해하고, 그것을 해결하는 일에 적극적으로 참여해야 한다.

5) 사회복지사의 기관에 대한 윤리기준

(1) 사회복지사는 기관의 정책과 사업 목표의 달성, 서비스의 효율성과 효과성의 증진을 위해 노력함으로써 클라이언트에게 이익이 되도록 해야 한다.

(2) 사회복지사는 기관의 부당한 정책이나 요구에 대하여, 전문직의 가치와 지식을 근거로 이에 대응하고 즉시 사회복지윤리위원회에 보고해야 한다.
(3) 사회복지사는 소속기관 활동에 적극 참여함으로써 기관의 성장·발전을 위해 노력해야 한다.

6) 사회복지윤리위원회의 구성과 운영

(1) 한국사회복지사협회는 사회복지윤리위원회를 구성하여, 사회복지 윤리 실천의 질적인 향상을 도모하여야 한다.
(2) 사회복지윤리위원회는 윤리강령을 위배하거나 침해하는 행위를 접수받아, 공식적인 절차를 통해 대처하여야 한다.
(3) 사회복지사는 한국사회복사협회의 윤리적 권고와 결정을 존중하여야 한다.

| 제2절 | 사회복지현장실습생의 역할

사회복지현장실습생의 역할은 실습생이 실습 전에 해야 할 일과 실습 중에 해야 할 일로 나누어 살펴보고자 한다(임정문·나직균·방용권, 2013).

1 실습생이 실습 전 해야 할 일

실습생이 실습 전에 해야 할 일로 첫째, 평소에 관심 있는 분야를 찾아야 하며, 둘째, 선배들의 실습파일이나 실습보고서 자료, 조언 등을 참고하여 자신에게 맞는 실습기관을 선정하여야 한다. 즉, 자신의 관심분야와 실습의 목표를 달성할 수 있는 기관이 되어야 할 것이다. 실습생은 프로파일을 작성하여 실습 지원 기관의 면접을 준비하여야 한다. 또한 실습기관의 정확한 명칭과 위치, 그리고 실습지도자의 연락처, 기타 실습을 하기 전 사전 준비물을 확인하고 실습을 하기 전에 실습교육기관 및 실습지도교수에게 정확한 실습일정을 보고하도록 한다.

2 실습생이 실습 중에 해야 할 일

실습생이 실습 중에 해야 할 일로 가장 중요한 것은 정해진 시간과 과제를 잘 수행하는 것이다.

첫째, 실습생은 실습지도 시간 전에 의문사항이나 상의하고자 하는 문제를 정리해 두며, 자신의 학습경험을 위하여 요청할 것들을 미리 정리해 둔다.

둘째, 실습생은 실습일지, 과정기록, 중간평가, 인정사진[2] 등 실습과제 수행과 관련되어 작성하는 모든 문서 작성 및 기록은 그날 작성하여 제출한다. 특히 문서 작성 시에는 문법에 맞으며 간결하고 명료한 문장으로 현장에서 일반적으로 통용되는 어구로 작성할 수 있도록 하여야 한다.

| 제3절 | 사회복지현장실습생의 자세

사회복지현장실습생의 자세는 한국사회복지사협회의 2010년 12월 발행된 사회복지현장실습 안내서에서 다음과 같이 제시하고 있다(한국사회복지사협회, 2010).

우리는 사회복지실습생으로서 사회복지사 윤리강령과 다음 사항을 준수한다.

① 실습의 목적과 중요성을 충분히 이해하고 실습계약 사항을 이행하기 위하여 최선의 자세로 실습에 임한다.

② 실습은 대학에서 학습된 이론을 구체적으로 적용하는 과정임을 인식하여 이에 최선을 다한다.

③ 실습교육기관의 구성원이라는 생각으로 타 구성원과 협력하며 친화적인 태도를 취한다.

④ 기관의 정책을 이해하고 수용하며 실습과정에서 준수하도록 한다.

---

2) 내가 어떤 행위를 했을 때, 그것을 남에게 했다고 증거로 하기 위해서, 또는 어떤 장소에 다녀갔음을 증명하기 위해 찍는 사진

⑤ 근무시간은 기관의 규정에 준하며 직원과 동일한 자세로 근무시간에 임하도록 한다.

⑥ 실습시작 최소 10분 전에 출근하여 출근을 확인하며, 업무에 관계된 사항을 사전에 준비하도록 한다.

⑦ 결근, 조퇴, 지각 등 근태와 관련된 사항은 반드시 실습지도자에게 사전에 보고하여 허락을 받도록 한다.

⑧ 실습지도자의 지시뿐 아니라 타 직원의 지도를 잘 이행하여 실습효과를 최대화하도록 한다.

⑨ 직무에 강한 책임감과 열의를 가지고 적극적으로 임하며 타인에게 책임을 전가하거나 태만하게 행동하지 않는다.

⑩ 실습으로 인하여 알게 된 클라이언트의 사적인 정보를 교육적 목적(대학실습지도 등) 이외에는 절대 발설하지 않으며, 교육적 목적이라 하더라도 가명을 사용하여 개인의 비밀이 침해되지 않도록 한다. 실습 종료 후 실습 관련 내용을 학회지 등에 게재하고자 할 때는 반드시 실습지도자와 상의하여 허락을 받아야 한다.

⑪ 실습지도자의 지도 혹은 타 실습생의 실습을 견학·관찰할 경우 배우는 자세로 진지한 태도를 취한다.

⑫ 기관의 직원, 클라이언트 등에 대해 예의를 지킨다.

⑬ 복장, 소지품은 실습기관의 특성과 상황에 맞게 취하되 가능한 한 화려한 것을 피하고 검소하며 단정한 것으로 착용하도록 한다.

⑭ 안전사고에 만전을 기하도록 하며 안전사고와 관련된 기관의 규정을 사전에 숙지하여 그에 준해 처리하도록 한다.

⑮ 실습일지를 비롯한 각종 실습기록은 사실에 근거하여 정확하고 구체적으로 정리하여 실습 시 실습지도자와 실습지도교수의 강평을 받는다.

⑯ 과제에 관하여 연구하고 그 결과물에 대해 실습지도자의 강평을 받는다.

⑰ 실습과정 중 어떤 경우라도 사례금 등의 금품을 절대 주거나 받지 않는다.

⑱ 과제물은 정해진 기일에 제출하고 출근 전에 작성을 마친다.

⑲ 기관의 명칭을 사적으로 활용하지 않으며 실습생의 신분을 지킨다.

⑳ 기관을 대표한다는 자세로 실습교육기관의 직원들과 동일한 업무태도와 자세를 취한다.

사회복지사 선서문

나는 모든 사람들이 인간다운 삶을 누릴 수 있도록,
인간존엄성과 사회정의의 신념을 바탕으로,
개인 · 가족 · 집단 · 조직 · 지역사회 · 전체 사회와 함께한다.

나는 언제나 소외되고 고통받는 사람들의 편에 서서,
저들의 인권과 권익을 지키며,
사회의 불의와 부정을 거부하고, 개인이익보다 공공이익을 앞세운다.

나는 사회복지사 윤리강령을 준수함으로써,
도덕성과 책임성을 갖춘 사회복지사로 헌신한다.

나는 나의 자유의지에 따라 명예를 걸고 이를 엄숙하게 선서합니다.

제10장 실습생이 직면할 수 있는 문제점과 대처방안

| 제1절 | 실습생이 직면할 수 있는 문제점들과 실습 스트레스

1 사회복지실습현장에서의 일반적인 문제들

실습진행 과정 동안 실습생들이 부딪히는 문제들은 다양하다. 실습생의 개인적인 문제, 실습기관과의 문제, 실습지도자와의 관계 문제, 사회복지실천 전문영역에 대한 문제 등이 있을 수 있다. 이 외에도 전문직으로서 사회복지사 역할에 대한 갈등, 기관에 적응하는 문제, 동료 실습생과의 문제, 클라이언트와의 관계 문제, 다른 전문직과의 역할갈등 문제, 사회복지실천 과정에서의 윤리적 딜레마 등이 보고되고 있다. 이러한 문제들은 실습과정 중에 발생해 실습생의 학습경험을 방해하기도 하나 문제해결에 따라 값진 학습경험이 되기도 한다. 문제상황은 실습생, 실습기관, 교육기관(대학) 특성에 따라 매우 다양하게 나타날 수 있으므로 발생 가능성이 있는 문제상황에 대해 사전에 준비하여 실습에서 발생할 수 있는 갈등을 최소화하고 적절한 학습경험이 될 수 있도록 해야 한다(한국사회복지사협회, 2013). 사회복지현장실습 중 발생 가능한 문제들은 다음과 같다.

→ 실습생의 지각과 결석
→ 실습시간의 조정
→ 실습내용
→ 슈퍼비전의 부재
→ 실습 취소
→ 클라이언트의 비밀보장
→ 클라이언트에게 실습생임을 알리는 문제
→ 실습생의 지위
→ 클라이언트의 문제나 상황이 악화되었을 때

→ 실습기관에서의 실수
→ 실습생 자신의 정서적 문제
→ 클라이언트와의 사적인 이성관계
→ 클라이언트로부터의 답례
→ 성희롱 문제
→ 폭력의 위험이 있는 클라이언트를 만났을 때
→ 실습생의 개인정보를 클라이언트에게 알려주는 문제
→ 실습지도자가 사적 만남을 초청했을 때
→ 사회복지 가치 딜레마에 빠지게 되었을 때

사회복지실습현장에서의 이러한 문제점들에 대해 본 절에서는 몇 가지 예를 살펴보기로 한다.

1) 실습생의 지각과 결석

실습생 개인적인 상황으로 인한 지각과 결석은 있어서는 안 될 기본 행동 중의 하나이다. 그러나 경우에 따라서 질병이나 사고, 가족의 사고나 사망 등의 피할 수 없는 사정으로 인하여 결석이나 지각을 하게 될 때 가장 먼저 해야 할 일은 기관의 실습지도자와 연락하는 것이고, 통화하기 힘들 때에는 반드시 메모를 남겨놓아야 한다. 그래야만 기관에서는 필요한 조치를 취할 수 있기 때문이다.

시간의 엄수와 약속은 실습생의 태도를 평가하는 데 있어 매우 중요한 요소로 인식되고 있고, 성실성은 실습생이 지녀야 할 가장 중요한 덕목 중의 하나이다. 어떠한 경우이든 결석으로 인한 실습시간의 부족은 보충을 하여 실습시간 160시간에 법적으로 문제상황이 발생하지 않도록 반드시 조치하여야 한다.

2) 실습시간의 조정

기관의 사정에 따라서는 실습생이 업무시간 외의 시간을 기관에서 보내야 하는 경우가 있을 수 있다. 예를 들면, 캠프준비를 위한 밤샘작업, 다른 직원의 휴가나 결근 등으로 인한 과외업무 등이 대표적이다. 실습생이 규정된 시간 외에 더 많은 시간을 실습에 투자했을 때, 기관에 따라서 실습일 중의 적절한 날 혹은 반나절 정도 휴가를 갖도록 하거나 실습의 종결을 앞당길 수도 있으나 이러한 결정은 실습기관과 실습지도자와의 충분한 협의를 거쳐 이루어져야 할 것이다.

3) 실습생의 업무내용

사회복지현장실습은 실습생이 예비 사회복지사로서 실습기관의 업무를 있는 그대로 경험하고 클라이언트에게 직접 서비스를 제공해 보는 것이다. 그럼에도 기관이 여건상 실습기간 내내 직접 서비스보다는 교육만 실시하거나 부족한 일손을 메우기 위한 보조인력 수준의 업무수행만이 진행되는 경우도 있을 수 있다. 과다업무나 부족한 업무는 실습생의 의욕과 동기를 저해하는 요인이다. 실습기간 동안 업무가 지나치게 많거나 부족할 경우, 이에 대해 실습지도자와 논의하고 이후에도 개선이 되지 않으면 학교 실습지도교수에게 보고한다.

4) 적절한 실습지도의 부재

기관의 실습지도자는 현장실습 기간 동안 실습생에게 슈퍼비전을 제공할 책임과 권한이 있다. 그러나 실습지도자의 업무과다나 실습에 대한 관심 부족 혹은 개인적 사정 등으로 인하여 실습생에 대한 슈퍼비전이 불성실하게 이루어지는 경우가 종종 있다. 실습지도자의 부재 시에는 관련 직원의 실습지도로 대체할 수 있어야 한다. 실습지도자의 불성실이나 무관심으로 인해 실습지도가 이어지지 않을 경우, 실습생은 실습지도자에게 정기적인 슈퍼비전을 요청할 수 있고 그래도 시정되지 않으면 학교 실습지도교수에게 보고한다. 실습기관에서 적절한 실습 슈퍼비전을 기대할 수 없을 경우, 학교 실습지도교수는 해당 학생에 대한 실습지도를 강화한다.

5) 실습기관 변경

사회복지현장실습은 학교와 산업체인 기관 간의 계약으로 이루어지므로 실습기관 변경은 매우 드물게 발생할 수 있다. 실습기관의 변경은 기관의 문제, 실습지도자의 문제 또는 실습생 개인의 문제 등으로 인하여 더 이상 해당 기관에서 실습을 수행하기 어려운 경우에 직면하게 될 수 있다. 이때 실습지도자나 실습생은 먼저 실습 담당교수에게 이 상황을 보고해야 하며, 담당교수는 실습기관, 실습지도자, 해당 실습생 등과 조정을 위한 노력을 한 뒤, 그래도 개선이 어려운 경우에는 기관에 충분한 양해를 구하고 해당 학생을 다른 실습지에 배치하도록 한다.

실습생이 기관을 변경하게 되는 상황(임정문·나직균·방용권, 2013)

- 실습생이 여러 차례 요구했음에도 불구하고 적절한 정도의 실습지도를 받지 못했을 때
- 실습생이 실습기관에서 할 일이 거의 없거나 주어진 업무가 단순 보조업무로서, 여러 차례 좀 더 책임 있는 일을 맡겨달라는 요구를 했음에도 변화가 없을 때
- 실습생이 성적 희롱을 당하고 있거나 위험상황에 있다고 느낄 때
- 실습생과 실습지도자 간에 심각한 성격 차이 등으로 실습지도자가 실습생을 믿지 못하게 되었을 때
- 비윤리적이거나 불법적인 실무활동이 빈번하게 일어나는 기관에서 실습하게 되었을 때

6) 실습생의 개인정보 노출

클라이언트는 실습생의 학력이나 나이, 결혼 여부 등 개인적 정보에 대해 질문하는 경우가 있는데 그 이유는 다양하다. 실습생과 더 친밀해지고 싶어 개인적인 관심을 갖는 경우도 있고, 실습생이 과연 자신을 도울 수 있는 사람인지를 파악하기 위해 사적인 정보를 요구할 때도 있다. 이와 같은 상황에서 실습생의 지나친 방어적인 태도는 클라이언트와의 관계 형성에 별 도움이 되지 않는다. 클라이언트가 실습생의 미숙함이나 경험부족을 우려하고 있다면 클라이언트의 불안에 대해 충분히 공감하며 자신이 어떻게 노력할 것인지를 구체적으로 설명하는 것이 좋다. 만약 클라이언트가 실습생에 대해 사적인 친밀감을 요구한다면 기관에 따라 실습생의 휴대폰 번호나 이메일의 공개 여부에 대한 지침이 다르므로 이에 대해 확인한 후 적절히 행동한다(이경아 · 서홍란, 2014).

7) 실습생 개인의 안전

사회복지사의 안전은 사회복지서비스를 수행함에 있어 무엇보다 우선시되어야 한다. 그러므로 실습기관은 실습생에 대해서도 안전한 환경을 보장해야 한다. 기관 내에서뿐 아니라 기관 밖에서의 업무에서도 안전을 보장할 수 있어야 한다. 일부 기관에서는 운전이 미숙한 실습생에게 외출 시 운전을 맡기는 경우가 있는데, 이에 대한 점검이 필요하다. 가정방문 시 실습생 2명이 함께 한다거나, 난폭한 클라이언트의 행동에 대해 실습생 혼자만 감당하게 하지 않는다거나, 보안벨을 준비하여 유사시에 벨을 눌러 도움을 청할 수 있게 하는 등 기관은 정책적으로 안전보장 지침을 마련해야 한다. 또 기관에서는 실습생을 위한 상해보험을 마련할 필요가 있다.

실습생은 실습업체의 안전수칙을 철저하게 준수하여야 한다. 또한 실습생은 실습업체의 현장 지도관의 지시에 따르며 개인 행동을 일체 삼가야 한다. 그리고 성실, 근면한 마음으로 현장실습에 임하며, 위험물질(유류, 전기, 가스, 인화물 등)과 중장비 기재 등을 취급할 때는 반드시 입회한 현장 지도관의 감독과 지시에 따른다.

8) 성희롱 문제

최근 직장이나 학교 내에서 성희롱 문제에 대한 관심이 증가하고 있다. 특히 상사와 부하직원, 교수와 학생, 실습지도자나 직원과 실습생, 직원과 클라이언트 등 불평등한 관계를 이용한 성희롱이 문제시되기 때문에 실습생은 직장 내 성희롱 대응절차에 대해 정확히 숙지할 필요가 있다. 실습생은 실습지도자를 비롯한 기관의 직원들, 또한 클라이언트와 윤리적이고 전문적인 관계를 유지하며, 실습지도자도 윤리적 원칙을 반드시 지켜야 한다. 실습기관에서 성희롱 문제가 발생할 경우 실습생은 이를 실습담당교수에게 즉시 보고하고 대처방안을 함께 모색하도록 한다.

9) 실습생 자신의 정서적 문제

실습생들 중 일부는 실습에 적응하기 위해 지나치게 신경을 쓰거나 과도한 스트레스를 받는 경우가 있다. 또는 미해결된 개인적 문제나 정신적인 어려움으로 인해 실습지에서의 적응이 힘들 때도 있다. 이때에는 자신의 정서적 어려움에 대해 전문상담을 받거나 실습담당교수에게 보고하여 적절한 도움을 받는다.

2 사회복지실습생이 경험하는 스트레스와 대처[1)]

사회복지현장실습은 학교수업에서 학습한 이론을 현장에 접목하는 공식적인 훈련을 통하여 예비 사회복지사로서의 지식 · 기술 · 태도를 습득하는 실천적 교과목이다. 현장실습은 사회복지 이론을 실질적으로 적용해 보는 기회가 될 뿐 아니라, 학생 자신의 적성과 잠재력을 발견하게 하며, 나아가 사회복지에 대한 정체성 함양에도 영향을 끼치기 때문에, 학생의 전공 진로에 있어 절대적 중요성을 가진 실천 교과목이라 하겠다. 그러므로 사회복지학을 전공하는 학생이라면 누구나 사회복지 현장실습을 이수하여야 하며, 실습과정을 통하여 다양한 실천현장에서 조직의 일원이자 예비 사회복지사로서 직간접적인 업무 및 관계에 대한 경험을 하게 된다.

이러한 실습의 중요성에도 불구하고, 학생들의 실습 관련 경험이 언제나 긍정적인 것만은 아니다. 많은 학생들은 실습을 통하여 다양한 사회복지실천 및 이론에 대한 현장감과 전문가로서의 역량을 향상하는 동시에, 여러 가지 어려움과 그로 인한 스트레스를 받고 있다. 학생들이 경험하는 실습에서의 어려움에 대한 구체적인 내용은, 실습 시작 전에는 지식 부족이나 자신감 저하 등으로 막연한 불안과 긴장, 실습 중에는 실습환경, 슈퍼바이저와의 관계, 실습생 간의 관계, 클라이언트와의 관계 및 활동내용 등에서 오는 스트레스이다. 또한 실습을 마친 후에는 기술, 지식의 부족, 역할갈등 및 사전에 기대한 만큼의 만족을 느끼지 못하는 실습경험으로 위축되거나 좌절감을 경험한다고 보고되고 있다(정무성 · 조해영, 2009).

사회복지 현장의 스트레스는 대체로 업무상 필요한 조건에 개인의 역량이 부적

1) 위 내용은 김희수 · 안정선 · 배진형(2013)을 참고함.

합하거나 조직이 제공한 직무환경이 개인의 욕구에 부적합한 상태로 설명되고 있다. 직무 스트레스는 사회복지사의 직무만족을 저하시키고 소진을 가져올 수 있다.

1) 사회복지현장실습 스트레스

스트레스는 인간과 환경의 관계에서 그 관계의 형성이나 유지를 위해 개인이 소유한 자원의 양을 넘어서 자원이 과도하게 요구되는 상황으로 개인의 행복을 위협하는 것인데, 다양한 스트레스 요인에 의하여 초래되는 결과는 스트레스 또는 스트레스 증상을 말한다.

스트레스 증상은 스트레스 자극이 개인이 조정하거나 적응할 수 있는 수준을 넘어서는 것이거나, 개인이 이에 대해 적절히 대응하는 데 어려움이 있을 경우의 반응이다. 스트레스는 그 존재 여부를 넘어, 지나치게 많거나, 본인이 가진 방어 메커니즘이 부적절할 때 신체적 · 심리적 장애나 다른 정신적 장애까지도 나타나게 할 수 있다. 스트레스에 대한 연구들은 잠재적으로 스트레스를 줄 만한 상황을 개인이 통제할 수 있는가의 여부에 관심을 두고 진행되어 왔다(김혜영, 2006). 같은 원인이라도 스트레스를 대하는 개인이나 환경의 영향에 따라 다양한 정도로 느껴질 수 있으며, 이는 다양한 요인이 상호작용하기 때문이다. 사회복지실습 스트레스가 독립적으로 정의된 문헌은 아직 찾아볼 수 없지만 사회복지실습에 참여하는 학생들이 실습을 통해 스트레스를 경험하고, 이에 대해 적절한 대응을 하지 못할 경우 실습활동에 긍정적이지 않은 요인이 되며, 이런 부정적인 영향은 스트레스 증상을 유발하게 된다.

사회복지현장실습 스트레스는 예비 사회복지사로서의 직무를 감당해야 하는 사회복지 전공 실습생의 경험과도 연결성이 있다. 정리해 보면, 실습 스트레스는 사회복지를 전공하는 실습생이 사회복지현장실습이라는 필수교과목 이수를 위한 모든 절차 및 과업 수행 내에서 자신이 가진 자원이나 역량의 적절한 활용에 부적합을 경험하는 환경적 · 대인적 · 업무적 · 개인적 어려움 상태라고 할 수 있다.

김희수 · 안정선 · 배진형(2013)의 연구에 따르면, 〈표 10-1〉과 같이 사회복지실습생이 경험하는 스트레스는 실습생들이 비교적 스트레스를 많이 느끼는 영역으로 전문지식 및 기술의 부족, 실습환경, 실습업무 부담으로 조사되고 있었다. 구체적으로 세부내용에 대한 순위를 살펴보면, ① 프로그램 준비, 실행주도 어려움, ②

클라이언트에 대한 지식 부족, ③ 클라이언트 문제대처 · 해결 능력 부족, ④ 클라이언트와의 의사소통 기술 부족, ⑤ 학교교육 내용의 현장적용 어려움, ⑥ 실습생을 위한 공간 부족, ⑦ 기록을 적절히 못함, ⑧ 사회복지 지식 불충분, ⑨ 잠재된 돌발상황에 항시 대비, ⑩ 실습생 역할이 불분명함, ⑪ 지나치게 많은 실습과제의 순으로 나타나고 있다.

표 10-1 실습 스트레스 내용별 순위

영 역	내 용	순 위
전문지식 및 기술의 부족	프로그램 준비, 실행주도 어려움	1
	클라이언트에 대한 지식 부족	2
	클라이언트 문제대처 · 해결 능력 부족	3
	클라이언트와의 의사소통 기술 부족	4
	기록을 적절히 못함	7
	사회복지 지식 불충분	8
실습환경	학교교육 내용의 현장적용 어려움	5
	실습생을 위한 공간 부족	6
	실습생 역할이 불분명함	10
실습업무 부담	잠재된 돌발상황에 항시 대비	9
	지나치게 많은 실습과제	11

출처 : 김희수 외(2013), p. 747 재구성.

2) 대처와 전략

이창식과 김윤정(2004)에 의하면, 대처는 개인에게 부담이 되거나 자신이 소유한 자원을 넘어선다고 평가되는 특정한 외적 · 내적 요구를 관리하고자 하는 인지적 · 행동적 노력으로 정의된다. 초기의 대처 연구는 자아심리학자들을 중심으로 스트레스 상황의 다양성에도 불구하고 개인의 기질에 따른 대처성향을 연구했으나, 1980년대에 이르러 환경적인 영향력을 고려한 통합적인 관점에서의 대처행동에 대한 연구로 이어졌다. 이러한 연구를 기반으로 대처를 스트레스 상황에 의해

창출된 내외적인 요구들을 처리하고자 하는 노력이라고 정의하였으며(Lazarus & Folkman, 1984), 토빈과 그의 동료들(Tobin et al., 1989)은 스트레스 대처의 유형을 관여대처와 비관여대처로 구분하였다. 관여대처란 스트레스원 또는 정서나 사고에 초점을 두는 반응인 문제해결, 사회적 지지 추구를 의미하고, 비관여대처란 스트레스원이나 자신의 정서 또는 사고로부터 벗어나고자 하는 반응, 즉 철회와 부인을 이른다고 세부적으로 분류하였다.

대처전략은 스트레스를 감소 또는 제거하려는 노력의 과정으로 사용되는 실질적 활동, 행동, 사고를 말한다. 대처전략이란 상황을 다루기 위해 취해지는 어떠한 형태의 반응이며, 이는 태도 및 실제로 취한 행동이라는 두 가지 요인과 관련이 있으며 대처전략을 두 가지로 분류해 볼 수 있다(Lazarus & Folkman, 1984). 문제해결을 목적으로 의사결정을 하거나, 직접적인 행동을 취하는 것과 같이 스트레스 상황 자체를 변화시키고자 적극적인 노력을 하는 문제중심 대처전략, 또한 스트레스 상황에 변화를 주기보다는 부정적인 정서를 다루거나 완화시키는 데 초점을 두는 정서중심 대처전략이 그것이다. 따라서 정보를 수집하거나 사회적 지지를 추구하는 것과 같이 스트레스 사건과 관련된 문제들에 대해 피하지 않고 맞부딪혀 해결해 나가는 접근 대처전략과, 문제를 부인하거나 관심을 다른 곳으로 전환시킴으로써 스트레스 사건으로부터 심리적인 거리를 두려고 하는 회피 대처전략이 그것이다. 아미르 칸(Amir Khan, 1990)은 문제해결 중심 전략은 스트레스 상황을 피하지 않고 직접 뛰어들어 해결하려는 것이고, 사회적 지지 추구 전략은 역경에 처했을 때 정서적이든 도구적이든 인간이 가지고 있는 기본적인 대인접촉 욕구를 반영하여 해결하려는 것이며, 회피중심 전략은 문제 상황에 맞부딪히기보다는 심리적인 거리를 두고 외면하려는 측면을 반영하는 것이라고 하였다. 결과적으로 스트레스 대처전략들은 처한 상황에 대해 취하는 실제 행동 및 태도로서, 이는 문제해결, 접근대처 등의 개인적 전략, 또는 사회적 지지 추구라는 주변 환경을 활용한 전략인 적극적 양상 측면, 회피 혹은 정서중심 완화라는 소극적 양상 측면 등 크게 두 가지 맥락에서 구분되어 왔음을 볼 수 있다.

사회복지현장실습의 스트레스 상황은 누구나 있지만 현명한 대처가 중요함을 인식하고 실습상황에서의 어떤 문제에 대해서도 신중하게 행동할 수 있도록 노력하며, 실습지 적응을 위한 상황 파악에 주력하여야 할 것이다. 그리고 부과된 업무량을 정해진 시간 내에 수행하려고 목표를 수립하는 등 문제해결적 대처방법을 적극적으로 활용할 필요가 있다. 또한 사회적 지지를 추구하는 방법으로 과제나 문제가 생기면 실습생들끼리 도움을 주고받고, 실습생들끼리 실습에서 느꼈던 감정을 털어놓는 것은 비슷한 문제를 경험한 실습동료의 위로에 기분이 나아질 수 있게 한다. 따라서 실습생들의 지지체계 구축을 주요 전략으로 사용할 필요가 있다. 회피중심 전략은 비교적 활용도가 낮으나 실습이 무조건 끝나기를 기다리거나 자신을 내버려 두기를 바라는 등 회피중심 전략을 활용하는 경우도 한 방법일 수 있다.

| 제2절 | 실습생의 권리

실습기관에서는 실습생을 대상으로 실습교육을 한다는 것을 부담으로 인식하고 실습생을 받지 않으려고 하는 사회복지기관들도 있을 수 있어 약자의 입장인 실습생의 인권에 대해 요청한다는 것이 어려운 현실이지만 실습생의 인권, 실습생의 학습권에 대해 다음과 같이 언급하고 있다(한국사회복지사협회, 2010).

1 실습생의 인권

실습교육기관에서 실습생의 신분은 학생이다. 실습생은 사회복지실천현장을 학습하기 위해 나와 있는 것이다. 실천의 업무를 담당하거나 실습지도자의 업무를 보조하기 위한 것이 아니다. 따라서 실습지도자와 실습교육기관에서는 이를 이해하고 있어야 한다.

2 실습생의 학습권

실습생은 전문가로서의 실습지도자에 의해 교육될 권리가 있다. 또한 전문지식과 기술을 교육받을 권리가 있다. 그리고 실천현장에서만 학습할 수 있는 업무나 사례를 제공받을 권리, 쾌적한 환경에서 학습할 권리, 안전한 환경에서 학습하고 활동할 권리, 인간적인 대우를 받을 권리, 윤리적인 대우를 받을 권리, 성추행이나 성폭력으로부터 자유로울 권리가 있다.

| 제3절 | 사회복지실천의 가치와 윤리 문제

1 전문직으로서의 사회복지

전문직은 높은 학문적 지식체계를 바탕으로 전문적 기술을 보유함으로써 상당한 사회적 권한과 높은 사회적 지위를 누린다는 특성을 지닌 형태의 직업이라 할 수 있다.

그린우드(Greenwood, 1957)는 전문직 여부를 판단할 수 있는 다섯 가지 속성을 다음과 같이 제시하고 있다.

첫째, 이론적 체계
둘째, 전문적 권위
셋째, 사회로부터의 권한과 특권 부여
넷째, 윤리강령
다섯째, 고유문화

사회복지에서 전문직에 대한 논의는 플렉스너(Flexner, 1915)에 의해 전문직이 아니라고 제기된 이후 전문성 여부에 대한 수많은 논쟁이 일어났다. 사회복지는 전문직일까? 이에 대한 대답은 검증된 이론적 틀을 가지고 인간이 그 존엄성을 유지할 수 있도록 삶의 질을 높이는 실천이 이루어지기 때문에 전문직으로서 인정받을 수 있다는 것이다. 사람들의 삶에 개입할 수 있는 사회복지 전문직의 특권은 사회적 책임을 수반하게 된다. 따라서 다른 전문직들과 마찬가지로 사회복지사협회에서 사회복지 윤리강령을 채택함으로써 사회복지사들의 윤리적 판단의 기준을 마련하고 있다. 그럼에도 불구하고 우리나라 사회복지사는 다른 전문직인 의사와 약사 등과 비교해 보았을 때 아직은 전문직으로서 널리 인식되고 있지 않고 있다. 이유는 의학, 법학과 비교해 보았을 때 무엇보다 사회복지는 가치 기초가 인간을 이해함에 있기 때문에 클라이언트와의 관계형성 기간이 오래 걸리고, 또 그들을 이해하기 위한 지식과 기술에서 다방면으로의 접근이 필요하기 때문이다. 그래서 이는 자칫 사회복지실천현장에서 사회복자사의 역할이 단순한 정보의 제공과 정보로의 연계로 보일 수 있는 소지를 가지고 있다. 그러나 사회복지의 이론이 과학적 방법론에 기초를 두고 있는 점, 인간의 이해와 변화라는 전문직으로서의 뚜렷한 목적을 갖추고 있는 점, 문제파악, 원인발견, 치료계획, 치료, 평가라는 뚜렷한 과정을 갖추고 있는 점에서 사회복지가 전문직임에 틀림없다. 위버만(Weaverman)은 전문가가 되기 위해 이론 이해와 사례 이해를 필수조건으로 강조하고 있다. 따라서 이해의 능력을 키워야 현장에 나가서 전문가로 일하는 데 어려움이 없다고 보고, 사회복지를 도움을 주는 과정이라고 정의하면 과연 어떻게 도와주어야 하는가를 학생들이 대학에서 해결하고 실천현장에 나가야지, 그렇지 않으면 직업을 가진 후 클라이언트를 만나 제대로 돕지 못하기 때문에 전문가로서 정체감을 갖기 어렵다고 하였다. 그 문제는 곧 사회복지의 전문성과도 직결되는 문제이다.

2 사회복지실천의 핵심가치

가치는 일반적으로 사회구성원들에 의해 바람직함의 기준으로, 좋고 바람직한 것에 대한 지침과 믿음으로 표현되며, 개인, 집단, 또는 사회 등 가치주체의 선택행위를 통해 나타난다. 이러한 선택행위는 바람직한 상태 요구와 행동으로 매우 구체적이고 제한적이며 전문적인, 공적인 가치와 실제적이며 사적인 가치와의 차이에 존재한다. 콩그레스와 매콜리프(Congress & McAuliffe, 1999)는 다양한 관점에서 가치가 존재하므로 사회복지사는 이러한 가치의 다양성에 내재된 차이점을 이해해야 한다고 강조하였다. 콩그레스와 레비(Levy)가 분류한 사회복지 가치를 살펴보기로 한다.

1) 개인적 가치

개인적 가치는 일반적으로 가족, 문화, 그리고 사회적 가치에서 비롯된다. 개인적 가치는 각 개인의 환경에 따라 다르게 형성될 수 있으며, 사회복지사의 개인적 가치와 클라이언트의 개인적 가치가 상충되는 상황이 발생할 수 있다.

2) 사회적 가치

사회적 가치는 개인적 가치에 영향을 미치며, 시대의 변화에 따라 큰 변화를 겪게 된다. 사회적 가치는 무엇이 바람직한가에 대한 그 사회의 일반화되고 정서적으로 공유하는 개념을 말한다(예 효, 미혼모).

3) 기관의 가치

기관의 가치는 각 기관의 역할과 기능, 책임에 따라 나름의 고유한 가치체계를 가지고 있다. 사회복지사는 클라이언트와 기관의 가치 사이에서 어려움에 처할 수 있다.

4) 전문가 가치

콩그레스와 매콜리프(Congress & McAuliffe, 1999)는 전문가 가치가 반드시 사회복지사 개인의 가치와 일치하는 것이 아니라고 주장하면서 NASW에서 제시한 여섯 가지 전문가 핵심가치를 제시하였다.

첫째, 사회복지에서 가장 근본적인 가치는 욕구가 있는 사람에게 서비스를 제공하는 것이다. 사회복지사는 사회복지서비스의 가치를 자신의 이익보다 우위에 두어야 한다.

둘째, 사회복지사는 사회정의를 증진시키고 사회정의를 실현하기 위해 빈곤문제, 억압받는 계층의 문제를 다룰 수 있어야 한다.

셋째, 사회복지사는 인간 고유의 존엄성과 귀함을 존중하여야 한다. 이 가치는 클라이언트의 자기결정권을 존중해야 하는 이슈와 직결된다(예 12세 된 자기 딸을 성폭행한 클라이언트를 도와야 할 때 사회복지사는 인간 존엄의 가치를 지켜야 하는지에 대한 딜레마에 빠진다).

넷째, 사회복지사라면 누구나 인간관계 강화라는 가치를 중요하게 여길 수 있어야 한다. 개인, 가족, 집단 혹은 지역사회와 더불어 일하는 사회복지사는 그들과의 관계와 그들 간의 관계를 연계하고 향상하려고 노력해야 한다.

다섯째, 신뢰감은 중요한 가치이다. 사회복지사는 신뢰받을 수 있는 태도로 행동해야 하며, 클라이언트에게 공유할 수 있는 정보와 그렇지 못한 정보를 알려주어야 한다.

여섯째, 사회복지사는 항상 자신의 능력 안에서 실천해야 하고 전문적 기술을 향상하도록 항상 노력해야 한다.

레비(Levy, 1973)는 사회복지가치를 사회적 가치, 조직 및 제도에 관한 가치, 전문가 가치, 대인서비스 실천가치의 네 가지로 나누고 있다.

첫째, 사회적 가치로 인권, 이타주의, 인간의 존엄성, 기회평등 등 열네 가지 가치를 제시하고 있다.

둘째, 조직 및 제도에 관한 가치로 민주적 서비스 제공, 서비스에 대한 평등한 접근, 참여와 자기결정권 실현, 조직 및 기관의 활동에 대한 책임 등 아홉 가지 가치를 제시하고 있다.

셋째, 전문가 가치로는 이윤추구보다 대인서비스 위주의 서비스 제공, 전문활동에 대한 책임성, 클라이언트와 관련된 공공 및 사회정책 옹호 등 네 가지를 제시하고 있다.

넷째, 대인서비스 실천가치로 클라이언트를 악용 혹은 착취해서는 안 되는 것, 개인의 사생활 존중, 정직하고 신용을 지키는 것 등 일곱 가지를 제시하고 있다.

3 사회복지실천의 가치위계

사회복지실천에서 일반적으로 많이 활용되는 NASW의 가치위계는 궁극적 가치(ultimate), 근사적 가치(proximate), 도구적 가치(instrumental)의 3단계로 구분된다.

1) 1단계 : 궁극적 가치

궁극적 가치는 장기목표에 대한 일반적 지침을 제공하는 기준이다. 인간 존중, 평등, 비차별과 같은 가치들로 사회복지의 궁극적 목표와 정체성 확립에 기반이 되는 핵심적인 가치들이다.

2) 2단계 : 근사적 가치

근사적 가치는 특수하고 더 단기적인 목표를 제시하는 중간수준의 가치들이다. 보건의료서비스 혹은 적정 가격의 주택에 대한 클라이언트의 권리, 경우에 따라서는 어떤 치료는 거부할 수 있는 환자의 권리 등이다.

3) 3단계 : 도구적 가치

도구적 가치는 바람직한 목적에 바람직한 수단을 구체화하는 것과 같이 더 구체적인 가치들이다. 사회복지에서 비밀보장, 자기결정, 고지된 동의 등 클라이언트 권리를 존중하는 가치가 이에 속한다.

4 사회복지의 가치와 윤리

전문가로 사회복지사는 클라이언트를 원조함에 있어 어떠한 생각을 갖는 것이 바람직하며 문제를 해결함에 있어 어떻게 처리하는 것이 바람직한 것인가라는 판단을 하는 것이 매우 중요하다. 이러한 판단은 여러 가지 가치관을 전제로 하기 때문에 사회복지사는 판단을 하기에 앞서 다양한 가치체계에 대한 이해가 필요하다.

바람직한 가치선택은 옳고 그름을 판단하고 행동할 수 있는 윤리를 필요로 하는데 이러한 사회복지사의 결정과 행동은 직접적으로 사회복지사들의 가치를, 간접적으로는 사회의 가치를 반영한다. 사회복지에서 가치에 관한 관심은 그 안에서 윤리적 원칙들이 나오기 때문에 중요하게 다루어진다.

레비(Levy, 1973)에 의하면, 가치는 인간의 본질에 관하여 전문직이 가지고 있는 증명되지 않는 신념으로 이러한 신념은 실무자의 일상적인 활동에 반영되어 전문직의 실천방향을 제시해 준다고 한다. 또한 사회복지 윤리가 사회복지사들이 그들의 현장에서 윤리적 문제와 부딪혔을 때 가이드라인을 제공하는 전문직 기준이 된다고 하여 사회복지에서의 윤리의 중요성과 윤리강령의 필요성을 논하고 있다. 리머(Reamer, 1998)는 윤리강령을 사용하여 사회복지에 윤리적 기초를 제공하였고 가치갈등을 해결하는 데 도움이 될 것이라고 믿는 특정한 윤리적 틀에 대해 연구하였다.

리머(Reamer, 1998)가 제시한 사회복지 윤리의 필요성은 다음과 같다.

첫째, 윤리는 전문가 자신의 가치와 클라이언트, 지역주민, 동료 전문가, 슈퍼바이저 등 다른 사람들의 가치관 사이에 어떤 공통점과 차이점이 있는가에 관해 체계적으로 확인하기 위해 필요하다.

둘째, 윤리는 윤리적 딜레마를 이해하고 이에 대처할 수 있는 능력을 갖추기 위해 필요하다.

셋째, 윤리는 다양한 가치들 사이의 관계 정위 또는 순위를 결정하기 위해 필요하다.

넷째, 윤리는 사회복지의 현행 주류가치가 얼마나 정당한가를 성찰하고 나아가서 시대적 조류에 맞는 가치를 정립하기 위해 필요하다(예 분배정의나 자기결정은 자본주의와 민주주의라는 서구의 개인주의적 정치사상에서 영향을 받은 것으로 집합주의로부터 강력한 도전을 받고 있다).

다섯째, 윤리는 사회복지 전문성을 발전시키고 실천방법을 개발하기 위해 필요하다. 인간에 대한 근본이해 없이 지식과 기술의 개발에 매달리는 것은 모래 위에 집을 짓는 것과 같다. 윤리학은 근본에 관한 학문으로 사회복지 윤리를 이해하면 사회복지 지식과 기술이 보이게 된다.

5 사회복지사의 윤리적 임무와 책임

우리나라 사회복지사 윤리강령에 사회복지사가 기본으로 삼아야 할 사상으로 인본주의와 평등주의를 언급하면서 사회적으로나 경제적으로 약자의 편에 서서 사회정의, 평등, 자유, 민주주의의 가치를 실현하기 위해 활동하도록 전문가의 윤리적 의무와 책임을 명시하고 있다.

말루치오(Maluccio)는 사회복지사의 윤리적 책임을 클라이언트에 대한 윤리적 책임과 사회에 대한 윤리적 책임으로 나누고 있다. 사회복지사의 1차적 의무는 클라이언트의 이익을 우선으로 해야 하는데 이때 중요한 요소가 바로 자기결정 원칙이다. 클라이언트에 대한 윤리적 책임으로 첫째, 자기결정과 고지된 동의, 둘째, 사생활 보장과 비밀보장 및 특권 등 사회복지 윤리원칙을 지키고 존중해야 할 것을 강조하고 있다. 그리고 사회에 대한 윤리적 책임으로는 취약하고 억압받는 사람들에 대한 사회복지의 책임, 그리고 그러한 취약계층이 의식주 및 직업, 교육, 의료 등 기본적인 사회적 재화에 더 쉽게 접근할 수 있도록 돕는 것을 제시하고 있다.

사회복지사가 이상과 같은 내용을 책임감 있게 수행하기 위해서는 사회정책 입안과 프로그램 개발 과정에서 윤리적 측면의 중요성을 인식해야 한다. 도움이 필요한 인구집단을 돕는 것이 사회적 의무라는 신념을 바탕으로 제한된 자원을 공정하고 형평성 있게 배분하여 수급자의 존엄성을 인정하면서 처우하는 것 등 사회에 대한 윤리적 책임을 실천해야 한다.

사회복지사는 전문가로서 또 지도자로서 사회복지의 핵심가치에 기반하여 윤리적 임무와 책임을 수행해야 한다. 즉, 윤리적 지도력을 가지고 있어야 한다. 매닝(Manning)은 사회복지 전문직은 공·사 의무를 동시에 수행해야 하는 위치에 있으므로, 사회의 기본 가치를 보호하고 해석하는 공적 관리자로서 의무가 있고 전문성뿐만 아니라 도덕적 비전을 함께 갖추고 있어야 함을 강조하고 있다.

6 윤리적 결정의 우선순위

윤리는 사회복지사가 자신의 사회복지실천에서 지켜야 할 도덕적 규칙이다. 이러한 윤리에는 윤리적 딜레마가 존재한다. 윤리적 딜레마는 똑같은 비중 있는 대안 중에서 만족할 만한 해결책을 찾을 수 없는 문제상황으로서 사회복지사가 직면하는 문제의 윤리적인 측면을 말한다(Loewenberg & Dolgoff, 1996). 다음 〈표 10-2〉는 윤리적 딜레마에 직면하였을 때의 윤리원칙을 제시한 것이다.

표 10-2 로웬버그와 돌고프의 윤리원칙 준거틀

원칙	내용	예시
1	생명보호의 원칙	심각한 고혈압을 앓고 있는 중년 남자의 경우 생명을 위협하는 고혈압을 내리기 위해 처방되었던 약물이 그를 성불능자로 만들었다. 상담을 요청한 의뢰인이 약물을 끊고자 할 때 의뢰인의 결정에 동의하면 그의 성 기능은 정상으로 회복할 수 있도록 도와줄 수는 있어도 원칙 5 [삶의 질], 원칙 1 [생명보호]에 대한 위험성은 높아진다. 이러한 상황에서 최선의 선택은 원칙 1을 준수하는 것이다.
2	평등과 불평등의 원칙	이 원칙의 대표적인 상황은 아동학대의 사례이다. 학대받는 아동은 성인과 동등한 위치에 있지 않기 때문에 학대상황이 비록 생과 사의 심각한 경우가 아니어도 학대하는 성인에 대한 원칙 6 [사생활 보호와 비밀보장의 원칙]은 아동을 보호하는 의무에 비해 더욱 낮은 순위를 차지한다.
3	자율성과 자유의 원칙	어떠한 결정을 하든 그것은 자신의 자율적인 권리이므로 자신 혹은 다른 사람을 해치더라도 막을 수 없다는 주장은 설득력이 없다. 어떤 사람이 이러한 결정을 내리려 할 때 이에 개입해야 할 의무가 있는데, 그 이유는 원칙 3 [자유의 가치]보다 원칙 1 [생명보호]가 앞서기 때문이다. 만약 의뢰인이 직면해 있는 상황이 생명을 위협하고 있으며, 개입으로 인한 위험성이 최소의 수준이라면 이때 의뢰인이 도움받기를 거절하더라도 개입을 위한 노력을 하여야 한다. 반면 개입을 하더라도 잠재적인 이득이 적은 경우에는 의뢰인의 거절은 합리적인 것으로 간주되며, 따라서 그의 거절은 받아들여져야 한다.
4	최소한 손실의 원칙	사회복지는 항상 최소한의 손실, 즉 최소한의 영구적인 손상 혹은 가장 쉽게 회복될 수 있는 방향으로 개입기회를 선택해야 한다. '소 잃고 외양간 고친다'라는 속담을 음미해 보자.
5	삶의 질의 원칙	사회복지는 지역사회뿐만 아니라 모든 사람들의 생활의 질을 보다 향상시키는 기회를 선택하여야 한다.
6	사생활 보호와 비밀보장의 원칙	사회복지는 모든 사람들의 사생활 보호의 권리를 신장시키는 실천적 결정을 해야 한다. 비밀을 누설하지 않고 유지하는 것은 이 의무를 지키는 직접적인 결과다.
7	진실성과 정보개방의 원칙	사회복지는 의뢰인과 다른 사람들에게 진실을 말하고 모든 정보를 충분히 개방하는 것을 허용하는 실천의 결정을 해야 한다.

윤리적 딜레마 상황에서 사회복지사는 자신의 가치와 클라이언트의 가치, 사회적 가치와 전문직 윤리를 모두 고려하여 적절하게 딜레마 상황을 해결해야 한다.

PART 03

사회복지현장 시설

제11장 사회복지현장의 시설현황[1]

| 제1절 | 사회복지시설의 정의 및 종류

1 사회복지시설의 정의

사회복지시설의 법률상 정의는 사회복지사업법 제2조에 따른 사회복지사업을 행할 목적으로 설치된 시설을 의미한다. 사회복지사업법은 사회복지사업에 관한 기본법으로 노인복지법, 아동복지법 등 개별 법령에 별도의 규정이 있을 경우 해당 법령을 우선 적용한다.

사회복지사업(사회복지사업법 제2조)

사회복지사업법 제2조 제1호에 규정된 개별 법령에 의한 "보호 · 선도 또는 복지에 관한 사업"과 "사회복지상담, 직업지원, 무료숙박, 지역사회복지, 의료복지, 재가복지, 사회복지관 운영, 정신질환자 및 한센병력자 사회 복귀에 관한 사업" 등 각종 복지사업과 이와 관련된 "자원봉사활동 및 복지시설의 운영 또는 지원을 목적으로 하는 사업"을 말한다.

개별 법령

① 국민기초생활보장법, ② 아동복지법, ③ 노인복지법, ④ 장애인복지법, ⑤ 한부모가족지원법, ⑥ 영유아보육법, ⑦ 「성매매방지 및 피해자보호 등에 관한 법률」, ⑧ 「정신건강 증진 및 정신질환자 복지서비스 지원에 관한 법률」[2], ⑨ 「성폭력방지 및 피해자보호 등에 관한 법률」, ⑩ 입양특례법, ⑪ 「일제하 일본군위안부 피해자에 대한생활안정지원 및 기념사업 등에 관한 법률」, ⑫ 사회복지공동모금회법, ⑬ 「장애인 · 노인 · 임산부 등의 편의증진 보장에 관한 법률」, ⑭ 「가정폭력방지 및 피해자보호 등에 관한 법률」, ⑮ 「농어촌 주민의 보건복지 증진을 위한 특별법」, ⑯ 「식품 등 기부활성화에 관한 법률」, ⑰ 의료급여법, ⑱ 기초연금법, ⑲ 긴급복지지원법, ⑳ 다문화가족지원법, ㉑ 장애인연금법, ㉒ 「장애인활동 지원에 관한 법률」, ㉓ 「노숙인 등의 복지 및 자립지원에 관한 법률」, ㉔ 「보호관찰 등에 관한 법률」, ㉕ 장애아동복지지원법, ㉖ 「발달장

1) 본 내용은 보건복지부(2017). 2017 사회복지시설 관리안내를 참고로 재구성됨.

애인 권리보장 및 지원에 관한 법률」, ㉗ 청소년복지 지원법[3], ㉘ 그 밖에 대통령령으로 정하는 법률

2 사회복지시설의 종류

사회복지시설의 종류로는 〈표 11-1〉과 같이 보건복지부와 여성가족부 소관으로 나누어진다. 보건복지부 소관으로는 노인복지시설, 복합노인복지시설, 아동복지시설, 장애인복지시설, 어린이집, 정신보건시설, 노숙인시설, 사회복지관과 결핵·한센시설, 지역자활센터로 나누어지며, 여성가족부 소관으로는 성매매피해지원시설, 성폭력피해보호시설, 가정폭력보호시설, 한부모가족복지시설, 다문화가족지원센터, 청소년복지시설로 나누어지고 있다. 세부적으로는 생활시설과 이용시설로 구분할 수 있다. 그리고 〈표 11-2〉와 같이 보건복지부 소관 사회복지시설의 세부분류는 노인, 아동, 장애인, 영유아, 정신질환자, 노숙인 등, 지역주민, 기타 시설로 나누어져 있다.

표 11-1 소관부처별 사회복지시설의 종류

소관부처	시설종류	세부종류		관련법
		생활시설	이용시설	
보건복지부	노인복지시설	• 노인주거복지시설 • 노인의료복지시설	• 재가노인복지시설 • 노인여가복지시설 • 노인보호전문기관 • 노인일자리지원기관	노인복지법

2) 2016년 5월 국회 본회의를 통과하여 2017년 5월 30일부터 시행. 법 명칭을 정신보건법에서 정신건강증진 및 정신질환자 복지서비스 지원에 관한 법률로 변경하였고, 정신질환자의 범위를 중증 정신질환자로 축소, 전 국민 대상의 정신건강 증진의 장 신설, 입원·퇴원제도 개선, 정신질환자에 대한 복지서비스 제공 추가 등의 내용을 담고 있음. 이번 개정법에서 정신병원에의 강제입원 요건과 절차가 훨씬 강화됨. 현행법에 의하면 정신질환자가 자·타해 위험성 또는 입원의 필요성 어느 하나의 요건만 갖추면 입원이 가능하였는데 개정법에서는 두 가지 요건 모두를 갖춰야 입원이 가능해짐. 또한 현행법에는 없던 2주의 진단입원 기간을 두어 입원 필요성을 진단하도록 함. 최초 입원을 6개월에서 3개월로 단축하였고, 계속 입원의 경우 현재는 1명의 정신과 전문의 소견만으로 가능하던 것을 2명 이상의 정신과 의사의 소견을 받도록 하고, 이 중 1인의 의사는 해당 의료기관 소속이 아닌 다른 병원의 의사로 하도록 함

3) 사회복지사업법에 추가(2017년 2월 4일부터 시행)

복합노인복지시설	• 농어촌 지역에 한해 노인복지법 제31조 노인복지시설을 종합적으로 배치한 복합노인복지시설을 설치 · 운영 가능		농어촌 주민의 보건복지 증진을 위한 특별법
아동복지시설	• 아동양육시설 • 아동일시보호시설 • 아동보호치료시설 • 자립지원시설 • 공동생활가정	• 아동상담소 • 아동전용시설 • 지역아동센터 • 아동보호전문기관 • 가정위탁지원센터	아동 복지법
장애인복지시설	• 장애유형별 거주시설 • 중증장애인 거주시설 • 장애영유아 거주시설 • 장애인단기 거주시설 • 장애인공동생활가정	• 장애인지역사회재활시설 • 장애인직업재활시설 • 장애인의료재활시설 • 장애인생산품판매시설	장애인 복지법
어린이집		• 어린이집	영유아 보육법
정신보건시설	• 정신요양시설 • 사회복귀 시설 중 생활시설	• 사회복귀시설 중 이용시설	정신건강 증진 및 정신질환자 복지서비스 지원에 관한 법률
노숙인시설	• 노숙인자활시설 • 노숙인재활시설 • 노숙인요양시설	• 노숙인종합지원센터 • 노숙인일시보호시설 • 노숙인급식시설 • 노숙인진료시설 • 쪽방상담소	노숙인 등의 복지 및 자립 지원에 관한 법률
사회복지관과 결핵 · 한센시설	• 결핵 · 한센시설	• 사회복지관	사회복지 사업법
지역자활센터		• 지역자활센터	국민기초 생활 보장법

여성가족부	성매매 피해지원시설	• 일반지원시설 • 청소년지원시설 • 외국인여성지원시설 • 자립지원공동생활시설	• 자활지원센터	성매매 방지 및 피해자 보호 등에 관한 법률
	성폭력 피해보호시설	• 성폭력피해자보호시설	• 성폭력피해상담소	성폭력방지 및 피해자 보호 등에 관한 법률
	가정폭력보호 시설	• 가정폭력피해자보호시설	• 가정폭력상담소 • 긴급전화센터	가정폭력 방지 및 피해자 보호 등에 관한 법률
	한부모가족 복지시설	• 모자가족복지시설 (기본, 공동, 자립) • 부자가족복지시설 (기본, 공동, 자립) • 미혼모자가족복지시설 (기본, 공동) • 일시지원복지시설	• 한부모가족복지상담소	한부모 가족 지원법
	다문화 가족지원센터		• 다문화가족지원센터	다문화 가족 지원법
	청소년 복지시설	• 청소년쉼터 • 청소년자립지원관 • 청소년치료재활센터 • 청소년회복지원시설		청소년복지 지원법

표 11-2 보건복지부 소관 사회복지시설의 세부 분류

<table>
<tr><th>대상자별</th><th>형태</th><th colspan="2">시설종류</th><th>소관부서</th><th>관련법령</th></tr>
<tr><td rowspan="9">노 인</td><td rowspan="4">생활</td><td rowspan="2">주거</td><td>양로시설, 노인공동생활가정</td><td rowspan="5">요양보험운영과</td><td rowspan="9">노인복지법
제31조</td></tr>
<tr><td>노인복지주택</td></tr>
<tr><td rowspan="2">의료</td><td>노인요양시설</td></tr>
<tr><td>노인요양공동생활가정</td></tr>
<tr><td rowspan="5">이용</td><td>재가</td><td>재가노인복지시설(방문요양, 주 · 야간보호, 단기보호, 방문목욕, 재가노인지원, 방문간호)</td></tr>
<tr><td rowspan="2">여가</td><td>노인복지관</td><td rowspan="3">노인정책과</td></tr>
<tr><td>경로당, 노인교실</td></tr>
<tr><td colspan="2">노인보호전문기관</td></tr>
<tr><td colspan="2">노인일자리지원기관</td><td>노인지원과</td></tr>
<tr><td rowspan="7">아 동</td><td rowspan="5">생활</td><td colspan="2">아동양육시설, 공동생활가정</td><td rowspan="4">아동복지정책과</td><td rowspan="7">아동복지법
제52조</td></tr>
<tr><td colspan="2">아동일시보호시설</td></tr>
<tr><td colspan="2">아동보호치료시설</td></tr>
<tr><td colspan="2">자립지원시설</td></tr>
<tr><td colspan="2">공동생활가정(학대피해아동쉼터로 지정된 곳에 한함)</td><td>아동권리과</td></tr>
<tr><td rowspan="2">이용</td><td colspan="2">아동상담소, 아동전용시설, 가정위탁지원센터</td><td>아동복지정책과</td></tr>
<tr><td colspan="2">지역아동센터</td><td>아동권리과</td></tr>
<tr><td rowspan="8">장애인</td><td rowspan="5">생활</td><td rowspan="5">생활
시설</td><td>장애유형별 거주시설</td><td rowspan="8">장애인권익
지원과</td><td rowspan="8">장애인복지법
제58조</td></tr>
<tr><td>중증장애인 거주시설</td></tr>
<tr><td>장애영유아 거주시설</td></tr>
<tr><td>장애인단기 거주시설</td></tr>
<tr><td>장애인공동생활가정</td></tr>
<tr><td rowspan="3">이용</td><td rowspan="3">지역
사회
재활
시설</td><td>장애인복지관</td></tr>
<tr><td>장애인주간보호시설</td></tr>
<tr><td>장애인체육시설, 장애인수련시설, 장애인생활이동지원센터</td></tr>
</table>

<table>
<tr><td rowspan="5"></td><td rowspan="5"></td><td></td><td>수화통역센터, 점자도서관, 점서 및 녹음서 출판시설</td><td></td><td rowspan="5"></td></tr>
<tr><td colspan="2">장애인의료재활시설</td><td></td></tr>
<tr><td>직업재활 시설</td><td>장애인보호작업장, 장애인근로사업장, 장애인직업적응훈련시설</td><td rowspan="2">장애인자립 기반과</td></tr>
<tr><td colspan="2">장애인생산품판매시설</td></tr>
<tr></tr>
<tr><td>영유아</td><td>이용</td><td>어린이집</td><td>국공립, 법인, 직장, 가정, 부모협동, 민간</td><td>보육기반과</td><td>영유아보육법 제10조</td></tr>
<tr><td rowspan="2">정신 질환자</td><td>생활</td><td colspan="2">정신요양시설, 사회복귀시설[정신질환자생활시설(입소생활시설), 정신질환자지역사회재활시설(공동생활가정, 단기보호시설), 중독자재활시설, 정신질환자종합시설]</td><td rowspan="2">정신건강정책과</td><td rowspan="2">정신건강증진 및 정신질환자 복지서비스 지원에 관한 법률 제24조, 제26조, 제27조, 제28조</td></tr>
<tr><td>이용</td><td colspan="2">사회복귀시설[정신질환자지역사회재활시설(주간재활시설), 정신질환자직업재활시설, 정신질환자생산품판매시설, 정신질환자종합시설]</td></tr>
<tr><td rowspan="2">노숙인 등</td><td>생활</td><td colspan="2">노숙인자활시설
노숙인재활시설
노숙인요양시설</td><td rowspan="2">자립지원과</td><td rowspan="2">노숙인 등의 복지 및 자립지원에 관한 법률</td></tr>
<tr><td>이용</td><td colspan="2">노숙인종합지원센터
노숙인일시보호시설
노숙인급식시설
노숙인진료시설
쪽방상담소</td></tr>
<tr><td>지역주민</td><td>이용</td><td colspan="2">사회복지관</td><td>사회서비스 지원과</td><td>사회복지사업법</td></tr>
<tr><td rowspan="2">기타 시설</td><td>복합</td><td colspan="2">결핵 · 한센시설</td><td>질병관리본부 (에이즈 · 결핵관리과)</td><td>사회복지사업법</td></tr>
<tr><td>이용</td><td colspan="2">지역자활센터</td><td>자립지원과</td><td>국민기초생활 보장법</td></tr>
</table>

| 제2절 | 사회복지시설 설치 및 운영

1 사회복지시설 설치

사회복지시설은 국가 또는 지방자치단체, 사회복지법인 또는 비영리법인, 개인 등 결격사유가 없는 한 누구나 사회복지시설을 설치 · 운영할 수 있다(결격사항 및 자격기준 등은 사회복지사업법 및 관련 규정 등을 확인).

※ 결격사유 예 사회복지사업법 제34조의 규정에 의해 폐쇄명령을 받고 3년이 경과되지 아니한 자

2 사회복지시설 운영

1) 사회복지시설의 시설장 및 종사자의 자격 등

사회복지시설의 시설장(법 35조 관련)은 사회복지사업법 및 개별 법령 등에 명시된 시설의 장의 결격사유에 해당되지 않아야 하고, 각 시설유형이 요구하는 자격기준을 갖춘 자여야 한다. 그리고 사회복지시설의 장은 상근의무가 있다(시설장의 상근의무는 공무원에 준하여 관리하며, 단 지방자치단체가 별도의 구체적인 기준을 정하여 관리할 수 있다).

사회복지시설의 종사자(법 제35조의2 관련)는 사회복지사업법 및 개별 법령 등에 명시된 종사자의 결격사유에 해당하지 않아야 하며, 유형별 시설에서 요구하는 자격요건 등을 갖추어야 한다.

정부(지방자치단체)에서는 시설장 및 종사자의 인건비를 지원하는 시설에 대해서는 지급상한은 시설장 65세(단, 2002년 1월 1일 현재 재직 중인 설립자 및 설립자의 직계가족 1세대에 한해 70세)까지이며, 종사자는 60세 연령까지만 정부보조금 인건비를 지원하고, 이를 초과하여 계속 근무하는 종사자의 인건비는 시설이 자체적으로 지급하여야 한다.

2) 사회복지시설 운영위원회(법 제36조)

사회복지시설 운영의 민주성 · 투명성 제고 및 생활자 권익 향상 등을 위해 사회복지시설 운영위원회(이하 시설운영위원회)를 설치 · 운영하여야 한다. 사회복지시

설 운영위원회 설치 대상시설은 모든 사회복지시설을 대상으로 하며, 생활자 수가 20인 미만인 생활시설의 경우는 3개소당 1개 운영위원회를 원칙으로 하되, 해당 시 · 군 · 구에 1개소만 있을 경우 해당 시설에 운영위원회 1개를 운영한다. 반면에 생활자 수가 20인 이상인 시설의 경우에는 1개소당 1개의 운영위원회를 운영하되, 위원 수는 생활자 수를 고려하여 시장 · 군수 · 구청장이 결정한다.

지방자치단체장은 생활자 수가 100인 이상의 대형시설, 정신요양시설, 장애인시설 등에서 운영위원회를 구성할 때 인권보호 강화 등의 측면에서 반드시 관계 공무원을 운영위원회 위원으로 참여시키도록 시설장에게 권고

사회복지 이용시설은 시장 · 군수 · 구청장이 공동으로 운영위원회를 두는 것이 필요하다고 인정하는 경우에 3개 이내의 시설에 1개의 공동위원회가 가능하다.

3) 사회복지시설 운영위원회 구성(법 제36조 제2항 및 시행규칙 제24조 제1항)

사회복지시설 운영위원회는 위원장 1인을 포함하여 5인 이상 15인 이하의 위원으로 구성하고, 법 제36조 제2항 각 호 중 같은 호에 해당하는 위원이 2명을 초과해서는 안 된다. 그리고 위원회의 위원은 다음에 해당하는 자 중에서 관할 시장 · 군수 · 구청장이 임명 또는 위촉한다.

시설의 장
시설 거주자(이용자) 대표
시설 거주자(이용자)의 보호자 대표
시설 종사자의 대표
해당 시 · 군 · 구 소속의 사회복지 업무를 담당하는 공무원
후원자 대표 또는 지역주민
공익단체에서 추천한 사람
그 밖에 시설의 운영 또는 사회복지에 관하여 전문적인 지식과 경험이 풍부한 자

* 법인의 임원 및 시설장의 친인척 등 특수관계가 명확한 자는 위원에서 제외

| 제3절 | 시설운영비 지출 원칙

시설운영비의 지출은 지출사무를 관리하는 자(대표이사, 시설장) 및 그 위임을 받아 지출명령이 있는 것에 한하여 지출원이 행한다. 지출은 예금통장 또는 전자거래기본법에 의한 전자거래로 집행하며, 특히 보조금의 경우 2011년 7월부터 시·도별로 도입한 보조금 전용카드로 집행하여야 하며, 상용경비 또는 소액의 경비 지출이라도 1만 원 이상 지출 시 카드를 사용하거나 현금영수증을 발급받아 지출하여야 한다.

각 시·도는 자체적으로 마련한 사회복지시설 보조금 전용카드 사용지침 등에 따라 보조금 전용카드[4]에 클린카드 기능을 추가하여 지방자치단체는 보조금 집행의 투명성이 제고될 수 있도록 주기적인 모니터링과 사용제한 등에 대해 관리하고 있다.

표 11-3 사회복지시설 보조금 전용카드 사용제한 업종(클린카드 기능)

분 류	보조금 사용 제한 업종
유흥업종	룸살롱, 유흥주점, 단란주점, 나이트클럽, 주점으로 등록된 호프집, 맥주홀, 칵테일바, 주류판매점, 카페, 카바레
위생업종	이·미용실, 피부미용실, 사우나, 안마시술소, 발마사지 등 대인서비스, 스포츠마사지, 네일아트, 지압원
레저업종	실내외 골프장, 노래방, 사교춤, 전화방, 비디오방, 골프연습장, 골프용품, 스크린골프, 당구장, PC방, 기원
사행업종	카지노, 복권방, 오락실
기타 업종	성인용품점, 총포류 판매

※ 각 시·도는 상기 제한 업종 외의 추가사항은 시설 특성 등을 고려하여 지방자치단체의 판단하에 확대추진할 수 있으며, 이·미용실, 사우나는 시설 특성상 생활자 등의 이용이 불가피한 경우라고 판단될 경우 관련 증빙자료 구비를 통해 '보조금 전용카드 사용'을 허용할 수 있으며, 이 경우 '시·도별 사회복지시설 보조금 전용카드 사용지침'에 따라야 함

4) ① 시설보조금을 지출하기 위해 시설명의로 발급한 체크카드, ② 보조금 전용계좌를 출금계좌로 연결, ③ 사회복지시설정보시스템에 발급 및 거래내역 전송, ④ 클린카드 기능 탑재

그리고 시설운영비 지출을 보조금 전용카드 등으로 집행함에 따라 발생하는 포인트 또는 마일리지 등은 개인적으로 사용이 금지되며, 다시 시설운영에 사용하도록 하여야 한다.

| 제4절 | 시설 생활자에 대한 인권 보호

시·군·구는 시설 생활자에게 인권침해 사실 진정권에 대한 고지, 시설 내에 진정함 설치, 시설 생활자가 작성한 진정서의 인권위원회 송부, 방문조사 시 협조 상태 등을 점검하여야 한다.

1 진정함 설치·운용

시설 내에는 진정함을 의무적으로 설치하여야 하며, 용지와 필기도구 및 봉함용 봉투(위원회에서 정한 규격)를 준비하여야 한다. 또한 진정함 설치 시 설치장소를 위원회에 통보하며 생활자가 직접 진정서를 진정함에 넣도록 하여야 한다. 그리고 시설 소속 직원은 매일 지정된 시간에 진정함 확인 후 진정서 등을 지체 없이 위원회로 송부하여야 한다(국가인권위원회법 시행령 제7조).

2 위원회가 보낸 서면의 열람금지

구금·보호시설에 소속된 공무원 또는 직원은 위원회 명의의 서신을 개봉한 결과 당해 서신이 위원회가 진정인인 시설 수용자에게 발송한 서신임이 확인된 때에는 당해 서신 중 위원회가 열람금지를 요청한 특정 서면은 이를 열람하여서는 안 된다(동법 시행령 제8조).

3 진정서의 자유로운 작성 및 제출

생활자의 진정서 작성의사 표명 시에는 방해금지 및 작성된 진정서의 열람·압수 폐기를 금지하고 있다. 생활자 징벌 중(징벌조사 중 포함)이라도 진정서 또는 서면 등의 자유로운 작성·제출을 보장하고 있다(동법 시행령 제9조).

4 시설의 방문조사

위원회는 필요시 시설의 방문 · 조사가 가능하며 이때 시설장은 필요한 편의를 제공하여야 한다. 방문조사 시 시설 직원 및 시설 생활자와 면담 · 구술 · 서면의견 진술이 가능하며, 시설 직원은 면담장소에 입회할 수 있으나 녹음하거나 녹취하지 못한다(동법 제31조).

5 시설 생활자의 진정권 보장

시설 생활자가 진정하기를 원하는 경우는 그 뜻을 즉시 위원회에 통보하여야 한다. 그리고 진정서는 즉시 위원회에 송부하고 위원회로부터 접수증명원을 발급받아 이를 진정인에게 교부하여야 한다. 진정인과 위원 등과의 면담에는 시설 직원이 참여하거나 그 내용을 청취 또는 녹취하지 못한다. 시설직원 등은 시설 생활자가 작성한 진정서 또는 서면을 열람하지 못한다(동법 제24조).

이상과 같이 인권침해 등으로 정상적 운영이 불가능한 시설은 시 · 군 · 구청장이 1회 적발만으로 시설폐쇄를 명하도록 하고 있다(사회복지사업법 시행규칙 제26조의2 [별표4]). 인권침해로 인한 생활자 사망, 붕괴위험의 절박성 등 시설의 정상적 운영이 불가능함이 중대하고도 명백해야 하며, 시설폐쇄가 청문 등의 사유로 지연될 경우 먼저 생활자를 전원 조치한 후 시설폐쇄를 추진할 수 있다.

사회복지시설에 비치해야 할 서류(사회복지사업법 시행규칙 제25조)

- 법인의 정관, 법인설립 허가증 사본(법인시설에 한함)
- 사회복지시설 신고증(국공립시설은 국공립시설임을 알리는 안내문), 시설의 건축물 관리대장
- 시설거주자 · 퇴소자 명부 및 상담기록부
- 시설의 운영계획서 및 예산결산서, 후원금품대장
- 시설의 장과 종사자의 명부

☞ 시설에 위의 서류를 비치하지 않을 경우 300만 원 이하의 과태료에 처함(사회복지사업법 제58조)

| 제5절 | 사회복지시설 서비스 최저기준

사회복지 대상시설은 사회복지사업법 제2조 제1호 각 목의 법률에 따른 사회복지시설 및 사회복지관이며, 시설의 규모, 제공하는 서비스의 특성, 이용자 등을 고려하여 보건복지부 장관이 제외할 수 있다. 그리고 시설서비스 적용대상 시설의 범위, 시설별 서비스 최저기준의 내용 및 적용시기는 각 시설과에서 정하고 있다. 사회복지시설의 운영자는 보건복지부 장관이 정하는 시설의 서비스 최저기준 이상으로 서비스 수준을 유지하여야 함을 명시하고 있다(사회복지사업법 제43조).

시설의 서비스 최저기준(사회복지사업법 시행규칙 제27조)

제27조(시설의 서비스 최저기준) ① 법 제43조 제1항에 따른 서비스 최저기준에는 다음 각 호의 사항이 포함되어야 한다.

1. 시설 이용자의 인권
2. 시설의 환경
3. 시설의 운영
4. 시설의 안전관리
5. 시설의 인력관리
6. 지역사회 연계
7. 서비스의 과정 및 결과
8. 그 밖에 서비스 최저기준 유지에 필요한 사항

제12장 사회복지시설 종사자 관리

| 제1절 | 사회복지시설 종사자 채용

1 공개모집 원칙

공개모집은 2005년 1월 1일부터 시행되었으며 일부 사회복지시설에서 동 시설을 운영하는 법인의 임원, 운영자 개인 또는 시설장과 특별한 관계(배우자, 자녀, 친인척 등)에 있는 자들이 다수 재임하면서 법인 및 시설운영의 투명성을 저해하고 있다는 지적이 있으므로 감사원 위임감사(2004. 12), 권익위 제도개선 권고(2010. 4)에 따라 하고 있다. 정부에서 인건비를 지원하는 시설의 시설장 및 종사자 신규채용은 직위에 관계없이 공개모집을 원칙으로 하고 있다(단, 순환직 직원의 경우 등 신규채용이 곤란한 경우에는 적용하지 않을 수 있다).

예 종교법인 소속 시설에 해당 종교단체 성직자를 임명하는 경우
학교법인 소속 시설에 해당 대학 교직원을 임명하는 경우

2 공개모집 방법

공개모집은 자격을 갖춘 누구에게나 응모기회를 제공하여, 경쟁을 통해 능력 있는 자를 임용하는 제도로, 특정인을 채용하기 위한 법인 및 시설 채용 내규, 응모 자격을 특정인으로 제한 등은 공개모집에 위배된다. 법인 또는 시설에서 독자적 또는 공동으로 채용 시에는 해당 법인 및 시설 홈페이지, 지방자치단체 홈페이지, 워크넷(http://work.go.kr), 복지넷(http://bokji.net) 중 2곳 이상의 사이트 등에 채용 관련 사항을 15일 이상 공고한 후 법인 및 시설 내규 등에 의해 채용하여야 한다. 특히 시설의 재무·회계 담당자는 법인임원이나 시설장과 독립적인 자로 선발하여 법인 및 시설운영의 투명성을 제고하고 있다.

| 제2절 | 근로기준법 등 적용 관련

사회복지시설의 경우에도 종사자에 대한 근로기준법 등 관계 법령에 의한 근로기준을 적용하여 시설 종사자의 기본적 생활을 보장 및 향상하며 사회복지시설 관리의 효율성 · 민주성을 기하는 것을 원칙으로 하고 있다. 또한 비정규직 차별 문제의 시정을 위해 관계 법령 등을 준수하도록 하고 있다. 즉, 「기간제 및 단시간근로자 보호 등에 관한 법률」 제5조에서 사용자는 기간의 정함이 없는 근로계약을 체결하고자 하는 경우에는 당해 사업 또는 사업장의 동종 또는 유사한 업무에 종사하는 기간제 근로자를 우선적으로 고용하도록 노력하여야 한다고 규정하고 있다. 그리고 동법 제7조의 제1항에서 사용자는 통상근로자를 채용하고자 하는 경우에는 당해 사업 또는 사업장의 동종 또는 유사한 업무에 종사하는 단시간 근로자를 우선적으로 고용하도록 노력하여야 한다고 규정하고 있다.

〈표 12-1〉은 근로자에 대한 4대 보험별 가입대상자를 나타낸 것이다. 국민연금과 건강보험, 고용보험의 경우는 1개월간 근로시간이 60시간 미만인 자는 제외되고 있다. 그리고 산재보험의 경우는 근로자를 사용하는 모든 사업장에 적용되고 있다. 즉, 60시간 이상 근로하는 경우는 국민연금, 건강보험 등 4대 보험 의무가입이 되어야 한다.

표 12-1 관련법상 4대 보험별 가입대상자

보험별	가입대상자	
국민연금	1개월간 근로시간이 60시간 미만인 자 제외	60시간 이상 근로하는 경우 국민연금, 건강보험 등 4대 보험 의무가입
건강보험	1개월간 근로시간이 60시간 미만인 자 제외	
고용보험	1개월간 소정근로시간이 60시간 미만인 자 제외 (1주간의 소정근로시간이 15시간 미만인 자)	
산재보험	근로자를 사용하는 모든 사업장에 적용 (대통령령에 예외 규정)	

| 제3절 | 사회복지시설 종사자 처우

1 종사자 처우의 목적 및 범위

사회복지시설 종사자의 호봉 확정 등 보수 관련 업무처리의 기본적인 기준을 정함으로써 종사자 보수업무의 정확성과 통일성을 기하고자 함이 목적이다. 그 적용범위는 사회복지시설 및 그 종사자를 포함(시설장 포함)한다.

2 종사자 처우 적용의 원칙

종사자 처우 적용의 원칙은 개별 시설 담당부서 및 지방자치단체 예산사정에 따라 별도의 지침을 마련하도록 하고 있다. 「사회복지사 등의 처우 및 지위 향상을 위한 법률」은 국가와 지방자치단체는 사회복지사 등의 보수가 사회복지전담공무원의 보수수준에 도달하도록 노력하여야 하는바, 각 지방자치단체별 조례 제정 등을 통해 처우 개선을 추진하도록 하고 있다. 단, 국고 보조시설의 경우에는 본 지침보다 하향된 기준으로 하여 개별 담당부서 또는 지방자치단체의 별도기준을 둘 수 없도록 하고 있다. 그리고 본 지침에 의한 기준과 보건복지부 개별 시설 담당부서 지침 또는 각 지방자치단체의 기준이 충돌할 경우 후자의 기준이 우선하도록 하고 있다. 그러나 본 기준은 시설에 지원되는 보조금의 집행을 안내하는 규정이므로 본 기준을 근거로 근로기준법상 근로조건의 저하 등 타 법령을 위반할 수 없도록 하고 있다.

〈표 12-2〉는 종사자가 수령하는 보수에 대한 용어의 정의를 한 것이다. 이에는 보수, 봉급, 수당, 승급, 보수의 일할계산 등이 있다. 구체적인 내용을 살펴보면 다음과 같다.

표 12-2 급여 등의 정의

보 수	봉급과 기타 각종 수당을 합산한 금액
봉 급	직무의 난이도 및 책임의 정도와 재직기간 등에 따라 직위별 · 호봉별로 지급되는 기본 급여
수 당	직무 특성 및 생활여건 등에 따라 지급되는 부가급여
승 급	일정한 재직기간의 경과에 의해 현재의 호봉보다 높은 호봉을 부여하는 것
보수의 일할계산	그달의 보수를 그달의 일수로 나누어 계산하는 것

3 종사자 경력 인정 범위

종사자의 경력 인정은 원칙적으로 근무연수 1년에 대해 1호봉을 인정하고 있다. 그리고 호봉은 현 시설 근무경력에 다음의 〈표 12-3〉에서 인정하는 경력을 합산하여 결정한다.

표 12-3 종사자 경력 인정의 범위

구 분	환산율	인정대상경력
사회복지 시설경력	100%	1. 사회복지시설에 근무한 경력 2. 2002년 이후 조건부 시설로 신고한 시설에서 종사자로 근무한 경력(단, 2005. 7. 31.까지의 근무경력만 인정)
유사경력	80%	1. 물리(작업)치료사, 간호(조무)사, 요양보호사, 정신보건전문요원, 사회복지사, 영양사, 조리사로서 **첫째**. 의료법에 의한 의료기관, 지역보건법에 의한 보건소(보건의료원 포함)에서 관련 자격(면허)증을 소지하고 동종직종에 근무한 경력 * 동종직종 : 이전 근무지에서 종사했던 직종과 현 사회복지시설에서의 근무직종이 동일성을 유지하는 경우가 이에 해당(예 보건소 간호사 근무 → 노인의료복지시설 간호사 근무) **둘째**. 초 · 중등교육법, 고등교육법, 평생교육법, 「장애인 등에 대한 특수교육법」 등의 법률에 의한 각급 학교에서 관련 자격(면허)증을 소지하고 동종직종에 근무한 경력 예 각급 학교에서 사회복지사 자격증을 소지하고 사회복지 업무를 수행한 경력

셋째. 법령에 의해 채용이 의무화된 사업장에서 관련 자격(면허)증을 소지하고 동종직종에 근무한 경력

※ 법령에 의해 채용이 의무화된 사업장에서 외부업체에 용역을 주는 경우에도 관련 자격(면허)증을 소지하고 동종직종에 근무하였다면 해당 경력을 인정함
(법령에 의해 채용이 의무화되어 있지 않은 사업장인 경우 인정할 수 없으며, 근무경력은 "채용이 의무화된 사업장에서 근무한 경력"만 인정)

※ (공통) 작업치료사, 요양보호사, 조리사의 경우 종전 근무경력은 인정하되, 경력 합산은 2015. 1. 1.부터 적용

2. 특수학교교사 자격증 취득 후 「장애인 등에 대한 특수교육법」 제2조 제10호의 규정에 의한 특수교육기관(특수학교) 및 동법 제2조 제11호에 의한 특수교육대상자의 통합교육을 실시하기 위하여 일반학교에 설치된 특수학급에 근무한 경력

3. 공무원으로서 사회복지사업법 제2조의 규정에 의한 사회복지사업 관련 부서에 근무한 경력(사회복지전담공무원 근무경력 등)

4. 아동복지법 제48조에 의한 가정위탁지원센터에서 동법 시행령 제48조에 의한 직원의 자격으로 채용되어 근무한 경력
   ※ ④는 종전 근무경력을 인정하되, 경력 합산은 2007. 1. 1.부터 적용

5. 간호(조무)사, 정신보건전문요원, 사회복지사, 응급구조사 자격(면허)증을 소지하고 보건복지부 보건복지콜센터에 근무한 경력
   ※ ⑤는 종전 근무경력을 인정하되, 경력 합산은 2007. 1. 1.부터 적용

6. 아동복지법 제45조에 의한 아동보호전문기관에서 동법 시행령 제43조에 의한 직원의 자격으로 채용되어 근무한 경력
   ※ ⑥은 종전 근무경력을 인정하되, 경력 합산은 2009. 1. 1.부터 적용

7. 「아동 · 청소년의 성보호에 관한 법률」 제47조에 의한 아동 · 청소년 성교육 전문기관에서 직원의 자격으로 채용되어 근무한 경력
   ※ ⑦은 종전 근무경력을 인정하되, 경력 합산은 2015. 1. 1.부터 적용

8. 청소년복지 지원법 제31조에 의한 청소년쉼터, 청소년자립지원관, 청소년치료재활센터에서 직원의 자격으로 채용되어 근무한

경력

※ ⑧은 종전 근무경력을 인정하되, 경력 합산은 2015. 1. 1.부터 적용

9. 드림스타트 민간전문인력(직원)으로 채용되어 근무한 경력

※ ⑨는 종전 근무경력을 인정하되, 경력 합산은 2015. 1. 1.부터 적용

10. 사회복지사업법 제33조에 의한 사회복지협의회에서 직원의 자격으로 채용되어 근무한 경력

11. 사회복지사업법 제46조에 의한 한국사회복지사협회에서 직원의 자격으로 채용되어 근무한 경력

12. 「식품 등 기부 활성화에 관한 법률」 제3조에 따른 기부식품제공사업장에서 사회복지사 자격증을 소지하고 근무한 경력

※ ⑫는 종전 근무경력을 인정하되, 경력 합산은 2015. 1. 1.부터 적용

13. 자원봉사활동 기본법 제19조에 따른 전국자원봉사센터에서 사회복지사 자격증을 소지하고 근무한 경력

※ ⑬은 종전 근무경력을 인정하되, 경력 합산은 2015. 1. 1.부터 적용

14. 시 · 군 · 구에 설치된 통합사례관리 전담기구에 사회복지통합서비스 전문요원(통합사례관리사)으로 채용되어 통합사례관리 업무를 수행한 경력

※ ⑭는 종전 근무경력을 인정하되, 경력 합산은 2015. 1. 1.부터 적용

15. 사회복지사업법 제7조의2에 의한 지역사회복지협의체에서 사회복지사 자격증을 소지하고 상근간사로 근무한 경력

※ ⑮는 종전 근무경력을 인정하되, 경력 합산은 2015. 1. 1.부터 적용

16. 민법 제32조에 따라 보건복지부 장관의 허가를 받아 설립된 법인으로서 사회복지사업법 제2조의 사회복지사업을 수행하는 사단 · 재단법인에서 직원으로 상근한 경력

※ ⑯은 종전 근무경력을 인정하되, 경력 합산은 2015. 1. 1.부터 적용

17. 「사회복지사 등의 처우 및 지위 향상을 위한 법률」 제4조에 따른 한국사회복지공제회에서 사회복지사 자격증을 소지하고 근무한

		경력 ※ ⑰은 종전 근무경력을 인정하되, 경력 합산은 2015. 1. 1.부터 적용 18. 「장애인활동 지원에 관한 법률」 제20조에 따른 활동지원기관에서 전담 인력으로 채용되어 근무한 경력 ※ ⑱은 종전 근무경력을 인정하되, 경력 합산은 2015. 1. 1.부터 적용 19. 청소년복지 지원법 제29조에 따른 청소년상담복지센터에서 직원의 자격으로 채용되어 근무한 경력 ※ ⑲는 종전 근무경력을 인정하되, 경력 합산은 2015. 1. 1.부터 적용 20. 사회복지사업법 제16조에 따라 설립된 사회복지법인에서 직원의 자격으로 채용되어 근무한 경력 ※ ⑳은 종전 근무경력을 인정하되, 경력 합산은 2016. 1. 1.부터 적용 21. 국민기초생활 보장법 제15조의3에 따라 설치된 광역자활센터에 직원의 자격으로 채용되어 근무한 경력 ※ ㉑은 종전 근무경력을 인정하되, 경력 합산은 2016. 1. 1.부터 적용

이 외에 군 의무 복무경력 인정이 있다. 또한 사회복지 관련 법인 및 단체, 기타 사회복지사업에서의 근무경력은 시설담당과 및 지방자치단체에서 소관 사업별 특성 및 지방자치단체 예산 사정 등을 감안하여 별도의 지침으로 규정하고 있다.

제13장 사회복지시설 행정처분과 시설평가

| 제1절 | 행정처분

1 행정처분의 요건

사회복지시설은 다음에 해당될 때 행정처분이 이루어진다.

(1) 시설이 설치기준에 미달될 때
(2) 사회복지법인 또는 비영리법인이 설치 · 운영하는 시설의 경우, 그 사회복지법인 또는 비영리법인의 설립허가가 취소된 때
(3) 설치목적의 달성, 기타의 사유로 계속하여 운영될 필요가 없다고 인정될 때
(4) 회계부정이나 불법행위, 기타 부당행위 등이 발견된 때
(5) 사회복지사업법 제34조 제2항에 따른 신고를 하지 아니하고 시설을 설치 · 운영한 때
(6) 사회복지사업법 제36조 제1항에 따른 운영위원회를 설치 또는 운영하지 아니한 때
(7) 정당한 이유 없이 사회복지사업법 제51조 제1항에 따른 보고 또는 자료제출을 하지 아니하거나 거짓으로 한 때
(8) 정당한 이유 없이 사회복지사업법 제51조 제1항에 따른 검사 · 질문을 거부 · 방해하거나 기피한 때
(9) 시설에서 「성폭력범죄의 처벌 등에 관한 특례법」 제2조 제1항 제3호부터 제5호까지의 성폭력범죄 또는 「아동 · 청소년의 성보호에 관한 법률」 제2조 제3호의 아동 · 청소년대상 성폭력 범죄가 발생한 때
(10) 1년 이상 시설이 휴지상태에 있어 시장 · 군수 · 구청장이 재개를 권고하였음에도 불구하고 재개하지 아니한 때

2 행정처분의 주체와 종류

행정처분의 주체는 보건복지부 장관, 시 · 도지사, 시장 · 군수 · 구청장이 행정처분의 요건에 해당할 경우 시설의 개선, 사업의 정지, 시설의 장의 교체를 명하거나, 시설의 폐쇄를 명할 수 있다.

3 행정처분의 세부기준

행정처분의 세부기준은 사회복지사업법 시행규칙 제26조의2 [별표4]에 일반적인 규정과 개별기준이 규정되어 있다. 〈표 13-1〉은 행정처분의 개별기준을 나타낸 것이다.

표 13-1 행정처분의 개별기준

<table>
<tr><th rowspan="2">위반행위</th><th rowspan="2">근거
법령</th><th colspan="3">행정처분 기준</th></tr>
<tr><th>1차 위반</th><th>2차 위반</th><th>3차 위반 이상</th></tr>
<tr><td>1. 사회복지시설이 설치기준에 미달하게 된 때</td><td>법 제40조
제1항
제1호</td><td>개선명령</td><td>시설장
교체</td><td>시설폐쇄</td></tr>
<tr><td>2. 사회복지법인 또는 비영리법인이 설치 · 운영하는 시설의 경우 그 사회복지법인 또는 비영리법인의 설립허가가 취소된 때</td><td>법 제40조
제1항
제2호</td><td>시설폐쇄</td><td>-</td><td>-</td></tr>
<tr><td>3. 설치목적의 달성, 기타의 사유로 계속하여 운영될 필요가 없다고 인정할 때</td><td>법 제40조
제1항
제3호</td><td>시설폐쇄</td><td>-</td><td>-</td></tr>
<tr><td colspan="5">4. 회계부정이나 불법행위, 기타 부당행위 등이 발견된 때</td></tr>
<tr><td>① 국가나 지방자치단체의 보조금 또는 후원금을 사용용도 외의 용도로 사용한 때</td><td rowspan="3">법 제40조
제1항
제4호</td><td>개선명령</td><td>시설장
교체</td><td>시설장 교체</td></tr>
<tr><td>② 회계장부를 기재하지 아니하거나 허위로 기재한 때</td><td>개선명령</td><td>시설장
교체</td><td>시설장 교체</td></tr>
<tr><td>③ 기타 회계 및 시설운영과 관련한 부당행위가 발생된 때</td><td>개선명령</td><td>개선명령</td><td>시설장 교체</td></tr>
</table>

④ 시설 거주자에 대한 부당한 체벌, 폭행, 학대 등 인권침해가 발생한 경우		개선명령	시설장 교체	시설폐쇄
5. 법 제34조 제2항에 따른 신고를 하지 아니하고 시설을 설치 · 운영한 때	법 제40조 제1항 제5호	개선명령	시설폐쇄	–
6. 법 제36조 제1항에 따른 운영위원회를 설치 또는 운영하지 아니한 때	법 제40조 제1항 제6호	개선명령	시설장 교체	시설장 교체
7. 정당한 이유 없이 법 제51조 제1항에 따른 보고 또는 자료제출을 하지 아니하거나 거짓으로 한 때	법 제40조 제1항 제7호	개선명령	시설장 교체	시설장 교체
8. 정당한 이유 없이 법 제51조 제1항에 따른 검사 · 질문을 거부 · 방해하거나 기피한 때	법 제40조 제1항 제8호	개선명령	시설장 교체	시설장 교체
9. 시설에서 「성폭력범죄의 처벌 등에 관한 특례법」 제2조 제1항 제3호부터 제5호까지의 성폭력 범죄 또는 「아동 · 청소년의 성보호에 관한 법률」 제2조 제3호의 아동 · 청소년대상 성폭력 범죄가 발생한 경우로서 다음 각 목의 어느 하나에 해당하는 경우				
① 시설의 장에 의하여 시설 거주자 · 이용자에 대한 형법 제300조 또는 「성폭력범죄의 처벌 등에 관한 특례법」 제11조부터 제14조까지의 범죄가 발생한 경우	법 제40조 제1항 제9호	시설장 교체	시설폐쇄	–
② 종사자에 의하여 시설 거주자 · 이용자에 대한 형법 제300조 또는 「성폭력범죄의 처벌 등에 관한 특례법」 제11조부터 제14조까지의 범죄가 발생한 경우		개선 명령	시설장 교체	시설폐쇄
③ 시설의 장 또는 종사자에 의하여 시설 거주자 · 이용자에 대한 중대한 성폭력 범죄(「성폭력범죄의 처벌 등에 관한 특례법」 제2조 제1항 제3호부터 제5호까지의 성폭력 범죄 또는 「아동 · 청소년의 성보호에 관한 법률」 제2조 제3호의 아동 · 청소년대상 성폭력 범죄 중 가목 · 나목에 해당하는 범죄를 제외한 범죄를 말한다)가 발생한 경우		시설 폐쇄	–	–

④ 시설 거주자 · 이용자 간의 성폭력 범죄가 발생한 경우		개선명령	시설장 교체	시설폐쇄
10. 1년 이상 시설이 휴지상태에 있어 시장 · 군수 · 구청장이 재개를 권고하였음에도 불구하고 재개하지 아니한 경우	법 제40조 제1항 제10호	개선명령 (6개월 내 재개)	시설폐쇄	–

4 행정처분의 결과의 공표와 사항 그리고 방법

사회복지사업법 제51조에 따라 보건복지부 장관 또는 시 · 도지사가 지도 · 감독을 실시하고 제40조에 따른 행정처분 등을 한 경우 해당 관청은 처분대상인 시설의 명칭, 처분사유, 처분내용 등 처분과 관련된 정보를 공표할 수 있다. 공표사항은 사회복지법인 또는 사회복지시설에 대한 행정처분 결과의 공표라는 내용의 표제, 사회복지법인 또는 사회복지시설의 명칭, 소재지, 처분의 사유와 근거법령, 처분의 내용, 처분일을 담는다. 그리고 공표방법은 해당 관청의 인터넷 홈페이지에 6개월 이내로 공개하고 필요한 경우 신문에도 공표할 수 있다.

| 제2절 | 사회복지시설 평가

1 평가 의무화

사회복지사업법 제43조의2 제1항 및 동법 시행규칙 제27조의2 제1항의 규정은 3년마다 1회 이상 사회복지시설의 평가를 의무화하고 있다. 그리고 2004년 사회복지법 시행령 개정으로 사회복지시설 평가를 전문기관에 위탁할 수 있는 법적 근거가 마련되었으며, 평가결과에 따른 평가 우수시설에 대한 인센티브 지급과 평가결과 운영개선이 필요한 시설에 대해 서비스 품질관리 지원 등으로 평가결과에 따른 사후관리에 대한 지원을 하고 있다.

2 평가대상 시설

평가대상 시설은 사회복지사업법 제2조 제1호에서 정의된 사회복지사업을 하는 시설 중 11개 유형(노숙인복지시설, 노인복지관, 노인양로시설, 아동복지시설, 사회복귀시설, 사회복지관, 장애인복지관, 장애인거주시설, 장애인직업재활시설, 정신요양시설, 한부모가족복지시설)으로, 총 평가대상 시설 약 3,300여 개소로 매년 500~1,900여 개소가 평가대상이 되고 있다.

3 서비스 품질관리

서비스 품질관리의 목적은 평가결과에 따라 우수시설(개선시설 포함)에 인센티브를 지원하여 동기를 부여하고, 운영개선이 필요한 시설에 대하여 컨설팅 지원 등 사후관리를 통해 시설의 품질수준을 제고할 수 있도록 하는 것으로 2009년부터 지원하고 있다. 지원내용은 〈표 13-2〉와 같다.

표 13-2 서비스 품질관리 지원내용

구분	지원내용
평가 우수시설 및 개선시설	- 평가 우수시설에 금전적 인센티브 제공 - 우수 프로그램 선정 및 시상
운영개선이 필요한 시설	- 품질관리 대상시설의 취약요인을 분석하여 맞춤형 컨설팅 제공 - 품질관리 대상시설 종사자를 대상으로 평가 우수시설 방문기회 제공 및 품질관리 평가회 지원 (컨설팅 주체는 평가 우수시설 관계자, 관련 학계 전문가, 해당 시설협회 관계자 등)

※ 평가 우수시설 및 개선시설, 운영개선이 필요한 시설에 대한 인센티브 및 컨설팅 내용 및 예산범위는 평가년도에 따라 상이할 수 있음

제 14 장

사회복무제도

| 제1절 | 사회복무제도의 의의

1 사회복무요원 지원 취지

사회복지시설에 대한 사회복무요원 지원 취지는 노인, 장애인 등 사회취약계층의 사회서비스 수요에 대응하여 필요한 인력을 지원함으로써 사회복지시설의 인력난을 경감하고 사회서비스의 질을 개선하는 데 있다.

2 사회복무요원 지원 원칙

1) 노동시장 중립성의 원칙

사회복지시설에 대한 사회복무요원 지원은 사회복지 분야의 고용시장을 잠식하지 않아야 한다. 이는 사회복지시설 등에 사회복무요원을 지원하기 위하여 2007년 2월 보건복지부, 국방부 등 6개 부처 합동으로 발표한 '비전 2030 인적자원 활용 『2 + 5』 전략'에 있는 기본 원칙으로 사회복무요원 지원으로 인해 고용인력이 감축되지 않아야 할 뿐만 아니라, 신규 고용을 대체할 목적으로 사회복무요원을 활용해서도 안 된다는 원칙이다.

2) 공익성의 원칙

사회복무요원은 공공의 이익을 위하여 지원되어야 한다. 따라서 사익을 추구하는 개인 또는 법인에게 지원해 줄 수 없고 공공기관이나 공익성을 추구하는 시설이라도 영리목적 분야에 지원할 수 없다.

3) 필요성의 원칙

사회복무요원은 공익성에 부합하더라도 사회복무요원 지원이 불가피한 경우에 한하여 지원할 수 있다. 단순하게 '있어도 그만 없어도 그만인 기관'이 지원요청을 할 경우 지원을 하여서는 안 된다.

4) 병역 숭고성의 원칙

병역은 국가에 대한 무한한 자기희생과 충성심의 발로에서 비롯되는 숭고한 국민의 의무이다. 그러므로 병역을 단순히 '값싼 노동력 제공원'으로 인식하여 사회복무요원을 단순 노무(노역)에 종사시키거나, 제품생산, 판매 등 영리성 업무에 복무하게 하여서는 안 된다.

| 제2절 | 보건복지 분야 사회복무요원

1 보건복지 분야 사회복무요원의 정의

보건복지 분야 사회복무요원은 국가기관, 지방자치단체, 공공단체 및 사회복지시설의 공익목적 수행에 필요한 사회복지, 보건·의료 등의 사회서비스 업무 및 행정업무 등의 지원을 위하여 소집되어 공익분야에 복무하는 병역자원이다.

2 보건복지 분야 사회복무요원 복무분야 및 업무

보건복지 분야 사회복무요원 복무분야 및 업무는 〈표 14-1〉과 같다. 유형으로는 사회복지시설 운영 지원, 지방자치단체 사회복지 업무 지원, 국민건강 보호·증진 업무지원, 환자 구호업무 지원, 일반행정이 있으며, 복무분야로는 사회복지시설, 지방자치단체, 국립검역소, 보건(지)소 등이 있다.

표 14-1 보건복지 분야 사회복무요원 복무분야 및 업무

구 분	복무분야	주요 업무
사회복지시설 운영 지원	사회복지시설	노인 · 장애인 등 활동 · 목욕 · 취식 등 수발업무 지원, 복지시설 프로그램 운영, 복지사무 등 지원
지방자치단체 사회복지 업무 지원	지방자치단체	지방자치단체의 저소득층 물품 전달 업무 등 사회복지 담당업무 지원
국민건강 보호 · 증진 업무지원	국립검역소, 보건(지)소	방역 · 소독 · 식품위생 등 주민 건강사업 활동 등 지원
환자 구호업무 지원	국공립병원, 지방의료원 등	약품관리 · 119응급구조 · 환자이동 등 의료지원 활동 등 지원
일반행정	행정기관, 각종 공사 · 공단, 공공단체 등	사무보조, 민원안내 · 상담 등

3 인력경비 부담주체

보건복지 분야 사회복무요원 인력경비 부담주체는 2010년부터 변경되어 시행되고 있다. 근무기관 분야는 국가기관, 사회복지시설, 지방자치단체(행정복지센터, 보건소 등), 공공단체(지방의료원, 적십자사 등)이며 다음 〈표 14-2〉와 같이 국비와 지방비로 나누어 부담하고 있다.

표 14-2 보건복지 분야 사회복무요원 인력경비 부담주체(2010년부터 변경)

근무기관 분야	국 비	지 방 비
국가기관	전액 국비	–
사회복지시설	보수, 교통비, 피복비	중식비
지방자치단체(행정복지센터, 보건소 등)	보수, 교통비, 피복비	중식비
공공단체(지방의료원, 적십자사 등)	전액 공공단체 부담	

4 보건복지 분야 사회복무요원 직무교육

1) 보건복지 분야 사회복무요원 직무교육 정의

사회복무요원에 대한 특화 · 전문교육으로 사회복지시설 등 근무기관에서 담당하며 직무를 효과적으로 수행할 수 있는 직무능력을 배양하고 있다. 즉, 사회복지시설 등 근무기관에 대한 경험과 노인 · 장애인 등 서비스 대상자에 대한 이해가 부족하여 이에 대한 교육이 필수적이기 때문이다. 이에 따라 사회복무요원 교육시스템은 기초군사훈련(4주/ 국방부) → 소양교육(1주/ 병무청) → 직무교육(기본직무교육 2주, 심화직무교육 3일/ 한국보건복지인력개발원) 순으로 실시되고 있다. 이러한 직무교육 운영기관은 한국보건복지인력개발원 사회복무교육본부에 위탁 실시(1본부 6센터)하고 있다. | 그림 14-1 |은 이러한 위탁교육 체계도를 나타낸 것이다.

그림 14-1 사회복무요원 직무교육 체계도

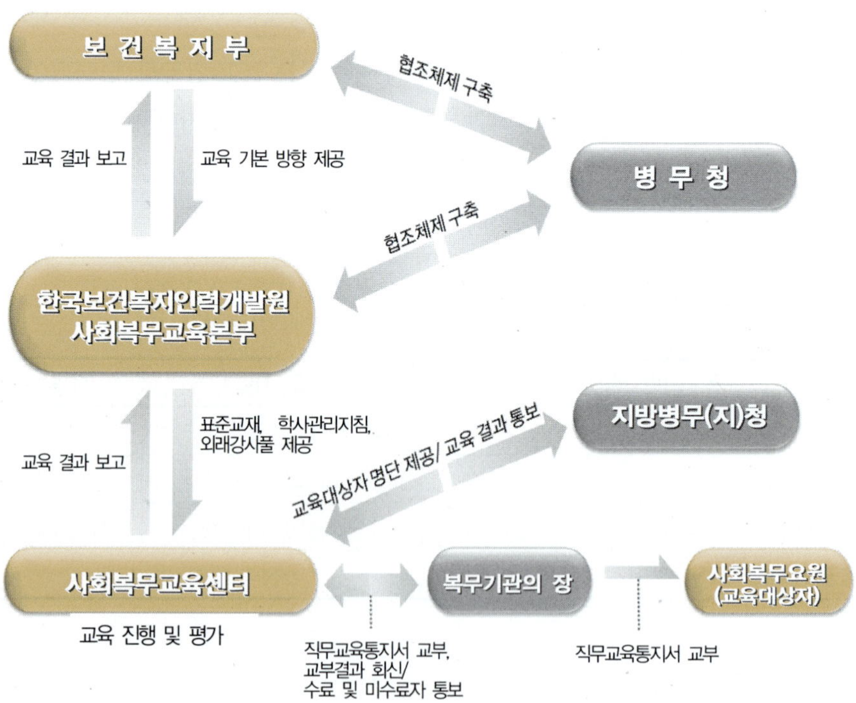

제15장 사회복지시설 업무의 전자화 시책

| 제1절 | 사회복지시설 업무의 전자화

1 전자화 업무의 목적

사회복지시설 업무의 전자화 목적은 사회복지시설의 회계, 인사, 후원금, 서비스 이력 관리 등 정보화 기반 지원으로 시설의 업무처리 지원 및 회계 투명성 제고와 사회보장정보시스템(행복e음) 구축과 함께 온라인 보고 등 사회복지시설 업무를 전자적으로 수행할 수 있도록 업무처리 절차를 제시하는 것이다. 그리고 시설담당 공무원이 사회복지시설의 신고·변동 관리, 온라인 보고, 정부의 시설보조금, 각종 복지급여 지급의 전자적 처리 등 업무에 쉽게 적용하도록 체계화하기 위해 2010년 1월 4일부터 적용되었다.

2 적용대상 시설

적용대상 시설은 노인, 장애인, 지역자활센터, 노숙인 등, 아동, 사회복지관 등 복지부 소관 사회복지시설이다. 그리고 사회복지사업 관련 법률(사회복지사업법, 노인복지법, 아동복지법, 장애인복지법, 정신건강증진 및 정신질환자 복지서비스 지원에 관한 법률, 국민기초생활 보장법, 「농어촌주민의 보건복지 증진을 위한 특별법」, 「노숙인 등의 복지 및 자립지원에 관한 법률」)에 의해 신고(지정)한 사회복지시설 중 보건복지부 소관의 시설이다. 더불어 한부모가족복지시설, 성매매피해지원시설, 성폭력피해보호시설, 가정폭력보호시설 등 여성가족부 소관 시설은 여성가족부의 별도지침에 따라 적용된다.

3 전자화 시책 용어

1) 사회보장정보시스템(행복e음)

사회보장정보시스템(행복e음)은 사회보장기본법 제37조 규정에 의거 사회보장 수급권자 선정 및 급여 관리 등에 관한 정보를 통합 · 연계하여 처리 · 기록 및 관리하는 시스템이다.

2) 사회복지시설정보시스템

사회복지시설정보시스템은 사회복지사업법 제6조의2 규정에 의해 사회복지법인 및 시설업무의 전자화를 위하여 구축한 사회복지시설 통합업무관리시스템으로 다음과 같은 업무가 이루어진다.

첫째, 통합회계 관리이다. 이는 회계, 예산, 세무, 인사, 급여, 자산 등 관리를 하는 것이다.

둘째, 통합고객 관리이다. 후원자, 후원금 관리를 한다.

셋째, 시설유형별 사회복지서비스 이력을 관리한다.

넷째, 온라인 보고이다. 행복e음으로 시설 수급자 생계급여, 운영비 등 보조금 신청 · 정산, 입소자 · 종사자, 예 · 결산 등을 보고한다.

3) 민간개발정보시스템

사회복지시설 등이 민간업체가 개발 · 보급한 상용 S/W를 구입하거나 자체로 개발하여 사용하는 정보시스템으로, 동 시스템 사용시설은 사회복지시설정보시스템의 표준연계 모듈을 통해 연계하여 행복e음으로 온라인 보고업무를 처리한다.

| 제2절 | 사회복지시설정보시스템의 활용

1 사회복지시설정보시스템의 개요(舊 국가복지정보시스템)

1) 추진배경 및 목적

사회복지시설정보시스템은 사회복지 정보화를 위해 전자정부 로드맵 추진과제의 일환으로 보건복지부에서 구축하여 사회복지시설 정보화 기반 조성, 회계의 투명성 제고, 시설관리 업무의 간소화 및 표준화, 사회복지정책 기초자료 확보 등을 목적으로 하고 있다.

2) 추진경과 및 운영기관

- 2005년 : 장애인, 노인, 아동, 사회복지관 등 순차적으로 사회복지시설 운영의 전자화 추진
- 2008년 : 새올복지행정시스템과 사회복지시설정보시스템 간 연계시스템이 구축되어 보조금 신청 및 보고를 온라인으로 수행
- 2010. 1월 : 행복e음으로 보조금 신청 및 보고 등 연계시스템 변경
  ※ (10월) 시설 생계급여, (11월) 시설 운영비 및 사업비 등 행복e음으로 전산지급 의무화
- 2012. 6월 : 보조금 전용카드제도 전국 시행 확대
- 2012. 8월 : 후원금의 수입명세 · 사용결과보고서 보고 의무화
  ※ 「사회복지법인 및 사회복지시설 재무 · 회계규칙」 제20조(결산보고서에 첨부하여야 할 서류)
- 2013~2014년 : 사회복지시설정보시스템 고도화 사업
- 2015~2017년 : 시설평가, 안전점검, 사회복지법인-시설 통합관리 기능 개선

운영기관은 사회보장정보원[사회복지시설정보시스템 홈페이지(http://www.w4c.go.kr) 참조]이다.

3) 주요 기능

(1) 통합회계 관리

사회보장정보시스템의 통합회계 관리는 |그림 15-1|과 같이 예산관리, 회계관리, 인사관리, 급여관리, 자산(비품, 소모품)관리, 세무관리이다.

그림 15-1 통합회계관리 절차

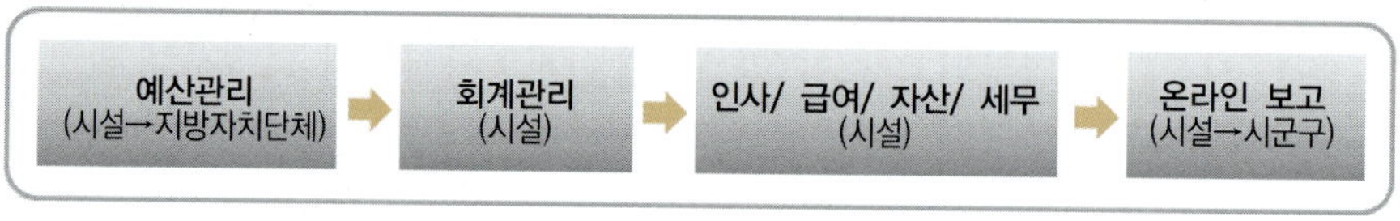

(2) 통합고객 관리

사회보장정보시스템의 통합고객 관리는 후원자와 후원금 관리이다. 시설의 후원금(품) 처리내역은 사회복지시설정보시스템 홈페이지, 스마트서비스를 통해 개인별·시설별로 조회가 가능하도록 |그림 15-2|와 같이 제공하고 있다.

그림 15-2 통합고객관리 절차

(3) 온라인 보고

사회보장정보시스템의 온라인 보고는 행복e음으로 시설 수급자 생계급여, 운영비 등 보조금 신청·정산, 입소자·종사자, 예·결산, 후원금 등을 보고 및 신청하는 것이다. 또한 지방자치단체 공지사항, 질의응답 등 지역사회 내의 의사소통 정보를 연계하는 것이다.

(4) 시설유형별 사회복지서비스 이력 관리

사회보장정보시스템의 이력 관리는 생활인 및 이용인 관리, 수혜서비스 관리, 사례 관리, 각종 일지 관리 등이다. 이력 관리는 노인생활·재가, 아동생활/ 지역아동센터, 장애인생활/ 직업재활, 지역자활, 한부모가족, 노숙인 등, 노인/ 사회복지관, 정신보건 총 11종이 구축되어 있다.

(5) 사회복지시설 보조금 전용카드 사용내역 모니터링

사회복지시설 보조금 전용카드 사용내역은 광역자치단체별 보조금 전용카드제 도입, 보조금 전용카드 사용내역 연계 등의 사회복지시설 보조금 전용카드 지출결의 내역 열람 및 모니터링 체계가 구축되어 있다.

(6) 중앙부처 및 지방자치단체 시설 관리업무 지원

사회복지시설정보시스템 수집정보를 기반으로 보건복지부, 지방자치단체 담당 공무원에게 시설, 입소자, 종사자 현황 등 통계 및 정책 기초자료를 제공하고 있다.

(7) 유관기관(단체) 정보 연계

유관기관들과는 복지시설 요금감면(통신요금, 가스요금 등) 절차 간소화를 위한 자격정보와 지방자치단체 복지행정시스템과 연계되어 있다.

(8) 시설 이용(희망자)자 대상 정보 제공

사회복지시설 온라인은 복지시설 기본 정보(유형, 소재지, 연락처 등)와 평가, 서비스 등의 정보를 제공한다.

2 사회복지시설 온라인 보고

1) 추진배경

사회복지시설 온라인 보고는 2008년부터 사회복지시설 업무의 효율화 및 시설

회계의 투명성 제고를 위해 새올복지행정시스템(시 · 군 · 구용)과 사회복지시설정보시스템(사회복지시설용) 간 연계시스템이 구축되어 보조금 신청 및 보고 등을 온라인으로 수행하였다. 그리고 2010년 1월 행복e음이 구축되고 사회복지시설은 행복e음으로 보조금 신청 및 보고를 하고 지방자치단체 공무원은 이 정보를 기준으로 보조금 신청교부 등 각종 업무를 처리하고 있다.

2) 추진방침

사회복지시설정보시스템의 사용대상 시설은 온라인으로 보조금 신청 및 보고를 의무적으로 실시하고, 시설업무 담당 공무원은 보고된 정보를 기준으로 보조금 신청교부 등 각종 업무를 처리한다. 이를 위해 사회복지시설정보시스템의 관리정보(입소자 및 이용자 명부, 종사자 명부 등)를 기반으로 자동으로 생성되는 보고 정보를 활용하여 각종 보고서를 작성하고 수기서면 보고는 폐지하고 있다. 또한 2010년 10월 시 · 군 · 구 온라인 보고 의무화 정책 시행에 따라 사회복지시설 수급자 생계급여 등 보조금은 원칙적으로 온라인 교부신청 시에만 교부하도록 하고 있다. 단, 시 · 도별로 시설유형 및 시 · 도 여건에 따른 서면보고가 불가피한 시설의 경우 보건복지부의 사전승인을 받은 경우 서면보고가 가능하다.

3) 온라인 보고 범위

온라인 보고 범위는 〈표 15-1〉과 같이 보조금 지급 시설과 보조금 미지급 시설, 지방자치단체 설치시설(위탁운영)의 유형으로 구분하여 보고문서의 범위를 정하고 있다.

표 15-1 온라인 문서 보고 범위

시설유형	보고문서 범위				
	보조금 신청/ 정산	종사자	입소자	후원금	예 · 결산
보조금 지급 시설	○	○	○	○	○
보조금 미지급 시설	×	○	○	○	○
지방자치단체 설치시설(위탁운영)	○	○	○	○	○

4) 온라인 보고 절차

지방자치단체는 |그림 15-3|과 같이 보조금 지급시설에 대하여 보조사업 정보를 사회복지시설정보시스템으로 전송한다. 그리고 사회복지시설은 사회복지시설정보시스템에서 보고문서(보조금 신청, 종사자 보고, 입소자 보고, 후원금품 보고 등) 작성 및 행복e음으로 보고문서를 전송한다. 지방자치단체는 행복e음을 통해 보고문서 접수 및 승인·반려 처리 및 지방자치단체 및 사회복지시설 간 보고문서 처리 결과를 공유한다.

그림 15-3 온라인 보고 개념도

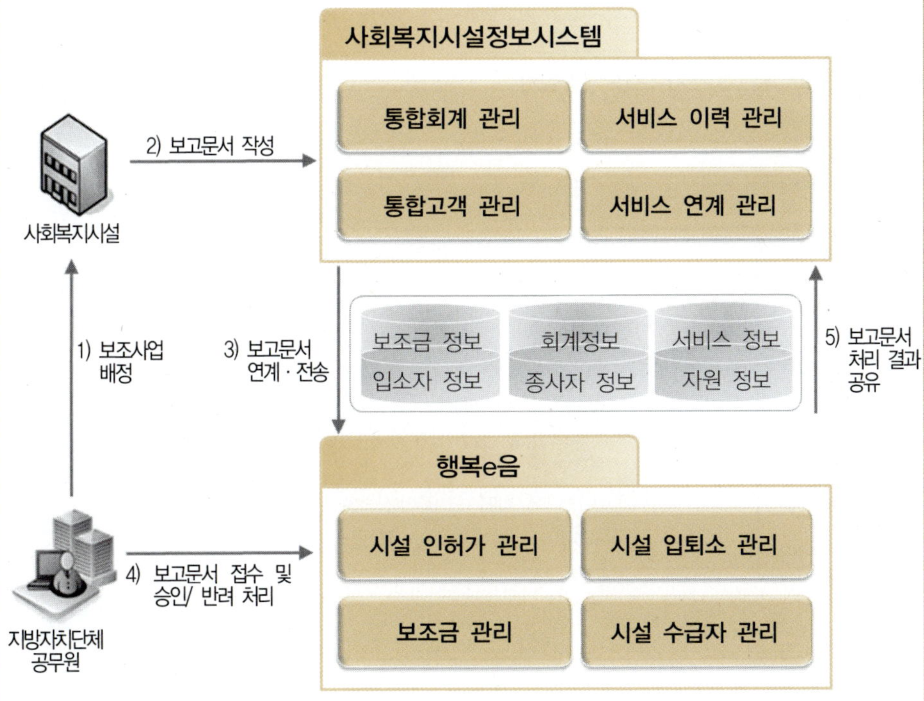

5) 온라인 보고 세부절차

(1) 생활시설 입소자 보고

생활시설에서는 |그림 15-4|와 같은 절차를 바탕으로 입소자에 대한 신변변화가 발생 시 온라인 보고를 통해 즉시 보고해야 한다. 보고대상은 입·퇴소 발생 보고, 사망 발생 보고, 입소자 정보 변경 보고 등이며, 온라인 보고는 입소 시 전입신고, 사망 시 사망신고 등과는 별도로 보고해야 한다. 보고된 정보는 지방자치단체에서 확정하면 수급자의 자격과 생계비 등 급여가 자동으로 확정 및 생성된다. 그리고 입소자의 성명 또는 주민등록번호가 변경되는 경우 입소자 정보 변경 보고를 수행해야 한다.

그림 15-4 입·퇴소자 보고 처리절차

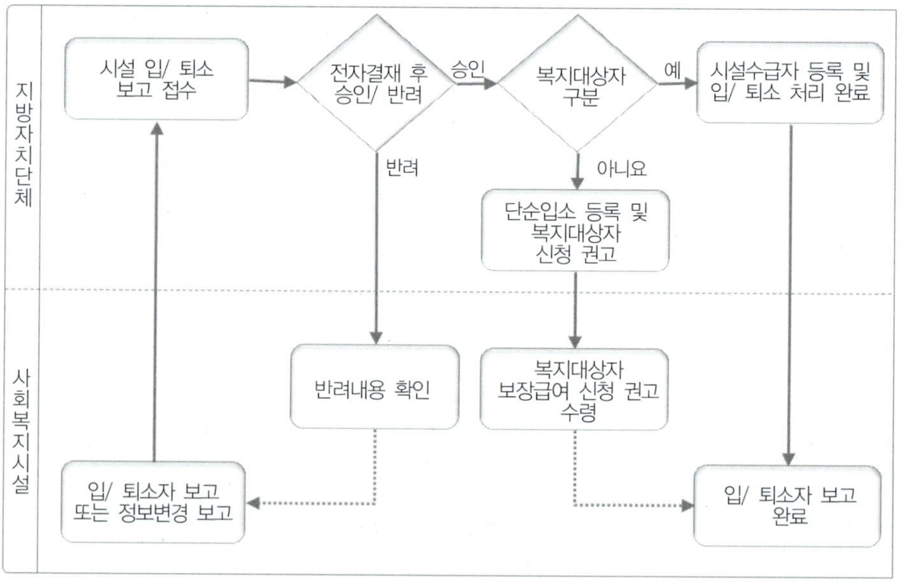

(2) 종사자 보고

모든 사회복지시설에서는 |그림 15-5|와 같이 종사자에 대한 입·퇴사 발생 시 온라인 보고를 통해 보고하여야 한다. 보고대상은 입·퇴사 발생 보고, 호봉승급 보고이다. 보고된 정보를 지방자치단체에서 확정하면 해당 시설 종사자로 자동 등록이 된다. 시스템에서 타 시설 중복 등록 여부 등 종사자의 인건비 이중 수급을 방지하기 위해 제공되는 기능을 확인하고 확정하여야 하며, 보조금 신청 시 종사자의 인건비는 입사 보고가 된 종사자에 대하여 자동생성되며, 중복지급 등을 방지하기 위해서는 반드시 온라인을 통해 종사자 보고를 하여야 한다.

그림 15-5 종사자 보고 처리절차

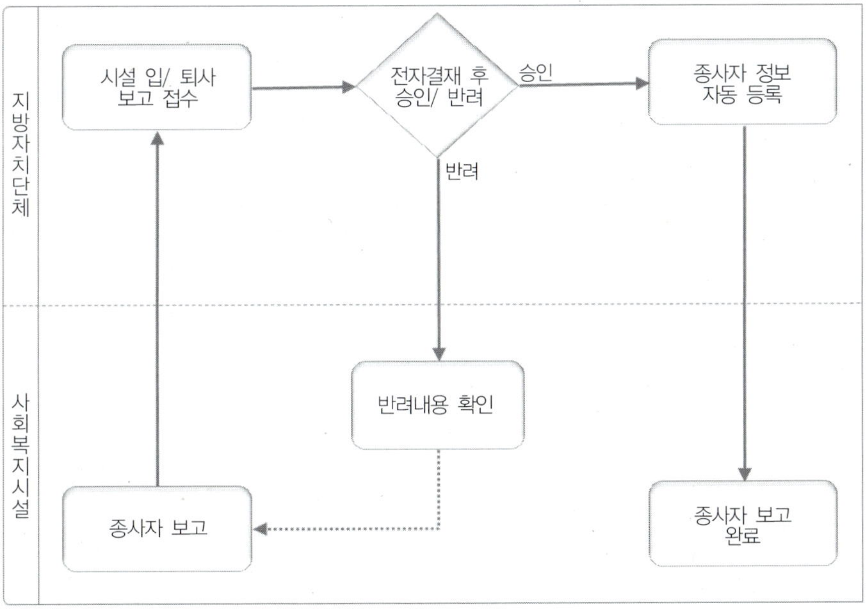

(3) 보조금 교부신청 및 정산

사회복지시설의 보조금 교부신청 대상 정보는 연초 또는 해당 사업이 확정되는 시점에 지방자치단체에서 보조사업 정보를 등록해야 한다. 보조사업 정보 주요 내용은 사업연도, 사업코드, 사업명, 사업분류, 사업비(보조금 총액), 대상시설, 신청주기, 정산주기 등이다. 만약 지방자치단체에서 보조사업 정보를 해당 사회복지시설에 배정하지 않을 경우는 사회복지시설에서 보조금 신청이 불가하다. 사회복지시설에서는 지방자치단체에서 배정한 보조사업(생계급여, 운영비, 사업비 등)에 따라 보조금 교부신청을 온라인으로 시행해야 한다. 사회복지시설은 |그림 15-6|과 같이 신청한 보조금에 대한 정산내역을 온라인으로 보고해야 한다.

그림 15-6 보조금 신청 및 정산 절차

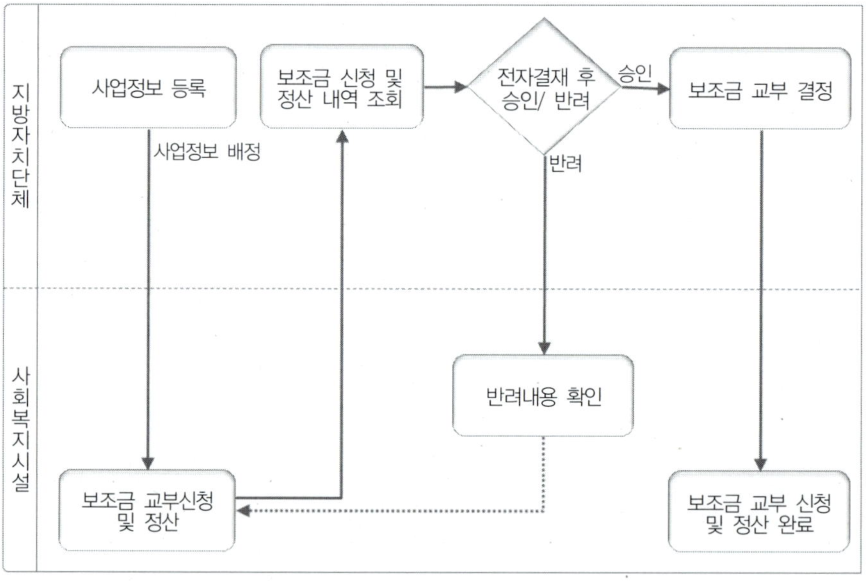

(4) 민간서비스 연계 및 민간서비스 이용대상자 보고

사회복지관 등 사회복지시설은 |그림 15-7|과 같이 지역사회 민관협력 강화를 위해 복지서비스 대상자 및 자원 정보를 지방자치단체와 공유하고 있다. 즉, 공공-민간에서는 각각 지원 중인 대상자 수혜 이력 및 사례관리 이력 공유와 상호의뢰 체계 마련으로 지원누락 및 중복지원 방지를 하고 있다. 그리고 공공-민간의 자원 정보 공유 및 자원 공동 활용으로 지역사회 전체 복지 자원의 효율적인 활용을 제고하고 있다. 이처럼 지방자치단체 및 시설에서는 연계된 정보를 활용하여 복지 대상자의 서비스 연계 및 자원배분에 활용하고 있다.

그림 15-7 연계 개념도

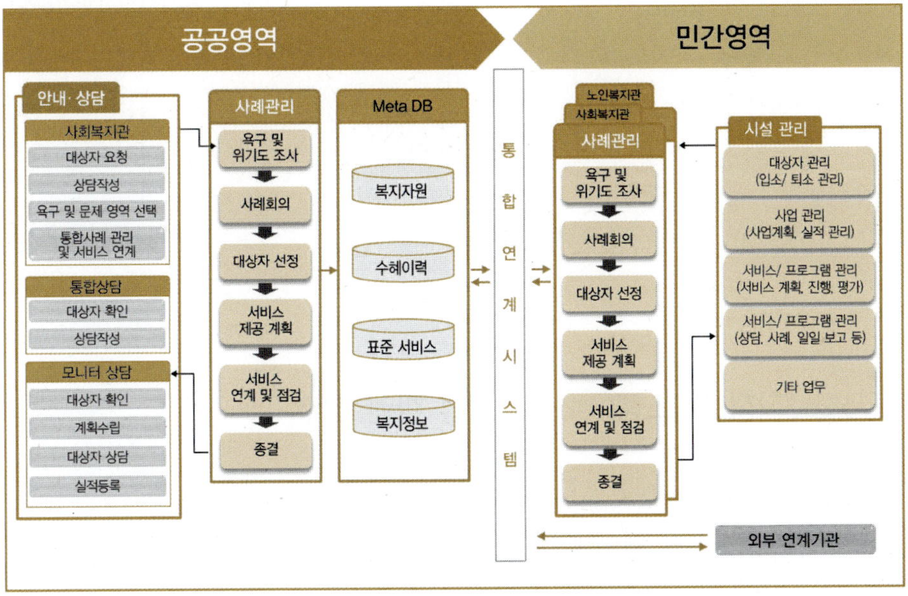

※ 표준 서비스 : 표준분류체계(대분류 : 10종, 중분류 : 47분류) 적용

※ 상세분류표는 희망복지지원단 업무안내 복지자원 표준분류체계 참조

(5) 후원금(품) 수입 및 사용 보고

사회복지시설은 |그림 15-8|과 같이 후원금(품) 수입 및 사용 보고절차에 따라 사회복지시설정보시스템을 이용하여 후원금(품)에 대한 수입·사용내역을 입력해야 한다. 그리고 대표이사와 시설장은 결산보고서를 제출할 때에 후원금 수입 및 사용결과보고서를 사회복지시설정보시스템을 통해 행복e음으로 보고하여야 한다.

그림 15-8 후원금(품) 수입 및 사용 보고절차

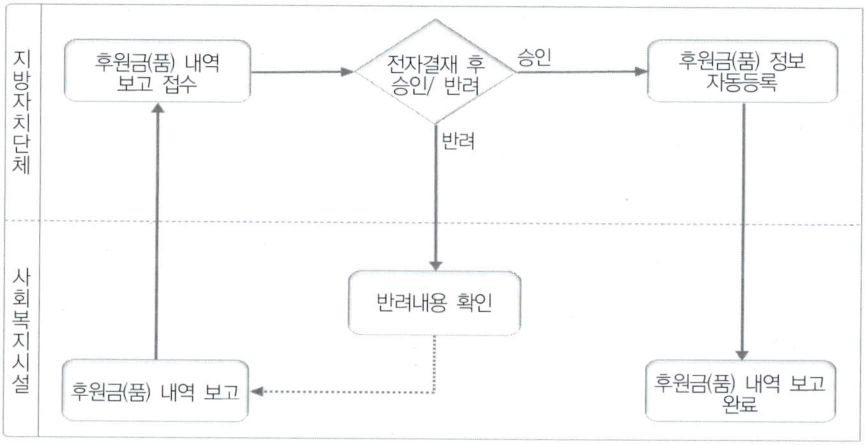

3 사회보장정보시스템(행복e음) 시설 관련 업무

1) 법인 설립/ 변경에 대한 인·허가 관리(시·도 업무)
2) 사회복지시설 설치/ 폐지에 대한 신고처리
3) 사회복지시설 입소자 입·퇴소 관리
4) 사회복지시설 종사자 입·퇴사 관리
5) 사회복지시설 보조금 사업정보 관리
6) 사회복지시설 보조금 관리
7) 비정형 보고관리 및 시설공지 관리

※ 상세 업무처리 내용은 행복e음 시설 및 법인 업무매뉴얼 참조

제16장 사회복지시설 근로기준법

제1절 근로기준법 총칙

1 근로기준법의 목적

이 규정은 헌법 및 근로기준법에 의한 근로조건의 기준을 사회복지시설에 적용함으로써 시설 종사자의 기본적 생활을 보장, 향상하며 사회복지시설 관리의 효율성·민주성을 기하고자 함이다.

2 근로기준법 적용범위

근로기준법 적용범위로 근로자 수를 산정할 때에는

첫째, 개별 시설이 인사, 노무 관리와 예산, 회계에 있어서 법인으로부터 독립적인 경우 시설단위로 산정하나 그렇지 않은 경우에는 법인 전체를 단위로 하여 산정하여야 한다.

둘째, 상시 5인 이상의 종사자를 고용하는 사회복지시설이어야 한다.

3 근로자 등의 정의

근로자와 관련된 용어로는 (시설)종사자, 시설장(대표이사), 임금, 소정근로시간, 근로계약 등이 있다. 이에 대해서 살펴보면 다음과 같다. (시설)종사자라 함은 근로기준법 제2조의 근로자로서 시설의 종류를 불문하고 임금을 목적으로 근로를 제공하는 자를 말한다. 그리고 시설장(법인대표)이라 함은 사회복지시설의 종사자를 사용하는 자로서 근로기준법 제2조의 사업주(시설이 법인이 아닌 경우) 또는 사업경영담당자(시설이 법인인 경우)를 말한다. 그러나 법인에 고용된 시설장이 시설의 인사권, 예산집행권 등을 가지고 있지 못하거나 제한적으로만 행사하는 경우 사용자가 아닌 근로자로 인정될 수 있다. 그리고 임금이라 함은 종사자가 근로의 대가로 지급받는 일체의 금품으로 국고보조금, 지방비, 법인전입금, 후원금 등을 그 재원으로 한다. 소정근로시간이라 함은 주 40시간(일 8시간) 범위 안에서 종사자와 시설장이 정한 근로시간을 말한다. 근로계약이란 종사자가 시설장에게 근로를 제공하고 시설장은 이에 대하여 임금을 지급함을 목적으로 체결된 계약을 말한다.

종사자와 시설장은 단체협약, 취업규칙, 근로계약을 준수하며 각자가 성실하게 이행해야 할 의무가 있으며, 근로기준법에서 정하는 근로조건은 최저기준이므로 근로 관계 당사자는 이 기준을 이유로 근로조건을 저하시킬 수 없다. 그리고 시설장은 취업규칙과 기숙사에 관한 사항 등 필요한 사항을 상시 시설에 게시 또는 비치하여 종사자에게 주지시켜야 한다. 단체협약은 노동조합과 시설장 또는 그 법인 사이의 협정으로 체결되는 자치적 노동법규이며, 취업규칙은 시설장이 사업장에 있어서 근로자가 준수하여야 할 규율과 임금, 근로시간, 기타 근로조건에 관한 구체적 사항을 정한 규칙이다. 근로계약은 종사자와 시설장 사이에 대가받을 것을 조건으로 근로를 제공함을 약속하는 유상쌍무계약을 말한다.

단체협약에 위배되는 취업규칙과 근로계약은 무효이며, 취업규칙에 미달하는 근로조건을 정한 근로계약은 그 부분에 관하여 무효이며, 근로기준법에 미달하는 근로조건을 정한 취업규칙과 근로계약 또한 무효이다.

단체협약 〉 취업규칙 〉 근로계약

| 제2절 | 근로계약

1 적용의 한계

근로기준법에서 정한 기준에 미치지 못하는 근로조건을 정한 근로계약은 그 부분에 한해 무효이며 무효인 부분에 대해서는 근로기준법이 적용된다. 그리고 근로계약 체결 시 근로계약 기간을 정할 것인지 여부는 근로자와 사용자가 자율적으로 정할 수 있으나 근로계약 기간을 정하여 기간제 근로자로 근무하는 경우 총 기간은 2년을 초과할 수 없으며 2년 초과 시 기간의 정함이 없는 계약으로 간주된다. 단, 「기간제 및 단시간근로자 보호 등에 관한 법률」에 의거 2년을 초과하여 기간제 근로자로 사용할 수 있는 경우는 제외된다.

2 근로계약 체결 시 명시사항

근로계약 체결 시에는 첫째, 임금 및 근로시간을 명시하여야 한다. 근로계약을 체결·변경할 때는 임금의 구성항목·계산방법·지급방법, 소정근로시간, 휴일, 연차유급휴가 등 주요 항목에 관한 사항에 대해서는 반드시 서면으로 명시하고 근로자의 요구 여하를 불문하고 근로자에게 교부해야 한다.

둘째, 취업의 장소와 종사하여야 할 업무에 관한 사항을 명시하여야 한다.

셋째, 기숙사에 종사자를 기숙하게 하는 경우에는 기숙사 규칙에 정한 사항을 명시하여야 한다. 명시된 근로조건이 사실과 다를 경우에 종사자는 근로조건 위반을 이유로 손해의 배상을 노동위원회에 신청할 수 있으며 또는 즉시 근로계약 해제가 가능하다.

3 근로계약 체결 관련 고려사항

근로계약 체결 관련 고려사항으로는 위약예정의 금지와 전차금상계의 금지, 강제저금의 금지가 있다. 위약예정의 금지란 시설장은 종사자의 근로계약 불이행에 대한 위약금 또는 손해배상액을 예정하는 계약을 체결하지 못함을 의미한다. 그리고 전차금상계의 금지는 시설장은 전차금(前借金), 기타 근로할 것을 조건으로 하는 전대(前貸)채권과 임금을 상계하지 못함을 의미한다. 강제저금의 금지는 사용자는 근로계약에 부수하여 강제저축 또는 저축금 관리를 규정하는 계약을 체결하지 못함을 뜻한다.

4 종사자 해고의 제한

종사자에 대해 정당한 이유 없는 해고, 휴직, 정직, 전직, 감봉, 기타 징벌을 금지하고 있다. 종사자가 업무상 부상 또는 질병의 요양을 위해 휴직한 기간과 그

후 30일간 또는 산전산후의 여성이 근로기준법에 의해 휴직한 기간과 그 후 30일간은 해고를 금지하고 있다. 그리고 종사자를 해고하려면 반드시 해고사유와 해고일자를 서면으로 통지하여야 한다.

5 퇴직급여제도

시설장(사용자)은 퇴직하는 근로자에게 퇴직급여를 지급하기 위하여 퇴직급여제도, 즉 퇴직금제도 또는 퇴직연금제도 중 하나 이상의 제도를 설정하여야 한다. 단, 퇴직급여제도는 계속근로연수가 1년 미만인 종사자, 4주간을 평균하여 1주간의 소정근로시간이 15시간 미만인 근로자는 제외된다. 퇴직금제도의 설정은 계속근로연수 1년에 대하여 30일분 이상의 평균임금을 퇴직금으로서 퇴직하는 근로자에게 지급할 수 있는 제도를 설정하는 것이다. 그리고 퇴직연금제의 설정은 사용자로 하여금 일정한 부담금을 사외에 적립 · 운용하도록 한 후, 근로자 퇴직 시 연금 또는 일시금으로 수령하도록 하는 제도를 말한다. 퇴직연금제로 전환하고자 하는 시설장(사용자)은 근로자 대표의 동의를 얻어야 한다.

6 임 금

임금은 원칙적으로 현금으로 전액 지급하되, 법령 또는 단체협약에 특별한 규정이 있는 경우에는 임금의 일부를 공제하거나 현금 이외의 것으로 지급 가능하다. 임금은 매월 1회 이상 일정한 기일에 지급하되, 임시로 지급하는 임금 · 수당이나 정근수당, 근속수당, 상여금 등 비정기적 수당은 비정기적으로 지급 가능하다. 임금채권은 3년간 행사하지 아니한 때에는 시효로 인해 소멸된다.

7 근로시간과 휴식

근로시간은 주 40시간 근무제(표 16-1), 탄력적 근로시간제, 선택적 근로시간제로 나누어 볼 수 있다. 먼저 주 40시간 근무제는 1주일간의 근로시간은 휴식시간을 제하고 40시간을 초과할 수 없으며, 1일의 근로시간은 휴식시간을 제하고 8시간을 초과할 수 없다는 것이다. 둘째, 탄력적 근로시간제는 취업규칙에서 탄력적 근로시간제를 규정한 후 2주간 이내의 일정한 단위기간을 평균하여 주 40시간을 초과하지 않는 범위 안에서 특정 주에 주 40시간, 특정 일에 일 8시간을 초과하여 근로 가능하다는 것이다. 셋째, 선택적 근로시간제는 취업규칙에 의해 시업 및 종업 시각을 종사자의 결정에 맡기기로 한 종사자에 대해 종사자 대표와의 서면합의에 의하여 사항을 정한 때에는 1월 이내의 정산기간을 평균하여 1주간의 근로시간이 주 40시간을 초과하지 않는 범위 안에서 주 40시간, 일 8시간을 초과하여 근로하게 할 수 있다는 것이다. 이 외에도 연장근로시간, 근로시간 및 근로시간 산정의 특례, 연차유급휴가, 여성종사자 보호규정 등이 있다.

표 16-1 근로기준법 근로시간

	월	화	수	목	금	토	일
기존 68시간	평일 40시간 + 연장근로 12시간					휴일근로 8시간	휴일근로 8시간
⬇ 개정 52시간	평일 40시간 + 연장근로 12시간 = 52시간						

- 종전 근로기준법 : 월~금까지 52시간 한도, 토요일과 일요일 각각 8시간씩해서 16시간, 월~일까지 총 68시간까지 가능
  → 주68시간 = 월~금(8시간*5일)+12시간(연장근로 허용시간)+토요일(8시간)+일요일(8시간)
- 개정 근로기준법 : 월~일까지 기본 40시간에 연장 12시간해서 총 52시간까지 가능
  → 주52시간 = 월~금(8시간*5일+12시간(연장근로 허용시간)

결론은 법에서 말한 주40시간 한도를 68시간제에서는 월~금까지 보았고, 52시간제에서는 월~일(7일)로 판단한 것!

※ 개정된 근로기준법에 따라 300인 이상 사업장은 2018년 7월 1일부터 휴일을 포함한 1주(7일)의 최대 근로시간이 52시간으로 축소되었다. 50명이상 300명 미만 사업장은 2020년 1월 1일부터(그러나 300인 미만 중소기업에 대해 사실상 계도기간을 두고 경영상의 이유에 대해서도 특별근로연장을 허용하기로 함. 근무시간을 어기더라도 처벌하지 않는 계도기간부여 방식을 통해 사실상 시행을 연기), 5명 이상 50명 미만 사업장은 2021년 7월 1일부터 주 52시간 적용

제17장 사회복지법인 및 사회복지시설 재무·회계규칙

| 제1절 | 총 칙

1 목 적

사회복지법인 및 사회복지시설 재무·회계규칙은 사회복지사업법 제23조 제4항, 제34조 제3항 및 제45조 제2항의 규정에 의하여 사회복지법인과 사회복지시설의 재무·회계 및 후원금 관리에 관한 사항을 규정하여 명확성·공정성·투명성을 기함으로써 사회복지법인과 시설의 합리적인 운영에 기여함을 목적으로 하고 있다.

2 사회복지법인 및 사회복지시설의 회계

사회복지법인의 회계는 법인의 업무 전반에 관한 회계로 법인회계, 법인이 설치·운영하는 사회복지시설에 관한 회계로 시설회계, 그리고 법인이 수행하는 수익사업에 관한 회계로 수익사업 회계가 있다. 시설의 회계는 해당 시설의 시설회계로 한다. 사회복지법인 이외의 자가 시설을 운영하는 경우에도 시설의 회계는 각 시설별로 구분하여 관리하여야 한다.

| 제2절 | 예 산

1 예산총계주의 원칙

1회계 연도의 모든 수입은 세입으로 하고 모든 지출은 세출로 하되, 세입과 세출은 모두 예산에 계상하여야 한다. 즉, 세입과 세출은 모두 예산에 계상하여야 한다라고 예산총계주의 원칙을 밝히고 있다(규칙 제8조). 법인 및 시설의 사업계획은 예산을 통해 구체화되고 실행에 옮겨지기 때문에 세입 · 세출은 모두 예산으로 편입(수입금 직접사용 금지)되고, 그 범위 내에서 집행되어야 한다. 예산총계주의에서 주의해야 할 점은 세입 · 세출의 항목을 상계하는 '순계주의'를 취하지 않아야 한다는 것이다.

2 예산편성 절차

예산편성 과정 및 절차는 〈표 17-1〉과 같으며 일정에 따라 예산편성을 하여야 하며, 예산안 편성 제출과 공개가 철저하게 관리되어야 한다.

표 17-1 예산편성 절차

주요 내용	주 체	일 정
시군구에서 법인 또는 시설에 특히 필요하다고 인정하는 사항에 관해 예산편성지침 통보 가능	법인 또는 시설 소재지 관할 시장 · 군수 · 구청장	회계연도 개시 2개월 전까지
⬇		
법인은 법인과 법인 산하 시설의 예산편성지침을 결정	법인 대표이사	회계연도 개시 1개월 전까지
⬇		
회계별 예산(법인, 시설, 수익사업회계) 편성	법인 대표이사 및 시설의 장	회계연도 개시 전까지
⬇		
시설회계 예산안에 대한 시설운영위원회 보고 ※ 법인이 설치 · 운영하는 시설의 경우에도 시설회계는 법인 이사회 의결 전 시설 운영위원회에 보고 필요 ※ 법인회계 및 수익사업회계에 대해서는 불필요	시설의 장	예산안 편성 완료 시
⬇		

법인의 회계별 예산(법인, 시설, 수익사업회계)안에 대한 이사회 의결, 예산안 확정 ※ 법인이 설치 · 운영하는 시설의 시설회계도 포함 ※ 법인이 아닌 경우에는 시설 운영위원회 보고로 예산안이 확정됨	법인 이사회	예산안 편성 완료 시

↓

확정된 예산안을 시장 · 군수 · 구청장에게 제출 ※ 법인은 법인의 회계별 예산(법인회계, 시설회계, 수익사업회계)안을 법인 소재지를 관할하는 시장 · 군수 · 구청장에게 제출하고 시설의 장(법인이 운영하는 시설도 포함)은 해당 시설의 시설 회계를 시설소재지 관할 시장 · 군수 · 구청장에게 제출	법인 대표이사 및 시설의 장	회계연도 개시 5일 전까지

↓

법인과 시설의 회계별 세입 · 세출명세서를 시군구, 법인, 시설의 게시판과 인터넷 홈페이지에 20일 이상 공고 ※ 사회복지사업법 제6조의2 제2항에 따른 정보시스템에 게재하거나 영유아보육법 제49조의2 제2항에 따른 공시로 갈음 가능	시장 · 군수 · 구청장, 법인 대표이사, 시설의 장	예산안 제출 20일 이내

3 예산편성에 따른 제출서류

예산에 첨부할 서류는 다음과 같다.

① 예산총칙, ② 세입 · 세출명세서, ③ 추정대차대조표, ④ 추정수지계산서, ⑤ 임 · 직원 보수일람표, ⑥ 해당 예산을 의결한 이사회 회의록 또는 해당 예산을 보고받은 시설운영위원회 회의록이다. 단, 단식부기인 경우 ①, ②, ⑤, ⑥만 첨부할 수 있고, 소규모 시설(국가 · 지방자치단체 · 법인 이외의 자가 설치 · 운영하는 시설 중 거주자 정원이나 일평균 이용자가 20인 이하인 시설)인 경우 ②, ⑥만 첨부할 수 있다. 어린이집은 보육사업안내에서 정하는 바에 따른다.

4 준예산의 편성

준예산 편성의 사유는 회계연도 개시 전까지 법인의 예산이 성립되지 아니한 때로, 예산 성립 시까지 일부 경비에 대해 전년도 예산에 준하여 집행 가능하다. 이는 임직원 보수, 법인 및 시설 운영에 직접 사용되는 필수적인 경비, 법령상 지급 의무가 있는 경비에 대해 집행이 가능하다.

5 추가경정예산의 편성

추가경정예산 편성의 사유는 예산 성립 후에 생긴 사유로 인해 기 성립된 예산에 변경을 가할 필요가 있을 경우이다. 예산편성 방법은 예산편성 절차에 준하여 추가경정예산을 편성·확정하며, 법인의 대표이사 및 시설의 장은 추경이 확정된 날로부터 7일 이내에 이를 시·군·구청장에게 제출하여야 한다.

6 예비비의 계상

법인의 대표이사 및 시설의 장은 예측할 수 없는 예산 외의 지출 또는 예산의 초과지출에 충당하기 위하여 예비비를 세출예산에 계상할 수 있다.

7 기타 사항

법인회계 및 시설회계의 예산은 세출예산이 정한 목적 외의 사용을 금지하고 있으며, 예산의 전용규정 및 세출예산의 이월 등이 있다.

| 제3절 | 결 산

1 결산보고 절차

결산보고 과정 및 절차는 〈표 17-2〉와 같으며 일정에 따라 결산보고를 하여야 하며, 결산보고서 제출과 공개가 철저하게 관리되어야 한다.

표 17-2 결산보고 절차

주요 내용	주 체	일 정
법인회계와 시설회계의 세입 · 세출 결산보고서 작성	법인 대표이사 및 시설의 장	출납 완료 시
결산보고서의 시설 운영위원회 보고 ※ 법인이 설치 · 운영하는 시설의 경우에도 시설회계는 법인 이사회 의결 전 시설 운영위원회에 보고 필요 ※ 법인회계 및 수익사업회계에 대해서는 불필요	시설의 장	결산보고서 작성 후
결산보고서의 법인 이사회 의결 ※ 법인이 설치 · 운영하는 시설의 시설회계도 포함 ※ 법인이 아닌 경우에는 시설 운영위원회 보고로 결산보고서 확정	법인 대표이사	결산보고서 작성 후
확정된 결산보고서를 시장 · 군수 · 구청장에게 제출 ※ 법인은 법인회계, 시설회계, 수익사업회계 결산을 법인 소재지를 관할하는 시장 · 군수 · 구청장에게 제출하고, 시설의 장(법인이 운영하는 시설도 포함)은 해당 시설의 시설회계 결산을 시설 소재지 관할 시장 · 군수 · 구청장에게 제출	법인 대표이사 및 시설의 장	다음 연도 3월 31일까지
법인과 시설의 세입 · 세출결산서를 시군구, 법인, 시설의 게시판과 인터넷 홈페이지에 20일 이상 공고 ※ 사회복지사업법 제6조의2 제2항에 따른 정보시스템에 게재하거나 영유아보육법 제49조의2 제2항에 따른 공시로 갈음 가능	시장 · 군수 · 구청장, 법인 대표이사, 시설의 장	결산보고서 제출 20일 이내

2 결산보고에 따른 제출서류

결산보고에 따른 제출서류는 다음과 같다.

① 세입·세출결산서, ② 과목전용조서, ③ 예비비 사용조서, ④ 대차대조표, ⑤ 수지계산서, ⑥ 현금 및 예금명세서, ⑦ 유가증권명세서, ⑧ 미수금명세서, ⑨ 재고자산명세서, ⑩ 기타 유동자산명세서(⑥~⑨ 유동자산 외의 유동자산), ⑪ 고정자산(토지 건물 차량운반구 비품 전화가입권)명세서, ⑫ 부채명세서(차입금, 미지급금 포함), ⑬ 제충당금명세서, ⑭ 기본재산수입명세서(법인만 해당), ⑮ 사업수입명세서, ⑯ 정부보조금명세서, ⑰ 후원금수입 및 사용결과보고서(전산파일을 포함한다), ⑱ 후원금 전용계좌의 입출금내역, ⑲ 인건비명세서, ⑳ 사업비명세서, ㉑ 기타 비용명세서(인건비 및 사업비를 제외한 비용), ㉒ 감사보고서, ㉓ 법인세 신고서(수익사업이 있는 경우에 한함)

※ 단식부기로 작성할 경우 ①~③, ⑭~㉓ 항목만을 제출할 수 있고, 소규모 시설인 경우 ①, ⑰항목만 제출할 수 있으며, 어린이집은 보육사업안내에서 별도로 정함

| 제4절 | 회 계

1 회계총칙

수입 및 지출 사무 관리주체는 법인의 대표이사 및 시설의 장이며 법인 대표이사 및 시설장은 해당 사무를 소속직원에게 각각 위임이 가능하다. 그리고 법인과 시설에는 수입과 지출의 현금출납 업무를 담당하기 위하여 각각 수입원과 지출원을 두되, 법인 또는 시설의 규모가 소규모인 경우에는 수입원과 지출원을 동일인으로 할 수 있다. 수입원과 지출원은 법인의 대표이사와 시설장이 임면한다. 회계의 방법은 단식부기로 하되, 필요한 경우에는 복식부기에 의한다. 또한 법인 및

시설에는 현금출납부, 총계정원장, 재산대장, 비품관리대장회계장부를 비치하여야 한다.

2 수 입

모든 수입금의 수납은 이를 금융기관에 취급시키는 경우를 제외하고는 수입원이 아니면 수납하지 못한다. 그리고 수입원이 수납한 수입금은 그 다음 날까지 금융기관에 예입해야 하며, 수입금에 대한 금융기관의 거래통장은 회계별(법인회계, 시설회계, 수익사업회계)로 구분될 수 있도록 보관·관리하여야 한다.

3 지 출

지출은 지출사무를 관리하는 자로 대표이사나 시설장 및 그 위임을 받아 예산의 범위 내에서 지출명령이 있는 것에 한하여 지출원이 행한다. 지출은 상용의 경비 또는 소액의 경비지출을 제외하고는 예금통장에 의하거나 전자거래로 행해야 하는 것이 지출의 원칙이다. 이러한 원칙과 함께 지출에 대한 특례도 있다. 선금급과 개산급이 그것이다. 선금급은 확정된 계약에 대하여 사업 성격상 미리 지급하는 것을 의미한다. 개산급은 지출금액이 미확정인 채무에 대하여 지급의무가 확정되기 전에 개산(槪算 : 어림셈)으로 지급하는 것을 의미한다.

4 물 품

물품은 현금 및 유가증권을 제외한 동산을 말한다. 물품의 관리주체는 법인의 대표이사, 시설의 장이 되며 소속직원에게 위임이 가능하다. 물품의 출납은 물품관리자의 출납명령에 의해 물품출납원의 출납행위를 통해서만 가능하다.

5 후원금 관리

후원금은 아무런 대가 없이 무상으로 받은 금품이나 그 밖의 자산을 말한다(사회복지사업법 제45조). 법인의 대표이사와 시설의 장은 후원금의 수입·지출내용을 공개하여야 하며 그 관리에 명확성이 확보되도록 하여야 하고, 후원금에 관한 영수증 발급, 수입 및 사용결과 보고 등을 하지 않은 경우 300만 원 이하의 과태료가 부과된다.

법인의 대표이사와 시설장은 후원금을 받은 때에서 정하는 기부금 영수증 서식에 따라 후원금 영수증을 발급·후원자에게 교부하여야 한다(소득세법 시행규칙 제101조 제20호의2, 법인세법 시행규칙 제82조 제7항 제3호의3). 금융기관 또는 체신관서의 계좌입금을 통해 후원금을 받는 경우에는 법인명의 또는 시설명칭이 부기된 시설장 명의의 후원금 전용계좌를 사용해야 한다. 이 경우는 후원자가 원하는 경우를 제외하고는 영수증 발급을 생략할 수 있다.

법인 및 시설에서 후원금을 받을 때는 각각의 법인 및 시설별로 후원금 전용계좌를 구분하여 사용하고, 미리 후원자에게 후원금 전용계좌 등의 구분에 관한 사항을 반드시 안내하여야 한다(사회복지법인 및 사회복지시설 재무·회계규칙 제41조의4). 그리고 후원금을 받은 때에는 후원금 영수증 교부 후 발급목록을 별도 장부로 관리하여 비치하여야 한다. 또한 대표이사와 시설장은 연 1회 이상 해당 후원금의 수입 및 사용 내용을 후원금을 낸 법인·단체 또는 개인에게 또는 법인이 발행하는 정기간행물 또는 홍보지 등을 이용하여 일괄통보 가능하며 후원자 각각에게 개별통보도 가능하다.

후원금은 용도 외 사용이 금지되며, 법인의 대표이사와 시설의 장은 후원금을 후원자가 지정한 용도 이외로 사용할 수 없다. 단, 지정후원금의 15%는 후원금 모집, 관리, 운영, 사용, 결과보고 등에 필요한 비용으로 사용이 가능하다. 그러나 사회복지법인 어린이재단을 통한 지정후원금 및 생활자에 대한 결연후원금은 제외된다. 그리고 후원자가 용도를 지정하지 않은 후원금에 대해서는 법인 운영비 및 시설 운영비로 사용하되, 비지정후원금의 사용기준에 따라야 한다.

6 감사의 실시

법인의 감사는 해당 법인과 시설에 대하여 매년 1회 이상 감사를 실시한다. 시설장과 수입원 및 지출원이 사망하거나 경질된 때에는 그 관장에 속하는 수입, 지출, 재산, 물품 및 현금 등의 관리상황을 감사하여야 한다. 감사 후에는 감사보고서를 작성하여 법인 이사회에 보고하며, 재산상황 또는 업무집행에 관하여 부정 또는 불비한 점이 발견된 때에는 시 · 군 · 구청장에게 보고하여야 한다.

PART 04

사회복지현장 실습일지 작성과 프로포절

제18장 실습일지 작성과 평가

| 제1절 | 실습생 프로파일

실습생 프로파일은 〈표 18-1〉과 같이 인적사항, 이수 전공과목, 경력, 사회복지를 전공하게 된 동기, 실습기관 선택 이유, 성취하고자 하는 목표, 목표달성 정도를 파악할 수 있는 기준, 자신의 강점과 약점, 취미 및 특기, 바라는 점 등을 작성하면 된다. 구체적으로 살펴보면 다음과 같다.

첫째, 인적사항은 가장 기본적으로 작성하는 부분으로 소속, 거주지, 전화번호 등이 착오가 생기지 않도록 정확하게 작성하여야 한다.

둘째, 이수 전공과목은 지금까지 들었던 전공과목을 선택하면 된다. 몇몇 실습기관은 실습 전에 필수적으로 이수해야 하는 전공과목이 있다. 기관마다 실습 모집사항이 다르기 때문에 실습하고자 하는 기관 홈페이지를 살펴보아야 한다. 현장의 의견에 따르면, 프로그램 개발과 평가 과목을 이수하면 실습에 다소 도움이 된다는 의견이 있다. 즉, 실습 중에 프로포절을 작성하는 데 도움이 되기 때문이다.

셋째, 경력은 직장인이 아니면 특별한 경력이 없을 수 있기 때문에 지금까지 하였던 봉사활동 이력을 적는 것이 복지에 관심이 있고 활동을 하고 있다는 것으로 해석할 수 있기에 어필하기에 좋다.

넷째, 사회복지를 전공하게 된 동기는 개개인이 사회복지를 전공하게 된 계기가 다르기 때문에 본인의 이야기와 경험을 잘 풀어서 기록해야 한다.

다섯째, 실습기관 선택 이유에 대해서는 사회복지와 관련된 기관이 주위에 많은데 왜 우리 기관을 지원하게 되었는가?라는 물음이 있다. 이러한 질문에 대한 답을 하기 위해서는 기관에 대한 배경지식이 필요하다. 실습을 하려는 기관이 어떠한 프로그램과 사업을 하고 있으며, 특화사업은 무엇인지, 기관이 위치한 지역의 특성은 어떤지, 기관의 이념, 목표는 무엇인지를 기관의 홈페이지를 통해 자세히 살펴보고 작성하여야 한다. 특히 기관이 지역에서 지향하는 목표를 보고 자신의 포부와 함께 믹싱하여 작성하면 될 것이다.

여섯째, 성취하고자 하는 목표는 사회복지현장실습을 통해 실습생이 달성하고자 하는 목표를 적으면 된다. 이 부분을 작성할 때 지나치게 추상적이기보다는 구체적으로 적는 것이 실습 후 평가를 할 때 도움이 된다.

일곱째, 목표달성 정도를 파악할 수 있는 기준은 위에서 작성한 목표를 얼마나 달성하였는지 생각하는 것을 작성하면 된다. 이 부분의 경우도 구체적으로 작성하는 것이 추후 평가 시에 도움이 된다.

여덟째, 자신의 강점과 약점은 자기소개서를 작성할 때처럼 강점과 약점을 구체적인 사례를 들어 자신의 주장에 대한 근거를 뒷받침하여 슈퍼바이저가 읽기 편하고 설득력 있게 작성한다. 약점을 쓸 때 치명적인 약점은 쓰지 않는 것이 좋으며, 장점 같은 약점을 쓰는 것이 좋다. 그리고 약점을 개선하기 위한 노력사항 등을 입력해 주면 좋다.

아홉째, 취미 및 특기나 바라는 점은 개인적인 생각을 잘 담아서 작성하면 된다.

표 18-1 실습생 프로파일 예시

실습생 프로파일

1. 인적사항

<table>
<tr><td rowspan="5"></td><td>실습생명</td><td>홍길동</td><td>성 별</td><td>남</td><td>생년월일</td><td>0000년 2월 7일</td></tr>
<tr><td>소 속</td><td colspan="5">OOO대학교 사회복지전공 O학년 (O학기)</td></tr>
<tr><td>주 소</td><td colspan="5">대구광역시 달서구 송현로 205</td></tr>
<tr><td>전화번호</td><td colspan="5">집 : 053-560-3824 핸드폰 : 010-1234-5678</td></tr>
<tr><td>E-mail</td><td colspan="5">abcd@naver.com</td></tr>
</table>

2. 이수 전공과목

교과목명	이수 완료	현재 이수	교과목명	이수 완료	현재 이수	교과목명	이수 완료	현재 이수
사회복지학개론	o		인간행동과 사회환경	o		사회복지실천론		
사회복지실천기술론	o		지역사회복지론	o		사회복지정책론		
사회복지행정론			사회복지법제와 실천			사회복지조사론		
사회복지자료분석론			프로그램 개발과 평가			가족복지론		
아동복지론			청소년복지론			노인복지론	o	
여성복지론			장애인복지론			정신건강론		
정신건강사회복지론			의료사회복지론			학교사회복지론		
산업복지론			자원봉사론			사회문제론		
사회복지역사			사회보장론			교정복지론		
가족상담 및 가족치료			국제사회복지론			복지국가론		
빈곤론			사례관리론			사회복지와 문화다양성		
사회복지와 인권			사회복지 윤리와 철학			사회복지지도감독론		
사회복지현장실습								

3. 경력

구분 (취업, 실습, 봉사)	기 관	기 간	내 용

4. 사회복지를 전공하게 된 동기
5. 실습기관 선택 이유
6. 실습을 통해서 성취하고자 하는 목표
7. 실습을 마친 후 목표달성 정도를 파악할 수 있는 기준
8. 사회복지를 실천하는 데 있어 자신의 강점과 약점
9. 취미 및 특기
10. 실습기관, 실습지도자 및 실습지도교수에게 바라는 점

| 제2절 | 사회복지현장 실습일지 작성

사회복지현장실습일지를 작성하는 것은 실습생이 수행한 업무내용뿐 아니라 자신의 업무수행에 대한 분석 및 평가를 하여 스스로 자신의 장점과 단점을 인식하여 학습경험 향상에 기여할 수 있게 된다. 그리고 실습지도자가 사회복지현장실습일지를 통하여 실습업무 수행활동에 대한 실습생의 반응도 알 수 있게 된다.

1 개 요

실습일지는 실습과정을 주관성과 객관성을 구분하여 매일 기록하는 것이다. 즉, 실습일지는 실습생이 매일매일의 실습과정을 기록하고 평가하는 것으로, 실습이 어떻게 진행되었는지 구체적으로 파악할 수 있는 가장 기초적인 과정이다. 실습일지는 기관 성격에 따라 다양한 형식으로 구성될 수 있으며, 일반적으로 시간별 실습일정과 구체적인 실습내용, 실습생이 해야 할 과제 및 실습생이 그날 실습내용을 평가하는 실습생 의견, 그리고 슈퍼바이저의 평가가 포함된다. 특히 실습활동 장면을 사진으로 찍어 실습일지에 첨부하여 실습보고서를 작성하는 경우 도움이 된다.

2 실습일지 목적

실습일지는 | 그림 18-1 | 과 같이 MCF(Monitoring, Communication & Feedback)의 과정이라 볼 수 있다. 즉, 실습생과 실습지도자 그리고 실습교수의 학습목표를 성취하기 위한 구체적 과정의 M(Monitoring), 실습업무 수행활동에 대한 상호 간 질문이나 제언 등의 소통도구로서 C(Communication), 실습과정 중 실습생의 강점, 약점을 보완하여 학습경험 향상의 F(Feedback)의 목적을 가지고 있다.

그림 18-1 실습일지의 목적

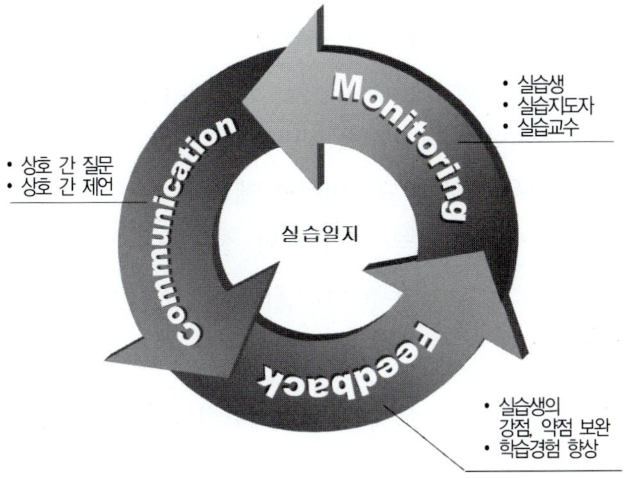

3 실습일지 작성방법

실습일지는 실습지도 계획서에 명시된 구체적인 일정에서 경험하는 것을 매회 기록하는 것이다. 이에는 실습일정 및 진행내용, 실습생의 의견, 실습지도자의 슈퍼비전이나 코멘트 등의 총평이 포함된다. 실습일정 및 진행내용은 실습일과에 대해 시계열적 방법으로 간략히 실습내용과 함께 기록한다. 실습생의 의견은 실습일과를 통해 배운 점들을 기록하는데, 주관적인 감정이나 서술 등을 일기형태로 기록하지 않도록 주의한다. 실습일지는 실습지도자와의 간접적인 의사소통 체계나 학습도구로서 활용될 수 있다. 따라서 실습 시 갖게 되는 건의사항 또는 의문점에 대하여 질문한다. 이에 대해 실습지도자는 실습지도자 총평을 통해 실습생의 질문이나 배운 점 등에 대해 간단한 답변을 기록한다.

실습생은 실습이 진행되는 동안 모든 내용을 기록으로 남겨야 한다. 실습일지는 하루 동안 일어나는 모든 진행상황을 빠짐없이 기록해야 하는데, 이를 위한 서식이 마련되어 있다. 사회복지실습일지는 각 학교별로 상이하나 작성방식은 크게 다르지 않다.

실습일에 무엇을 하였는지를 알아볼 수 있는 가장 편리한 방법은 시간대별 모든 활동으로 직접수행, 관찰, 휴식기간, 교육 등의 내용을 기록하는 것이다. 실습생은 각 활동내용뿐 아니라 활동에 대한 의견을 제시하고 전체 실습일정 및 자신의 실습 수행에 대한 평가와 제언을 제시한다. 실습일지는 공식적인 실습지도 시간 전에 반드시 실습지도자에게 제출하며, 일반적으로 실습 당일 아침, 실습지도자는 지도란에 실습일지 내용에 대한 슈퍼비전을 제공한다.

실습일지는 사회복지현장실습의 계획, 준비, 실시와 이러한 일련의 상황에 대한 기록을 통해 성찰하는 시간을 갖도록 하는 기록장이다. 실습일지 작성의 구체적인 방법에 대해 살펴보자.

첫째, 실습일지는 작성하기 전에 메모하고 간결하게 정리하여 누가 읽어도 이해할 수 있도록 기록한다.

둘째, 실습일지는 매일 작성하고 특별한 지시가 없는 한, 다음 날 아침 실습기관의 실습지도자에게 제출한다.

셋째, 실습일지는 실습내용 작성 시 시간대별로 실습한 내용을 사실적으로 기술하고, 개인 일기장이 되지 않도록 주의하여야 한다.

넷째, 실습일지 작성 시 형식에 구애됨이 없이 관찰했던 것과 체험했던 것, 그리고 느꼈던 것을 각색하지 않고 있는 그대로 빠짐없이 기입해야 한다.

다섯째, 실습일지 작성 시 개인의 창의력을 가능한 한 반영할 수 있도록 한다.

여섯째, 실습일지는 가능하면 한국사회복지사협회가 권장하는 양식을 사용한다. 그러나 일반적으로 학교에서 실습일지를 제공하는 경우가 많다.

일곱째, 실습일지는 클라이언트에 대한 사적 생활 등 실습일지에 기록하기에 적합하지 않는 내용은 기록에서 빼고, 필요한 경우 구두로 실습지도자에게 보고한다.

여덟째, 실습일지는 매일 기록하되, 필요한 경우 일주일 단위나 실습의 내용이 크게 바뀐 단위로 요약 정리하도록 한다.

아홉째, 실습일지 작성 시에는 다른 실습생이 기록한 실습일지나 다른 분야 전문가 양성과정에서 기록한 일지 등을 참고하여 사회복지실습을 한 수준 높일 수 있는 방법에 대해서 지속적으로 강구한다.

열째, 실습지도자로부터 지적받은 사항은 다음 실습과 실습일지 작성에 반영하여 항상 발전된 모습을 보인다.

실습일지 작성은 일반적으로 |그림 18-2|와 같이 실습의 하이브(hive)로 ① 일시, ② 오늘의 목표, ③ 오늘의 목표에 대한 평가, ④ 실습일정, ⑤ 실습내용, ⑥ 실습생 의견 및 자가학습, ⑦ 첨부자료, ⑧ 질의사항, ⑨ 실습지도자 의견 순으로 한다.

그림 18-2 실습의 하이브(hive)

4 실습일지 작성의 기본 원칙

실습일지를 작성하기 위한 기본 원칙은 다음과 같다.

1) 실습 후 매일 작성하라

현장실습일지는 매일의 시간대별로 모든 활동(예 직접수행, 관찰, 휴식시간, 교육 등)의 내용을 기록하는데 실습생은 각 활동내용뿐 아니라 활동에 대한 의견을 제시하고 실습일 전체 일정 및 자신의 수행에 대한 평가와 제언을 작성하는 방법을 키워야 한다. 또한 사회복지현장실습일지는 공식적인 실습지도 시간 전에 반드시 실습지도자에게 제출하며 일반적으로 실습일지는 실습 당일 아침까지 작성하도록 한다.

2) 사실대로 작성하라

실습일지는 가급적 쉽고 간결하게 한글로 작성하는 것이며, 필요에 따라 바른 뜻을 전달하기 위해 한자 및 외국어를 잘 조합하여 작성한다. 그리고 내용상 거짓이 없어야 한다. 이것은 사회복지사 윤리정신에 위배되기 때문이다. 또한 실습일지는 정해진 시간에 제출하여야 한다. 허위 또는 과장된 내용을 기록해서는 안 된다.

예 하루 종일 청소, 잔심부름 ← 내용만 잔뜩 기록
하루의 일과를 일부 삭제하는 경우 ← 내용 누락 기록
실습을 대충하고 일지를 작성하는 경우 ← 실습계약 위반

3) 구체적 · 객관적 · 논리적 · 긍정적으로 작성하라

대충적 예 현황만 제시하거나 문제점, 개선방안만 제시하는 경우 ← 서론, 본론, 결론 성립 불가

감정적 예 참 좋았다. 기분이 좋았다. ← 실습생 자신이 주인공이 되어 감성적 기록

부정적 예 시종일관 문제점만 지적 ← 가치관의 문제(고정관념, 편견, 아집 등), 즉 대안 없는 비판은 소모적일 수 있다.

주관적 예 노인시설에서 노인학대를 보니 우리나라 모든 노인복지시설에 문제가 있다. ← 일부를 전체로 확대 해석

4) 공문서 작성요령에 의거하여 기록하라

실습일지는 공문서이다. 따라서 전문용어를 사용하여 정확하게 구분하여 기록하여야 한다. 그리고 각종 기관의 고유명칭을 사용하고 약어를 사용하지 않도록 한다.

전문용어 예 상담자—피상담자(내담자), 슈퍼바이지—슈퍼바이저 등

고유명칭 예 한국사회복지협의회, 대구시사회복지협의회, 대구시노인종합복지관 등

약어 예 종합사회복지관 → 종합복지관, 한국사회복지사협회 → 사협회, 대구공업대학교 → 대공대, 클라이언트 → Ct, 사회복지사 → 복지사 등

5) 문어체로 작성하라

실습일지의 내용은 문어체로 작성하도록 한다.

문어체 예 실습이란 학교에서 배운 지식과 기술을 현장에서 접목시켜 응용하는 것이다.

존어체 예 실습이란 학교에서 배운 지식과 기술을 현장에서 접목시켜 응용하는 것입니다.

물음체 예 실습이란 학교에서 배운 지식과 기술을 현장에서 접목시켜 응용하는 것일까?

애매모호체 예 실습이란 학교에서 배운 지식과 기술을 현장에서 접목시켜 응용하는 것일까 싶다.

6) 개조식으로 작성하라

개조식은 서술식과 상반되는 방식으로 앞에 번호를 붙여 가며 짧게 끊어서 중요한 요점이나 단어를 나열하는 방식이다.

서술식 예 희망찬노인복지관의 사회복지현장실습 성공비결은 실습생에게 꼭 필요하고 현장에 적절한 사례로 실습을 지도하며, 훈남 슈퍼바이저인 홍길동의 지도로 만족도 높은 실습지도가 진행된다고 알려졌다.

개조식 예 1. 희망찬노인복지관의 사회복지현장실습 성공비결

가. 사회복지 현장에 꼭 필요한 실습지도

나. 훈남 슈퍼바이저 지도

즉, 완전한 문법적 구성을 이루지 않아야 하고 서술형 문장을 쓰지 않고 독립된 항목으로 기재한다. 그리고 형용사, 접속사, 조사 등을 자제하고 중요 단어 위주로 작성하며, 마무리도 명사형으로 처리한다.

7) 서론, 본론, 결론과 같은 개요가 한눈에 파악되도록 기록한다

예 1. → 가. → 1) → 가) → (1) → (가)

5 실습일지에 포함되어야 할 내용

실습일지에는 다음의 내용들이 들어가는 것이 일반적이다.

① 기관 실습지도 계획, ② 실습동의서(선택), ③ 학생 프로파일, ④ 실습계획서, ⑤ 실습기관 분석 보고서, ⑥ 매일 실습내용 기록, ⑦ 실습 중간 평가서, ⑧ 실습 종결 평가서, ⑨ 실습의 소감, ⑩ 이 외에 첨부되는 자료들로는 기관방문 보고서, 지역탐방 보고서 등이며 실습일지 부분에는 지도자, 부서장, 기관장의 확인도장 날인이 되었는지를 확인한다.

6 실습소감 및 일일평가

실습소감과 일일평가는 다음과 같다.

첫째, 당일 실습내용과 연관되는 실습기관의 정책이나 서비스의 양적 · 질적 수준, 프로그램의 내용, 보건 및 물리적 환경 수준, 급식 및 간식 등에 대해서도 주의 깊게 평가한다.

둘째, 실습 중 사회복지사로서의 윤리적인 딜레마를 경험한 경우는 상황을 기록하고 실습생의 의사결정이나 대처방안을 제시한다.

셋째, 실습 중 직면하게 된 문제점 혹은 불만사항을 지적할 경우에는 비심판적인 태도에 근거하여 기록한다.

넷째, 이용자를 관찰하고 사정하는 것도 중요하지만, 이용자에 대한 통찰력 있는 접근이나 의도적인 개입에 대해서도 명료하게 기록한다.

다섯째, 실습기관에서 받은 지도·감독내용을 기록한다. 지도·감독을 위한 준비, 지도·감독을 통한 새로운 지식과 기술 습득, 지도·감독을 실무에 어떻게 적용할 수 있는지 언급한다.

여섯째, 사실에 기초하여 기록하되 발전진행적으로 기록한다.

일곱째, 실습기관 실습지도자와 실습지도교수와의 실습일지 작성에 대한 지도 및 지시사항이 다를 수도 있으므로 실습기관에서 요구하는 사항을 우선적으로 존중하여 작성하여 제출한다.

7 실습일지 예시

실습일지 예시 1)

<table>
<tr><td colspan="3" rowspan="2">실습일지</td><td>실습지도자</td><td>관장</td></tr>
<tr><td></td><td></td></tr>
<tr><td colspan="2">2017년 2월 1일</td><td>출근시간</td><td colspan="2">08:30</td></tr>
<tr><td colspan="2">이 대 공</td><td>퇴근시간</td><td colspan="2">18:30</td></tr>
<tr><td rowspan="11">실습일정</td><td>08:50 ~ 09:00</td><td colspan="3">아침 조회</td></tr>
<tr><td>09:00 ~ 09:30</td><td colspan="3">조례</td></tr>
<tr><td>09:30 ~ 10:00</td><td colspan="3">가정방문 사전교육</td></tr>
<tr><td>10:00 ~ 11:30</td><td colspan="3">가정방문</td></tr>
<tr><td>11:30 ~ 12:30</td><td colspan="3">가정방문 회의</td></tr>
<tr><td>12:30 ~ 13:30</td><td colspan="3">점심시간</td></tr>
<tr><td>13:30 ~ 15:00</td><td colspan="3">사회복지시설정보시스템 교육, 일지 작성</td></tr>
<tr><td>15:00 ~ 16:00</td><td colspan="3">사업관리팀 사업 소개</td></tr>
<tr><td>16:00 ~ 16:30</td><td colspan="3">밑반찬서비스 만족도 조사 및 재사정 교육</td></tr>
<tr><td>16:30 ~ 17:30</td><td colspan="3">밑반찬서비스 만족도 조사 전화방문 약속</td></tr>
<tr><td>17:30 ~ 18:00</td><td colspan="3">이○주 과장님 종례</td></tr>
<tr><td>과 제</td><td colspan="4"></td></tr>
</table>

실습지도자 및 기관장 의견	

일일실습 세부내용

일 정	실습내용
08:50 ~ 09:00 아침 조회	조회시간에는 오늘 진행되는 ~~ 행사 및 업무의 브리핑이 있었다. ~~~
09:00 ~ 09:30 조례	오늘 하루의 일정은 오전에는 가정방문을 하는 것이고~~ 오후에는 사례관리팀 사업에 대한 교육과 방문했던 가정에 대한 ~~ 자세한 설명을 해주셨다.
09:30 ~ 10:00 가정방문 사전교육	오전에 방문하게 될 장애인 가정에 대한 교육을 받게 되었다. 가정을 방문하였을 때 많은 경계를 ~~ 자주 찾아뵙지 못하였다고 ~~~
10:00 ~ 11:30 가정방문	김○○ 선생님과 이○○ 선생님, 그리고 본 실습생은 어르신의 상황 및 욕구 파악을 ~ 라포형성을 하고 다녀온 뒤에는 ~주셨다.
11:30 ~ 12:30 가정방문 회의	○○복지관에 돌아와 우리가 방문하였던 가정에 대해 의견을 교환했다. ~~
12:30 ~ 13:30 점심시간	기관방문 후 점심식사를 하였다.
13:30 ~ 15:00 사회복지시설정보시스템 교육, 일지 작성	가정방문 후 상담일지를 작성하였다. ~ 프로그램에 기록을 남긴다. 처음 배우는 것이기 때문에 상담일지를 작성하면서 헤매기도 했지만 팀장님과 ~ 도와주셔서 무사히 마칠 수 있었다.
15:00 ~ 16:00 사업관리팀 사업 소개	○○복지관의 여러 팀들의 사업소개 교육을 받고 마지막으로 ~ 사회복지사로서 성장해 나가야 한다는 것으로 교육을 마치게 되었다.
16:00 ~ 16:30 밑반찬서비스 만족도 조사 및 재사정 교육	밑반찬서비스는 매주 월요일에 대상자에게 밑반찬을 제공하는 것이다. 대상자 상황을 알아내어 내년에도 서비스를 ~만족도 조사와 재사정을 진행해야 하는 것이므로 ~ 매우 바쁜 시간이 될 것이다.

<table>
<tr><td>16:30 ~ 17:30
밑반찬서비스 만족도 조사 전화방문 약속</td><td>매일 2명의 클라이언트를 방문상담하고 월요일에 4명의 클라이언트를 방문상담하기 위해 전화로 약속을 하였다.</td></tr>
<tr><td>17:30 ~ 18:00
이○주 과장님 종례</td><td>오늘 하루의 일에 대하여 정리하고 사례관리팀의 사업과 밑반찬서비스 만족도 조사 교육, 가정방문에 대해 ~ 시간을 가졌다.</td></tr>
<tr><td colspan="2">소감 및 평가</td></tr>
<tr><td colspan="2">실습을 하며 클라이언트와 직접 만나 상담을 하는 것은 꼭 해보고 싶다. 하지만 막상 ~ 앞섰다. 아직 전문성을 가지지 못한 상태에서 ~ 본의 아니게 그들에게 ~ 클라이언트의 정확한 욕구와 개선할 점이 무엇인지 파악할 수 ~ 연습해 보아야겠다.</td></tr>
</table>

○○○종합사회복지관

실습일지 예시 2)

<table>
<tr><td>일 시</td><td>2017년 1월 2일</td><td>실습회차</td><td>5회차</td></tr>
<tr><td>실습생</td><td>이○○</td><td>실습지도자</td><td>사회복지사 ○○○</td></tr>
<tr><td>목 표</td><td colspan="3">1. study를 통한 전문지식 향상
2. 프로그램 진행을 통한 진행자로서의 역량 강화
3. 팀별 활동모임을 통한 회원과 친밀감 형성, 조력자의 역할 수행</td></tr>
<tr><td rowspan="8">실습일정</td><td>09:00 ~ 10:00</td><td colspan="2">study – 조울증</td></tr>
<tr><td>10:00 ~ 10:40</td><td colspan="2">아침모임</td></tr>
<tr><td>10:40 ~ 12:00</td><td colspan="2">프로그램 : 워드 1</td></tr>
<tr><td>12:00 ~ 13:00</td><td colspan="2">점심시간</td></tr>
<tr><td>13:00 ~ 15:00</td><td colspan="2">팀별 활동모임</td></tr>
<tr><td>15:00 ~ 16:00</td><td colspan="2">프로그램 : 폼아트</td></tr>
<tr><td>16:30 ~ 18:00</td><td colspan="2">study – 해결중심모델 토론</td></tr>
<tr><td>18:00 ~</td><td colspan="2">feedback</td></tr>
</table>

평 가	**study – 조울증** * 기분장애의 전반적인 이해 * 조울증의 사례를 통한 정보 습득 **아침모임** * 회원 간 하루일정 공유 * 공지사항 알림 **프로그램 : 워드 1** * 실기 대비 프로그램 진행 **팀별 활동모임** * 실기 대비 모의고사 진행 **프로그램 : 폼아트** * 합동작품 통하여 ○○○ 꾸미기 **study – 해결중심모델 토론** * 토론을 통한 다양한 의견 교류 * 사례를 통해 다양한 정보 습득 **feedback** * 직원 선생님과 수련 선생님들로부터의 feedback
코멘트 및 문제 제기	**study – 조울증** 정신보건 분야에서 기분장애는 ~~~ **프로그램 : 워드 1** 실기를 대비해서 첫 프로그램을 ~~~ **팀별 활동모임** 팀별 활동모임 시간에도 회원들의 자격증에 ~~~ **프로그램 : 폼아트** 합동작품을 만드는 것이 좋았다. **study – 해결중심모델 토론** 토론을 통해서 나의 생각이 조금씩 정리되고 성장해 나간다는 것에 기분이 좋았다. **feedback** 무엇인가 하나를 배운다는 것이 ~

○○○종합사회복지관

제19장 사회복지 프로그램 기획 및 프로포절 작성법[1)]

우리나라 사회 전반에서의 복지자원이 제한적인 상황에서 사회복지기관들의 사업 운영의 효율성 및 효과성 제고는 역사적 추세가 되고 있는 실정이다. 이에 따라 사회복지기관들의 사업 운영이 체계적이고 합리적인 기획 및 실행과정을 토대로 이루어지도록 요청되고 있다. 사회복지 시설이나 기관의 입장에서도, 정부에서도 정부 지원 및 후원금 마련만으로는 기관 운영의 활성화를 기하기에는 한계가 있기에 공공 및 민간 지원기관들로부터 사업운영에 필요한 재원을 획득함이 절대적으로 요청되고 있는 실정이다. 이에 사회복지 시설이나 기관에서 사업자금을 마련하여 양질의 사회복지서비스를 제공함으로써 클라이언트의 삶의 질을 높이는 것은 사회복지사는 물론 시설 운영자의 가장 중요한 복지활동 중의 하나이다. 사업자금을 마련하기 위하여 정부, 기업재단, 민간재단 및 사회복지공동모금회 등에 프로그램 프로포절을 작성하여 자금 신청을 한다는 것은 복지기관들 간의 경쟁의 하나이다. 따라서 올바른 프로그램 기획은 사업자금 확보에 필수적이다. 사회복지공동모금회에 프로포절을 제출하여 지원(배분)받지 못한 프로포절의 일반적인 문제점(정진모, 2006)을 살펴보면, 신청자가 제기한 문제가 별로 심각하지 않다(44%), 신청금액의 쓰임새가 불명확하다(42%), 문제의 성격이 명료하지 않다(33%), 문제제기 방식이 부적절하다(31%), 문제에 대한 증거서류가 부적절하다(28%), 문제의 범위에 대처방법이 적합하지 않다(28%), 불명료한 평가계획(27%), 목표가 명확하지 않다(21%), 추진 일정표가 불합리하다(20%), 문제와 관련하여 기관의 실적 부재(20%), 그리고 지역사회가 배제된 기획과정(16%) 등이 있어 적절한 프로포절 방법에 대한 올바른 이해가 필요하다. 최근 정부의 복지행정의 변화추세 및 복지기관들의 환경 변화 등으로 인해, 사회복지기관들에 있어 프로포절 신청 사업은 그 비중이 높아지고 있는 추세이며, 이와 더불어 사회복지사뿐만 아니라 사회복지기관의 종사자들에게 있어서도 프로포절 작성능력은 전문성을 가늠하는 요소로 자리매김하는 추세에 있다.

---

1) 위 내용은 이종복 외(2013). 사회복지시설경영론 제5장 참고하여 재인용 및 재구성.

| 제1절 | 프로포절 작성

1 프로포절의 개념과 특성

프로포절은 기금 제공자 및 후원자에게 혹은 학계에 상정된 프로젝트가 주목할 만한 것임을, 또한 관련 지원을 해주기에 타당한 것임을 설득하기 위해 작성된 서류를 말한다. 프로포절은 기획안의 성격을 지닌 문서, 곧 프로젝트 실행과 관련된 활동과 노력의 경주에 토대가 되는 기획안으로, 진행되는 과정들이 연속적인 단계들로 구성되어 상세하게 담겨야 할 뿐 아니라, 실행에 투여되어야 할 시간과 자원들이 구체적으로 담겨, 프로젝트의 실행에의 지침이 되도록 작성되어야 하는 계획서를 말한다. 이와 같은 측면에 비추어 본다면, 프로포절에서 주요하게 고려되어야 하는 특성은 창의성, 수행 가능성(feasibility)과 명료한 논리성(direction of thought)이라 할 수 있다. 창의성은 기존에 실행되고 있는 사업아이템들은 주목되지 않으며 새로운 발상에 의거한 사업아이템의 개발이 요청되는 것이다. 수행 가능성은 프로젝트 계획이 현실적으로 수행하기 곤란하다면, 타당성 있는 사업계획안으로 인정받기 어렵다는 것이다. 명료한 논리성은 인과관계가 명료하지 못한 실행방법들로 구성된 사업계획안 역시 타당한 계획으로 인정되기 어렵다는 것이다. 또한 원인 진단에 맞게 해법 모색이 이루어져야 하나, 원인 진단과 관련 해법들이 별개로 취급될 경우에는 타당한 사업계획안으로 인정되기 어렵다.

2 프로포절 작성원칙

사회복지 기관이나 시설들에 대한 사회복지공동모금회, 기업복지재단, 민간기금, 정부 등에서 프로그램 공모를 통해 기금을 지원하는 사례가 늘어나면서 프로포절 작성에 대한 관심이 높아지고 있다.

프로포절은 사회복지사가 프로그램을 개발하고 기획한 실체로서 실제 사업을 실행하는 데 지침으로서 활용될 뿐만 아니라 대내외적으로 인정받기 위한 근거자료가 된다. 여기서 내부적인 인증이란 기관장 또는 이사회나 사회복지공동모금회나 자원조달기관인 여러 기업재단들과 같은 후원자들로부터 사업에 대한 승인과 예산, 인력 등의 자원을 제공받는 것을 확정짓는 것이다. 대외적인 인증은 정부로부터 사업비를 교부받을 때 근거로 활용되거나, 사회복지공동모금회나 정부 각 부처에서 수행하는 각종 공모사업의 신청서로도 활용될 수 있다(우수명, 2004).

프로포절의 작성원칙은 아웃라인과 프로포절 가이드 라인을 활용하여 작성함이 바람직하며, 기존 프로포절들을 참조하는 것이 도움이 된다. 프로포절 작성 시 프로포절안은 프로젝트가 수행할 만한 가치가 있음을 전달하기 위한 장치라는 점을 명심할 필요가 있다. 따라서 프로포절 작성자는 여기에서 무엇을 의도하는지 분명하게 전달될 수 있도록 해야 할 것이다. 즉, 사업의 목적(why), 사업의 내용(what), 사업수행 방법과 절차(how) 등이 명료하게 나타나도록 하여야 한다. 프로젝트를 수행할 수 있는 실행능력은 기존 연구, 사업동향에 대한 충분한 이해가 이루어졌음에 대한 전달을 통해 보일 수 있다. 그리고 관련영역에서 작은 사업아이템들로부터 시작하는 것이 필요하며 능력 이상의 부분들을 계획하는 것은 금물이다.

프로포절은 정확한 용어들을 활용하여, 프로포절 작성자의 아이디어들이 분명하게 그려질 수 있도록 작성되어야 하며, 통상적인 실무 용어들은 피하는 것이 바람직하다. 그리고 프로포절은 전문가뿐 아니라 일반 사람들에게도 명료하게 이해될 수 있도록 작성함이 요청된다.

프로포절 작성과 관련하여 짤막한 개요들을 마련하고, 관련영역 전문가들, 특히 보조금을 성공적으로 받아본 경험이 있는 전문가를 활용하여, 계획을 심화시키는 것이 필요하다(특히 초보자일 경우는 더욱 요청되는 부분임)(그림 19-1).

그림 19-1 프로포절을 어떻게 할 것인가

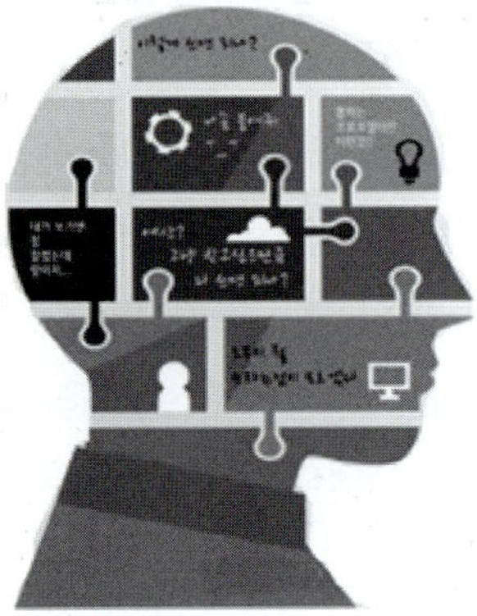

출처 : freepik.com

★ 이렇게 쓰면 되나?

★ 나 좀 붙여줘…

★ 뽑히는 프로포절이란 이런 것!!

★ 내가 보기엔 참 잘 썼는데 말이지…

★ 예산? 그냥 받고 싶은 만큼 다 쓰면 되나?

★ 도무지 뭘 쓰라는 건지 모르겠다.

프로포절은 어떻게 작성하는가에 따라서 프로그램의 예산 확보에 크게 영향을 미치며, 추후 프로그램의 평가에도 근거자료로서 활용된다. 사회복지기관의 입장에서 프로포절 제출의 일차적인 목적은 사업 수행에 필요한 재원을 확보하는 것이다. 따라서 호소력 있게 작성된 프로포절은 기관의 프로그램 활성화를 위한 재원 마련에 커다란 도움을 준다. 실제로 미국의 경우 민간 사회복지시설 총예산의 30% 가량이 제출한 프로포절의 승인을 통해 얻고 있다. 우리나라의 경우도 프로그램 공모방식이 확대되면서 많은 사회복지 시설이나 기관들이 프로포절을 통해 재원을 확보하는 비율이 높아지고 있다.

기금주가 프로포절을 심사할 때 고려하는 사항으로는 문제의 심각성, 프로그램의 참신성과 효과성, 프로그램 운영의 비용효율성, 기관의 능력과 직원들의 전문성 등이 있다. 또한 프로포절에는 기본적으로 사회복지의 가치가 반영되어 있어야 하며, 실현 가능성, 기관의 준비성, 기록의 신뢰성 등을 제시할 수 있어야 한다. 일반적으로 프로포절은 표지, 문제 분석, 대상자 선정, 목표 설정, 활동내용, 예산, 평가계획 등으로 구성된다. 이러한 내용들을 어떻게 제시하는가에 따라 프로포절 심사에 상당한 영향을 미치기 때문에 대부분의 시설에서는 직원들에게 프로포절 작성 요령에 대한 지식과 기술을 갖출 것을 요구한다(정무성, 2005).

3 프로포절 표지

프로포절의 표지는 대개 정해진 양식이 제공되는데, 대부분 사업개요로서 전형적인 한 장의 기획서(one paper)이다. 사업결정자들은 표지 한 장에 함축된 사업개요를 보고 프로그램의 중요성과 지원 여부를 결정하게 되며, 이는 프로그램의 확정에 매우 중요한 역할을 한다.

프로포절의 표지로서 가장 강력하고 간결한 한 장짜리 기획안의 중요성을 강조한 라일리(Riley, 2002)는 **'매우 바쁜 하루를 보내는 정책결정자 입장에서 두툼한 기획서나 계획안이 올라오면 과연 꼼꼼히 살펴보겠는가?'**라는 의문을 제기하였다. 한 장의 기획서는 프로그램에 대한 기획자 스스로의 이해도가 갖추어질 때 가능하며 목표를 명확하게 해야만 가능하다. 이는 곧 가장 중요한 핵심에 집중하게 함과 동시에 함정을 찾아내고, 판단력을 높여줄 뿐만 아니라 아이디어를 완벽하게 만드는 기능을 한다(우수명, 2004).

프로포절 표지는 크게 기관에 관한 부분과 프로그램에 관한 부분으로 구성되어 있다. 기관에 관한 부분은 법인의 특성, 연혁, 조직표 등으로 구성된다. 이는 이미 정해져 있는 내용이기 때문에 프로포절 작성자들이 소홀히 하기 쉬운 부분인데, 경쟁력 있는 프로포절은 남들이 소홀히 하는 부분에서도 차별화된 무엇인가를 제시할 수 있어야 한다. 여기서는 특히 연혁에 주목해야 한다. 연혁을 작성할 때 신청하는 프로그램과 관련된 실적을 강조해서 제시할 필요가 있다.

프로포절 표지에서 프로그램에 관한 사항은 프로포절 전체의 내용을 함축적으로 담고 있는 매우 중요한 부분이다. 이 부분을 통해 프로포절의 핵심적인 메시지를 전달할 수 있어야 한다. 특히 사업명의 중요성은 아무리 강조해도 지나치지 않는다. 사업명에는 프로그램의 대상, 목적, 방법이 제시되어야 한다. 대상에는 그동안 사회복지서비스의 사각지대에 있었던 사람들이 포함될 필요가 있고, 목적을 통해서는 서비스의 필요성이 강조되어야 하며, 방법에는 프로그램의 적절성과 전문성이 제시되어야 한다. 실제로 많은 심사위원들이 사업명을 통해 전체 프로포절에 대한 감을 잡는 만큼, 작성자들은 사업명을 어떻게 제시할 것인가를 심사숙고해야 한다. 따라서 사업명은 사업의 정당성과 의미 그리고 그 효과성이나 의도가 충분하게 반영되도록 한두 줄로 집약하며, 이와 동시에 설득할 수 있는 쉬우면서도 의미 있는 형태로 구성해야 한다. 제목은 희망적이며, 시대적 이슈를 반영하는 톡톡 튀는 아이디어들로부터 나올 때 정책결정자는 관심을 더 갖게 된다. 또한 표지에는 대개 프로포절에 대한 전체 요약 부분이 들어가 있다. 여기서는 문제의 심각성, 프로그램의 필요성 및 기대효과에 대한 내용을 함축적으로 제시하여야 한다.

4 문제 분석

사회복지 프로그램은 사회문제로부터 출발한다. 문제가 심각할수록 프로그램 지원의 당위성이 높아지는 것이다. 따라서 프로포절 작성자들은 사회현상을 사회문제로 파악할 수 있는 통찰력을 지녀야 한다. 현상을 문제로 제시하기 위해서는 기준이 있어야 하며, 이를 위해서는 기존에 검증된 이론을 활용하여 사회문제의 심각성을 거론하고, 보다 체계적인 욕구조사와 사회적으로 인정된 통계치, 경험적 연구를 통한 객관화된 자료들을 활용해야 한다. 즉, 문제 분석에서는 인간의 이상적인 삶의 질에 기준하여 대상자들의 문제가 얼마나 심각한지를 객관적인 자료와 함께 제시하여야 하며, 이는 논리적으로 전개되어야 한다. 또한 대상자들이 다른 지역 혹은 다른 집단에 비해 상대적으로 얼마나 박탈되어 있는지를 제시할 수 있다면, 제출하는 프로포절의 지원 필요성은 더욱 높아지게 된다.

문제의 원인과 실태는 제대로 파악되어야만 다음 단계인 프로그램의 목표와 대상이 구체화될 수 있다. 문제 분석과 함께 제시할 수 있는 것은 프로그램의 효과성과 관련된 내용이다. 이 프로포절이 지원되었을 때 대상자와 지역사회에 어떠한 변화가 일어날 것이고, 그것의 사회적 비용효과는 얼마나 될 것인지를 제시하는 것이 바람직하다.

5 대상자 선정

대상자 선정은 프로그램 실시의 근거가 될 수 있는 문제가 규명되면, 문제의 규모를 정확하게 보여주기 위한 것이다. 프로그램의 대상은 일반대상(general population)으로부터 위기대상(at-risk population), 표적대상(target population), 클라이언트의 순으로 좁혀가는 위계적인 특성을 가진다. 이러한 대상을 좁혀나가는 형태는 대상을 구체화하는 데 있어 이론적 기반을 탄탄히 하는 것이 대외적 명분을 강력하게 세우는 데 매우 효과적인데, 이는 사회복지사가 프로그램에 필요한 대상의 범위를 정확하게 알고 있음을 확인시켜 준다.

일반적으로 대상집단이 속한 모집단은 시설이 서비스를 제공하는 행정 관할구역 내의 일반 사람들을 포함한다. 이는 모집단과 유사한 개념으로 인구주택센서스나 각 관할지역의 사이트에 들어가 통계연보를 통하여 해당 집단의 규모를 제시해 줄 수 있다. 반면에 위기대상은 일반집단 중에서 문제에 노출되었거나 문제를 겪은 경험이 있는 사람들 혹은 어떤 욕구를 가지고 있거나 이러한 욕구가 잠재된 사람들로 구성된다.

위기집단은 대부분 국민기초생활보장 수급권자나 장애인 수, 혹은 노인 수처럼 보건복지통계연보 등 각종 자료에 정확하게 포함된 경우가 있지만 노숙인 등, 결식아동, 가출청소년 등과 같이 비공식자료 혹은 불분명한 자료로 인하여 추정해야 하는 경우도 있다. 추정을 통하여 위기집단을 선정한 경우에는 추정방식을 구체적으로 제시해 주는 것이 좋다(우수명, 2004).

표적대상은 프로그램 제공을 통해 문제해결의 대상으로 삼는 인구집단을 의미한다. 즉, 시설에서 반드시 서비스를 제공해 주어야 하는 대상이거나, 프로그램을 실시할 경우 직접적으로 프로그램에 참여할 자격을 가진 대상이다. 위기집단으로부터 표적집단을 추출할 때는 기준을 정하여 문제의 심각성이 높은 집단을 선정하되, 기관이 접근할 수 있는 지리적 경계 내에 있는 사람들로 한정하여야 한다.

표 19-1 사업명 : 따돌림 당하는 장애학생을 위한 사회통합 증진 프로그램(예시)

대상구분	대상자 산출 근거	인원수(%)
일반대상	경기도 내 중학교 특수학급에 재학 중인 학생	177학급 1,100명
위기대상	특수학급에 재학 중인 학생 중 따돌림을 경험한 학생	330명 (일반집단의 30%)
표적대상	따돌림을 경험한 학생 중 내성적인 성격이 강한 학생	110명 (위기집단의 30%)
클라이언트 수	표적집단 중 프로그램에 참여하기로 동의한 학생	20명

출처 : 2005년 교육부 통계 및 경기도 교육청 자료.

6 사업의 목적 및 목표 설정

프로포절 프로그램의 대상이 명료화된 후 다음 단계는 목표를 설정하는 과제가 남아 있다. 여기에서는 주로 목적, 목표, 세부목표로 구성된다. 목적(purpose)이란 프로그램을 통해 궁극적으로 달성하고자 하는 포괄적이고 추상적인 지향점이다. 사업의 목적은 무엇을 위해 이 사업을 수행해야 하는가를 3~4줄 정도로 제시한다. 목표(goal)는 목적을 보다 구체화하여 방향성을 제시하는 것이지만 여전히 추상적인 용어로 표현된다.

프로포절에서 가장 중요한 것은 세부목표(objectives)이다. 세부목표는 프로그램을 통해 달성하고자 하는 구체적인 목표로 효과성 평가의 기준이 되며, 실현되어야 할 내용과 구체적인 방법, 달성될 계량화된 목표수치 등을 포함해야 한다. 프로그램의 성공 여부는 결국 세부목표의 달성 여부와 관련이 있다. 따라서 세부목표는 실현 가능하도록 구체적이고 현실적인 언어로 표현되어야 하며, 또한 프로그램 시행 후 목표 달성 여부를 평가할 수 있도록 측정 가능한 언어로 표현되어야 한다.

7 활동내용

프로그램의 활동내용은 프로그램의 구조, 담당인력, 일정표 등으로 구성된다. 프로그램의 구조는 설정된 목표를 달성하기 위한 프로그램의 수행방법을 설명한 것이다. 따라서 세부목표를 중심으로 프로그램의 내용과 수행을 위한 방법 및 매개물, 스태프와 클라이언트의 역할을 구체적으로 명시하면 된다. 〈표 19-2〉와 같이 프로그램의 담당인력은 슈퍼바이저, 스태프, 자원봉사자 등을 모두 포함시키되, 실명으로 기재하는 것이 원칙이다. 특히 담당인력의 경력이나 학력은 프로그램의 수행능력을 평가하는 매우 중요한 기준이기 때문에 구체적으로 명시할 필요가 있다. 일정표는 프로그램의 내용과 수행방법을 진행일정에 따라 재구성한 것으로, 프로그램의 기간, 간격, 소요시간 등을 포함한다.

표 19-2 신청사업의 담당인력 구성 예

이 름	담당부서 및 직위	경 력	담당역할	할당시간
홍길동	○○대학교 교수	교수 10년	슈퍼비전	주당 2시간
심사임당	재가복지 팀장	사회복지 5년	상담 및 재가복지	주당 10시간
○○○				
○○○				
김철수	○○기업부장	기업 15년	자원봉사	주당 10시간

8 예산 수립

프로그램을 운영하는 데 드는 비용은 예산으로 표현된다. **프로젝트 실행은 시간과 비용의 투여를 통해 이루어지게 된다. 따라서 프로포절 안에는 반드시 항목별 예상비용이 체계적으로 구조화된 예산안이 포함되어야 한다**(본인이 비용을 충당하여 수행하는 프로젝트에도 소요시간과 예산이 작성되는 점에 비추어 보면, 프로포절 안에 예산안이 첨부되는 것은 매우 당연한 부분이다). 예산계획은 신청 프로그램의 총예산을 인건비, 관리비, 기자재 및 집기 구입비, 수용비, 사업비 등의 항목으로 나누어 각 항목의 산출근거를 구체적으로 제시한 것이다. 원칙적으로 프로그램 예산은 직접 경비와 간접 경비를 구분해서 제시해야 한다.

직접 경비는 신청 프로그램을 위해서만 직접 현금으로 새롭게 지출되는 경비를 의미하며, 간접 경비는 기관의 기존 시설이나 인원 중 신청 프로그램에 활용될 부분의 비용을 의미한다. 기존 인력 및 시설을 활용하는 경우는 이들이 신청 프로그램에 할당되는 비율을 근거로 간접 경비를 계산한다. 대부분의 기금들은 직접 경비만을 지원하는 것을 원칙으로 하고 있으나 공동모금회의 경우는 신청금액의 20%까지 인건비를 신청할 수 있도록 하고 있어, 간접 경비 중 인건비의 일부를 지원받는 것이 가능하다. 나머지 간접 경비는 자부담으로 처리하면 된다. 그러나 자부담을 높이 책정할 경우 프로그램의 총경비가 늘어나 효율성 평가에서 불이익을 받을 수 있음을 유의해야 한다.

9 평가계획

프로포절의 마지막 부분은 평가계획이다. 과정평가 계획은 프로그램 일정표에 설정된 진행과업의 시기별 공정표를 작성하는 것으로 대신할 수 있고, 성과평가 계획에는 평가지표, 측정도구, 평가방법 등이 구체적으로 제시되어야 한다. 전문적인 프로그램에 대한 지원을 하는 기금일수록 보다 구체적인 평가계획안을 요구한다.

결론적으로 프로포절은 경쟁이다. 따라서 프로포절을 통해 기관에서 제안하는 프로그램이 문제해결을 위한 최선의 대안임을 증명할 수 있어야 한다. 이를 위해 프로그램 참여예정자 혹은 지역사회 주민들의 추천서를 첨부하는 것도 도움이 될 수 있다.

| 제2절 | The One Page Proposal 작성방법

사람에게 첫인상이 중요하듯, 사회복지 기관이 재단이나 개인에게 재정적인 지원을 받기 위해서는 한쪽의 프로포절(the one page proposal)를 통해 참신하고 결정적인 자료를 포함할 수 있어야 한다. 기획서는 자신이 지원을 받고자 하는 대상자로부터 특정한 프로그램에 대한 실행과정을 수행하도록 인적 · 물적 자원을 제공받기 위해 작성하는 것이다.

한쪽의 기획서는 단지 사업표지를 통한 요약이 아니라 그것을 읽는 사람이 결정을 내리는 데 필요한 모든 정보를 전달하고 강력한 설득력을 지닐 수 있다. 사회복지조직은 제공하는 프로그램의 기획서를 통해 프로그램에 대한 정보제공뿐만 아니라 사회복지조직이 가진 비전, 지식, 열정을 제시해 줌으로써 꼭 사업지원을 받아야 한다. 다음은 이러한 한 장의 기획서를 쓰는 절차를 중심으로 설명되어 있다. 철저한 정보수집부터, 제안서의 작성 및 절차를 간단하게 제시하였다(정무성, 2005; Riley, 2002).

1 자료수집(Research)

자료수집은 침착하게 자료를 수집하여 지식을 확립해야 한다. 이를 위해서는 충분한 정보 및 지식의 확보와 제안서의 목표와 주제에 대해 완벽하게 이해하고 있어야 한다. 따라서 다음을 염두에 두어야 한다.

1) 자료수집 시에는 제안서와 관련한 원자료(raw-data) 확보 후 목록으로 작성해야 한다. 여기서 추측이나 가설은 배제해야 한다.
2) 자료수집 시에는 알지 못하는 사항에 관한 리스트(list) 작성이 필요하다.
3) 자료수집 시에는 예상 질문에 대한 목록도 작성해야 한다.
4) 자료수집 시에는 제안서 제출 대상을 확립한 후에 상대에 따른 목표 수립이 필요하다.
5) 자료수집 시에는 다른 기관의 경쟁자, 이해관계자들 그리고 상반된 계획 등에 대한 대처방안을 마련해야 한다.

2 전체적인 윤곽 설정(Frame Work)

전체적 윤곽 설정은 〈표 19-3〉과 같이 각 항목에 대해 로드맵을 설정해야 한다.

표 19-3 전체적인 틀

로드맵		작성방법	작성목적
전체 규명 한계 설정	제목	대문자, 한 줄 집약	기획서의 내용 반영
	부제	작은 글씨, 세부적인 간결문	흥미의 유발, 제목 보강
궁극적 목적 설정	목표	하나의 문장, 명백한 언어 사용	기획서 주요 목표 진술
	2차 목표	상세한 목표 나열, 장점 부각	목표 보강, 동의 유도
이유 제시	논리적 근거	2~3개의 짧은 문단, 논리적 이유 제시, 예상 질문에 대한 답변	설득, 목표 지원
금전적 명시	재정	예상 비용 및 수익에 대한 명시	양/ 질적인 금전적 설명
현상 파악	현재 상태	현상 파악 후 답변, upgrade 매우 중요	현재 상황의 설명
요구사항	실행	세부 실행사항의 제시	제안자의 행동 제시
마무리	날짜와 서명	이대공 06/20/2017	공식 문서화

3 한쪽의 기획서로 변환하기

한쪽의 기획서로 변환하기는 수집한 정보를 바탕으로 로드맵에 적용하여 제안서로 변환하는 것이다. 수집한 정보와 생각을 정리하여 분류하는데 이는 로드맵에 의거하여 항목별로 분류하고 각 부분의 정의와 목표에 대한 새로운 지식을 항상 의식하여야 한다. 이는 축소, 우선순위 정하기, 종이에 쓰기 시작으로 정리된다.

1) 축 소

축소는 한 번에 한 항목에 집중하여 중요 사항이 아닌 자료는 제거하고 이를 반복한다.

2) 우선순위 정하기

우선순위 정하기는 중요도 및 논리적 근거에 따라 파일로 분류한다.

3) 종이에 쓰기 시작(변환의 시점)

제목 및 부제는 특별한 경우이므로 생략한다. 목표파일을 만든다. 목표파일은 ① 중요 정보를 종이에 한 문장씩 목록화, ② 목록의 검토(중요 정보 내포, 논리적 사고과정, 결론과 이해의 정확한 반영), ③ 문장을 연결하여 명확한 문단화를 한다.

4 The One Page Proposal 작성단계

the one page proposal 작성단계는 다음과 같다.

1) 변환한 정보를 바탕으로 제안서를 작성한다.
2) 제목 : 한 줄 작성 및 구별되는 글자를 사용한다.
3) 부제 : 단어의 선택과 표현력이 중요하다.
4) 목표 : "~하기 위한 것"으로 끝맺음을 한다.
5) 2차 목표 : 부가적 5~6개 목표를 상세히 설명, 튀는 문장 및 정확한 내용으로 표현한다.
6) 논리적 근거 : 육하원칙에 의거한 설득적인 2~3개 문단으로 한다.

7) 재정 : 사실에 입각하여 정확히 작성한다.
8) 현재 상태 : 사업의 전반적 그림 및 열정을 내포한 현상을 명시한다.
9) 실행 : 실행 가능한 요구사항의 정확한 표현을 한다.
10) 날짜와 서명 : 공식문서일 경우, 반드시 날짜와 서명을 포함하여야 한다.

5 마무리 단계

마무리 단계는 초고의 교정, 축소 및 압축, 작성된 초고를 깔끔하게 다듬어 마무리하는 과정이다. 문장의 길이에 대해서는 ① 흥미롭지만 불필요한 사실들은 삭제하고, ② 과다한 정보도 삭제해야 하며, ③ 일상적인 사항은 삭제하고 독특하고 특별한 사항들을 포함한다. 문체는 ① 동일한 단어 및 동의어의 반복을 회피하고, ② 형용사, 부사 및 수식어를 삭제하며, ③ 지나치게 세부적인 사항들은 회피함과 동시에, ④ 동의어의 반복을 회피해야 한다.

1) 단어의 선택

(1) 3인칭으로 사용한다.
(2) 긍정적인 단어로 긍정적인 자세를 표출한다.
(3) 과대광고는 배제한다.
(4) 맞춤법과 철자법에 유의한다.
(5) 구두점, 약자, 축약형의 정확한 표현을 한다.
(6) 학습을 통한 문장력의 극대화를 꾀한다.

2) 보편적인 내용

(1) 평균 수준 이상의 인용문 및 이미지는 배제한다.
(2) 유행에 집착하지 않도록 한다.

The One Page Proposal 사례 : ○○○○년 밑반찬 서비스 계획(안)

1. 목 적

지역사회 보호를 지향하는 ○○종합사회복지관 재가복지봉사센터에서는 거동불편이나 경제적 어려움으로 충분한 반찬거리를 준비하기 어려운 어르신들을 대상으로 매주 2회, 매회 3찬의 밑반찬을 제공하고자 한다. 이는 규칙적인 밑반찬을 제공받음으로써 건강한 식생활이 되는 데 도움이 되고, 밑반찬 배달을 하는 자원봉사자들은 말벗 도우미 역할을 수행함으로써 어르신들의 외로움과 사회적 단절감을 해소하는 데 도움이 되고자 함이다.

2. 목 표

목표 1) 저소득 노인의 규칙적인 식생활이 이루어지도록 한다.
목표 2) 저소득 노인의 외로움과 사회적 단절감을 해소한다.

3. 대 상

사례관리대상 저소득 노인으로 ○○○○년 1년간 실인원 50명, 연인원 5,200명에게 주 2회 제공

4. 세부 프로그램(목표별 프로그램)

프로그램 1-1. 매주 2회, 매회 3찬의 밑반찬 제공
프로그램 1-2. 연 2회 명절 특식 제공
프로그램 1-3. 월 2회 후원 특식 제공
프로그램 1-4. 배달자원봉사자를 통한 규칙적인 식생활 점검 및 도움 제공
프로그램 2-1. 매회 배달봉사자를 통한 30분 이상의 말벗서비스 제공
프로그램 2-2. 월 1회 이상 노인잔치 및 야외나들이 등 복지관 정보의 제공
프로그램 2-3. 분기 1회 이상 사회복지사의 방문을 통한 지속적인 사례관리 실시

5. 프로그램 진행 일정

1. 메뉴 선정(매월 말일 5일 전)
2. 밑반찬 재료 주문(매주 월 · 목/ 오후 1시)
3. 자원봉사자 확인 전화(매주 월 · 목)
4. 밑반찬 만들기(매주 화 · 금/ 오후 2~4시)
5. 밑반찬 배달(매주 화 · 금/ 오후 4시)
6. 밑반찬 종결(매주 화 · 금/ 오후 6시)
7. 밑반찬 전산입력(매주 토)

6. 업무담당

1. 이정호 재가복지과장(1명) : 프로그램 슈퍼비전
2. 김갑록 사회복지사(1명) : 주 담당, 프로그램 추진, 진행/ 자원봉사자 관리
3. 기타(2명) : 후원품 담당 사회복지사(1명), 청소년 자원봉사자 관리 담당 사회복지사(1명)

7. 예 산

밑반찬재료비	35명×52주×2회×2,500원	= 9,100,000
명절특식비	35명×6회×5,000원	= 1,050,000
배달자원봉사자 교통비	50,000원×12개월	= 600,000
합계		10,750,000원

시비 520,000/ 구비 9,630,000/ 자부담 6,000,000

출처 : 우수명(2004). TP 사회복지 Program 개발과 평가.

| 제3절 | 프로포절 작성의 실제(예)

이 절에서는 사회복지공동모금회 배분신청서 중 프로그램 및 기능보강사업에 국한하여 살펴보고자 한다(정무성, 2005).

1 프로그램 배분신청서

1) 표지 작성

구분	항목	내용	항목	내용
신청 기관 정보	기 관 명		대 표 자	
	고유번호 (사업자등록번호)	※ 미신고 시설의 경우 대표자 주민번호 기입		
	전 화		Fax	
	E-mail/ 홈페이지		설립연월일	년 월 일
	주 소			
	기관 특성	___① 지역복지시설 ___② 노인시설 ___③ 장애인시설 ___④ 아동시설 ___⑤ 청소년시설 ___⑥ 모부자시설 ___⑦ 가정폭력시설(여성) ___⑧ 기타		
운영 법인 또는 단체 정보	법인(단체)명		대 표 자	
	고유번호 (사업자등록번호)	※ 미 신고시설의 경우 대표자 주민번호 기입		
	전 화		Fax	
	홈페이지/ E-mail		설립연월일	년 월 일
	주 소			
	운영주체 성격	___① 사회복지법인 ___② 사단법인 ___③ 종교법인 ___④ 학교법인 ___⑤ 재단법인 ___⑥ 국가지방자치단체 ___⑦ 임의단체 ___⑧ 개인(신고) ___⑨ 개인(미신고) ___⑩ 기타(법인) ___⑪ 기타(단체) ___⑫ 기타(개인) ___⑬ 지회 ___⑭ 조건부 신고시설		

<table>
<tr><td rowspan="6">사업
개요</td><td>사업구분</td><td colspan="6">프로그램(　　　)　기능보강(　　　)　관리운영(　　　)</td></tr>
<tr><td>신청구분</td><td colspan="6">___① 신규사업　　___② 동일지원사업(___ 년차)</td></tr>
<tr><td>사 업 명</td><td colspan="4"></td><td>실인원</td><td></td></tr>
<tr><td>예　　산</td><td>총
사업액</td><td></td><td>신청
금액</td><td></td><td>자부담</td><td></td></tr>
<tr><td rowspan="2">담당자 이름</td><td colspan="3" rowspan="2"></td><td>전　화</td><td colspan="2"></td></tr>
<tr><td>E-mail</td><td colspan="2"></td></tr>
</table>

위와 같이 2017년도 사회복지공동모금회 (　　　　　　)사업을 신청합니다.

2017년　　월　　일

기관대표자 :　　　　　　(인)

※ 첨부서류

1. 사업신청공문 1부
2. 배분신청서 3부(신청서가 들어있는 디스켓 포함)
3. 구비서류 : ① 법인설립 허가증 또는 시설신고증 사본 3부
   (미신고 시설 또는 개인 신청자의 경우는 대표자 주민등록등본 3부)
   ② 사업자등록증(고유번호증) 사본 3부

사회복지공동모금회장 귀하

(1) 신청기관 정보

① **기관명** : 신청기관의 공식적인 명칭을 기입한다.

② **대표자** : 신청기관을 대표하는 사람의 이름을 기입한다(2인 이상인 경우 모두 기입).

③ **고유번호(사업자등록번호)** : 세무서에 신고하여 부여받은 등록번호를 기입한다. 신청기관이 미신고 시설이어서 고유번호증이 없을 경우 대표자 주민등록번호를 기입한다.

④ **신청기관 특성** : 각 기관의 특성에 따라 해당 분야에 V 표시한다. 특정 분야에 속하지 않는 경우 기타에 표시한다.

(2) 운영법인 또는 단체 정보

운영법인 또는 단체 정보는 신청기관과 운영주체가 다를 경우에만 기입한다. 운영주체는 신청서를 제출하는 기관(단체, 시설 포함, 이하 기관)의 운영을 책임지고 있는 주체 또는 소속법인이다. 정부에 신고하지 않아 인허가를 받지 않은 경우 개인(미신고)에 표시하거나 기타 해당 사항에 표시해 주면 된다(___⑬ 지회 부분은 표시하지 않는다).

(3) 사업 개요

① 사업구분

사업구분은 해당 항목에 V표로 기입한다. 차량/ 장비 구입, 시설 개보수 등은 기능보강으로 표시한다.

② 신청구분

당해 2017년도에 신규로 신청하는 사업일 경우에는 ① 신규사업에 해당된다. 2016년도 공동모금회의 지원을 받은 사업으로 사업수행자, 사업대상, 방법이 동일한 경우에는 위 동일지원사업(2년차)이라고 기입한다.

③ 사업명

지원을 신청하는 사업의 공식명칭을 기입한다.

④ 실인원

실인원은 프로그램에 참여하는 실제 인원수로 중복되지 않은 순수 인원을 의미한다. 행사 프로그램, 무료급식 프로그램 등과 같이 주 서비스 대상자가 불규칙하거나 불특정 다수를 지원하는 경우에는 1일 평균 이용자를 실인원으로 계산한다.

⑤ 예산

총사업액은 사업을 수행하기 위하여 필요한 모든 비용을 합산한 예산이며, 신청액은 본 회에 지원신청 하는 금액을 기입한다. 자부담액은 총예산 중 신청기관에서 부담할 금액을 기입한다. 자부담의 경우 지원비 통장에 입금하여 사용하는 금액만 인정한다. 자부담액이 없는 경우 기입하지 않는다.

⑥ **담당자 이름**

신청사업을 담당할 실무책임자의 이름을 기입한다.

(4) 신청사업명 기재

신청사업명 기재는 신청사업 종류(신청사업, 제안기획사업, 테마기획사업, 지정기탁사업, 긴급지원사업)를 기입한다(예 위와 같이 2017년도 사회복지공동모금회(○○○ 사업)를 신청합니다).

2) 사업대상 및 서비스 내용 작성

서비스 \ 대상			① 아동/청소년	② 노인	③ 여성	④ 장애인	⑤ 가족	⑥ 저소득층	⑦ 실직/구직자	⑧ 노숙인	⑨ 지역사회	⑩ 국내거주외국인	⑪ 해외동포외국인	⑫ 기타 ___
1	생계지원	1) 생계비 지원												
		2) 식사/ 영양 지원												
		3) 무료급식												
2	주거	1) 주거비 지원												
		2) 주거환경 개선												
3	교육	1) 교육비 지원												
		2) 일반정규교육												
		3) 특수정규교육												
		4) 비정규교육												
		5) 연수/ 직능 계발												
4	의료/ 건강	1) 의료비 지원												
		2) 의료서비스 지원												
		3) 건강관리/ 증진												
		4) 간병/ 호스피스												
		5) 약물/ 알코올												
5	보호	1) 시설보호												
		2) 재가보호												
		3) 일시보호												
		4) 장단기보호												
		5) 주간/ 방과 후 보호												
		6) 그룹홈												
		7) 위탁보호												

6	학대/ 폭력/ 비행	1) 위기상담/ 개입												
		2) 교정/ 갱생												
		3) 법률지원												
7	심리정서	1) 심리정서상담												
		2) 심리정서훈련												
		3) 정서결연/ 멘토링												
8	자활	1) 진로탐색/ 취업상담												
		2) 직업훈련												
		3) 취업알선/ 사후관리												
		4) 자활사업장												
9	여가/ 문화	1) 여가												
		2) 문화(음악/ 독서/ 영화)												
		3) 스포츠												
10	인식개선/ 예방	1) 인식개선/ 교육												
		2) 문제예방/ 교육												
		3) 정보제공/ 연계												
11	지역사회 개발	1) 주민조직화												
		2) 자원봉사												
		3) 지역복지기반 구축												
12	조사연구	1) 조사연구												
13	기타___													

주1. 신청사업 대상 및 서비스 내용은 귀 기관이 신청한 사업의 혜택을 받는 실질적인 서비스 대상 및 서비스 내용을 의미한다. 예를 들어, ○○종합사회복지관에서 '혼혈아동 가정 생계비지원사업'을 한다면, 대상 : '① 아동/ 청소년', 서비스 : '1). 생계지원'의 '1) 생계비 지원' 란에 V표 하면 된다.

주2. 신청사업 대상 및 서비스는 사업수행자의 판단에 따라 반드시 하나만 선택하여 준다.

주3. 서비스 내용은 신청사업의 특성 및 중요 성격에 따라 우선순위로 정한다. 사업 특성상 가장 유사한 성격을 선택하면 된다. 급식이나 생계비 지원, 김장비 지원 등은 '1. 생계지원'을 선택한다. 캠페인과 같이 사회인식을 변화하게 하는 의식화 사업은 '10. 인식개선/ 예방'의 '1) 인식개선, 교육'을 선택한다. '자존감 강화'와 같이 인식개선을 위한 소집단 전문 프로그램의 경우 '7. 심리정서'의 '2) 심리정서훈련'을 선택한다.

주4. 보기에 없는 대상 및 서비스는 기타에 V표 하고, 대상과 서비스 내용을 구체적으로 기입한다.

3) 기관현황 작성(※ 2매 이내 작성 요망)

(1) 신청기관

① 설립목적 및 주요 연혁

설립목적 및 주요 연혁은 연도별로 당 신청기관의 중요한 역사적 연혁을 간략히 서술한다.

② **조직 및 직원체계**(조직도 및 현황표로 제시)

조직은 각 직위별, 부서별 구성형태를 조직표로 작업하여 |그림 19-2|와 같이 제시한다. 그리고 직원현황은 직위, 인원 현황을 중심으로 현황표로 작성하여 〈표 19-4〉와 같이 제시한다.

그림 19-2 조직도

표 19-4 직원현황

구 분	계	관장	부장	과장	사회복지사	서무경리	간호사	물리치료사	전산담당
계	19	1	1	4	8	2	1	1	1

(2) 주요 사업내용

주요 사업은 기관에서 현재 실시하고 있는 사업내용을 간략하게 정리하여 주요 내용만 기술한다. 〈표 19-5〉와 같이 가급적 사업현황표로 정리하는 것이 좋다.

표 19-5 주요 사업내용

사업부분	사업내용	비 고
가족복지사업	가족상담 프로그램 운영	주 3회
	아동 특별활동 교실 운영	매주 1회 개최
지역복지사업	영구임대아파트 주민교육	2017년도에 140명 교육
	지역주민 욕구조사 등의 조사연구 사업	

(3) 연간예산

연간예산은 전년 세입세출은 결산금액으로, 금년 세입세출은 예산금액으로 〈표 19-6〉과 같이 기록하면 된다. 세입 중 기타 후원금은 기관이 기업체, 시민, 각 자치(봉사)조직, 기타 복지기관 및 기관 등으로부터 후원 또는 지원받은 모든 비용을 말한다. 세입 중 사업수입은 이용자로부터 징수한 이용료, 금융 및 이자수입, 부동산을 통한 수입 등 기관에 직간접적으로 수입이 되었던 모든 비용을 말한다. 세출 중 재산조성비는 부동산 구입 등 기타 기관 재산으로 귀속될 수 있는 부분의 예산이다.

표 19-6 연간예산

(단위 : 원)

세 입			세 출		
구 분	내 역		구 분	내 역	
	2016년	2017년		2016년	2017년
계	46,782,000	52,000,000	계	46,782,000	52,000,000
정부보조금	20,085,000	21,000,000	사무비	11,125,000	10,500,000
법인보조금	10,253,000	10,000,000	재산조성비	3,354,000	3,000,000
기타 후원금	5,894,000	8,000,000	사업비	26,943,000	33,000,000
사업수입 (대상자이용료 포함)	10,000,000	12,000,000	예비비	5,000,000	5,000,000
기타 수입	550,000	1,000,000	기타 지출	450,000	500,000

(4) 외부지원금 현황

외부지원금 현황은 최근 3년간 지원현황을 기입한다(지원 확정된 사업 포함). 현재 배분신청사업을 포함하여 정부 또는 민간지원기관(공동모금회 포함)으로부터 사업지원을 받고 있는 사업이 있을 경우, 해당되는 사업명칭과 지원받은 금액, 지원하는 기관을 중심으로 예산을 기입한다. 기능보강의 경우는 최근 3년간 지원금품 현황을 모두 기재한다.

표 19-7 외부지원금 현황

(단위 : 원)

연 도	지원사업명	지원금액	정부 및 민간 지원기관
2015	가정폭력 피해여성을 위한 가족기능 강화사업	33,798,000	사회복지공동모금회(중앙회)
2016	○○지역 청소년 자원봉사캠프	17,500,000	사회복지공동모금회(○○지회)
2017	노인이동차량 지원	10,150,000	○○○재단

※ 지원금(품) 현황 정보의 기록 내용이 사실과 다를 경우 지원이 취소될 수 있다.

4) 사업계획 작성(프로그램용)

(1) 사업명

사업명은 공식적인 사업명칭을 기재하고 약칭이 있으면 함께 기재한다(예 한부모가정의 초등학생 아동을 위한 방과 후 프로그램 - '우리둥지').

(2) 사업개요

사업개요는 10줄 이내로 프로그램의 내용을 요약하여 작성한다(사업추진 지역 및 대상, 인원수 등을 포함하여 작성).

(3) 사업의 필요성

사업의 필요성은 문제제기, 욕구 등을 작성한다. 가급적 간결하게 작성하며 사업의 필요성을 입증할 만한 통계자료나 경험적 근거자료 1매 이내로 작성하여 제시한다.

〈작성 예〉

① ○○기관이 위치한 ○○구의 한부모가정은 약 100세대로 추산(○○구 안내자료, 2004년)되며 이는 타 지역보다 20% 이상 많은 수치임

☞ ○○구의 전체 인구 ○○○○세대 중 한부모가정은 약 100세대로 추산되며 본 기관이 위치한 ○○지역 주변에 전체 대상자의 60%가 거주하고 있음(○○기관 지역욕구조사, 2016).

② 한부모가정의 경우 아이들을 돌봐줄 수 있는 사람이 없고, 가정형편상 학원에 다닐 수 없는 경우가 많음(○○○ 논문, 2003)

☞ 한부모가정의 아이들의 경우 대부분 부모가 직업을 가지고 있으며 소득 수준은 월 100만 원 이하가 70%, 100만 원 이상~200만 원 이하가 20%, 기타가 10%를 차지하고 있음. 따라서 아이들을 돌보는 데 추가 비용을 지불하거나 학원을 보내기는 어려운 상황임(○○기관 지역욕구조사, 2004)

③ 따라서 이 아동들을 보호하고 동등한 학습의 기회를 제공하기 위한 프로그램이 필요함

5) 서비스 대상 및 인원수

서비스 대상 및 인원수는 일반대상, 위기대상, 표적대상, 실인원으로 〈표 19-8〉과 같이 산정한다.

표 19-8 서비스 대상 및 인원수

- 서비스 대상 :
  구체적인 서비스 대상을 기입한다.
  (예 ○○구 내 본 기관 주변의 한부모가정 남, 여 아동)
- 실인원:

대상구분	서비스 대상자 산출근거	단위 수(명)
1) 일반대상		
2) 위기대상		
3) 표적대상		
4) 실인원 (클라이언트 수)		

* 실인원이 정해진 경우 실인원란에 기입하고 정해지지 않은 경우 클라이언트 수를 산출하기 위해 일반/ 위기/ 표적대상, 클라이언트 수로 구분, 실인원을 추정하여 기입한다(자료 인용 시 객관적인 근거자료 사용).

(1) 일반대상

일반대상은 서비스를 제공할 대상이 속해 있는 인구집단 또는 지역의 일반 인구집단이다(예 기관이 위치한 지역의 인구, ○○구의 인구 12,000명).

(2) 위기대상

위기대상은 일반대상 중 문제나 욕구를 가지고 있다고 추정되는 잠재집단이다(예 ○○구의 한부모가정 100세대).

(3) 표적대상

표적대상은 위기대상 중 문제, 욕구가 드러나 있는 집단으로 우선적인 서비스 제공이 필요한 집단이다(예 ○○구의 한부모가정 100세대 중 본 기관 인근에 거주하는 한부모가정 60세대).

(4) 실인원(클라이언트수)

실인원은 사업을 통해 실질적인 혜택(서비스)을 받을 수 있는 인원이다(예 본 기관 인근에 거주하는 한부모가정 60세대 중 조사를 통해 본 기관의 서비스를 받을 의향이 있는 20세대의 아동 30명).

6) 사업 목적 및 목표

사업목적은 추구하고자 하는 사업방향과 서비스의 목적을 〈표 19-9〉와 같이 기재한다. 그리고 사업목표는 목적을 보다 구체화한 것이며 프로그램이 궁극적으로 달성하고자 하는 것을 설명한다. 세부목표는 프로그램을 통해 달성하고자 하는 것에 대한 설명이다. 가급적 계량화(수치 이용)해 표현하며 계량화할 수 없는 경우 사업성과를 측정할 수 있는 기준(프로그램 만족도, 변화상태 등)으로 서술한다. 한 가지 목표에 보통 2~3개의 세부목표를 기입한다. 단, 사업에 따라 목표와 세부목표가 같을 경우 기재하지 않아도 무방하다.

표 19-9 사업목적 및 목표

1) 목적	2) 목표	3) 세부목표(필요시 기재)
한부모가정 아동을 대상으로 방과 후 프로그램 운영을 통해 보호와 학습 기회 제공	1. 보호	1-1. 월 30명 이상 비행 예방을 위한 교육 실시
		1-2. 주 2회 집단 프로그램을 통한 건전한 또래관계 형성
	2. 학습기회 제공	1-1. 연 4회 이상, 박물관 관람 및 캠프 등 다양한 특별활동 기회 제공
		1-2. 매일 10명에게 1시간씩 학습지도를 통해 학습능력 향상

7) 사업내용

(1) 세부 사업내용

세부 사업내용은 세부목표, 투입, 산출근거를 기준으로 세부목표는 다양한 특별활동 기회 제공, 학습능력 향상 등을, 투입으로는 프로그램, 수행방법, 시행시기, 수행인력으로, 산출근거는 참여인원, 시행횟수 시간 등으로 한다. 세부 사업내용으로 제시한 내용 이외에 추가할 사항이 있을 경우는 별지에 기록한다. 〈표 19-10〉의 양식은 예시이며 사업의 특성에 따라 항목을 재구성하여 사용할 수 있다.

표 19-10 세부 사업내용

세부목표	투 입				산출근거	
	프로그램	수행방법	시행 시기	수행인력	참여 인원	시행횟수 시간
1-1. 다양한 특별활동 기회 제공	문화체험 “박물관 탐험”	우리둥지 아동을 대상으로 문화체험 기회 부여(중앙박물관, 역사박물관 등 견학)	4월 9월	사회복지사 자원봉사자 3명	30명	연 2회 각 8시간
	가족캠프	방학 기간 동안 가족, 친구와 함께 하는 1박 2일 캠프 진행	8월	사회복지사 2명 자원봉사자 5명	50명	연 1회 1박 2일

1-2. 학습능력 향상	수학교실 "숫자야 놀자"	수학실력이 부족한 아동에 대한 학습지도	상시	사회복지사 자원봉사자	8명	주 2회 1회 2시간
	숙제지도	아동들의 숙제를 도와줌	상시	사회복지사 자원봉사자	30명	주 5회 1회 1시간

(2) 목표에 대한 평가방법

목표에 대한 평가방법으로는 사업 종료 후 사업을 평가할 수 있는 기준(척도)을 제시하여야 한다. 이는 프로그램의 어떤 측면을 평가의 대상으로 삼아야 할 것인가에 대한 기준이다. 평가의 틀로서는 척도를 통한 평가와 설문지를 통한 평가가 있을 수 있다. 척도를 통한 평가는 이용자 수, 클라이언트의 참여시간, 표준화된 척도 등으로 평가할 수 있으며, 설문지를 통한 평가로는 만족도 조사가 있다. 또한 기관의 자체 평가나 실무자 평가, 지역사회 평가 등을 기재할 수 있다.

(3) 담당인력 구성

담당인력의 구성은 사업 주 담당자와 슈퍼바이저만 기재하며 〈표 19-11〉과 같이 이름, 담당부서 및 직위, 경력, 사업 내 역할, 할당시간, 자격증 유무 등으로 구성된다.

표 19-11 담당인력 구성

이 름	담당부서 및 직위	경력(년)	사업 내 역할	할당시간 (단위 : 일주일)	자격증 (신청사업 관련)
김○○	가족복지 팀 대리	○○공부방 1년 ○○복지관 2년	프로그램 주 담당자	20시간	사회복지사 1급
박○○	가족복지 팀 부장	○○○복지관 5년 ○○○복지관 3년	프로그램 운영 슈퍼바이저	5시간	사회복지사 1급

8) 예산계획

예산계획은 〈표 19-12〉와 같이 항목별 계와 산출근거, 예산조달 계획으로 구성한다. 예산은 사업에 직접 투입되는 비용만 예산계획에 기입한다. 산출근거는 구체적으로 어떠한 내역으로 예산이 지출되었는지 실제 수량, 횟수, 인원수, 단가 등을 아주 구체적으로 기록한다. 예산조달 계획에는 신청금액 및 자부담을 기입한다. 자부담은 자부담 계획이 있는 해당 기관(시설)만 작성하며 지원비 통장에 입금하여 사용하는 금액만 자부담으로 인정한다. 프로그램 사업의 경우 자부담이 없어도 신청할 수 있다. 비율은 총금액 대비 각 항목이 차지하는 비율을 산출하여 기입한다.

표 19-12 예산계획서

항 목			계	산출근거	예산조달 계획			
					신청금액	비율(%)	자부담	비율(%)
인건비	프로그램 강사비		2,400,000	월 10시간x2만 원x12개월	1,200,000	16.9	1,200,000	16.9
	소계		2,400,000		1,200,000	16.9	1,200,000	16.9
사업비	숫자야 놀자	교재비	80,000	5천 원x8명x2권	80,000	1.1		
		간식비	1,560,000	1천 원x30명x52주	1,560,000	22		
		유급 자원봉사자	240,000	4천 원x2시간x30회	240,000	3.4		
	숙제 지도	문구구입	60,000	필기구 및 연습장 2천 원x30명	60,000	0.8		
		자원봉사자 식대	1,200,000	5천 원x20회x12개월	1,200,000	16.9		
	문화 체험	버스대여	700,000	버스대여 350,000원x2회	350,000	4.9	350,000	4.9
		진행비	350,000	입장료 1천 원x35명x2회 도시락 4천 원x35명x2회	350,000	4.9		
	소계		4,190,000		3,840,000	54.2	350,000	4.9
관리운영비	냉난방비		500,000	10만 원x5개월	300,000	4.2	200,000	2.8
	소계		500,000		300,000	4.2	200,000	2.8
기타								
	소계							
총계			7,090,000		5,340,000	75.3	1,750,000	24.7

9) 신청기관 약도(주변의 큰 건물을 중심, 교통편 기록)

신청기관의 약도는 기관을 기준으로 주변의 큰 건물을 표시한다. 해당 기관을 찾아올 수 있도록 교통편 및 전화번호를 기록한다.

지금까지의 프로포절은 표지를 포함하여 총 10매 이내로 제출하도록 한다.

2 기능보강용 사업계획서 작성

기능보강용 사업계획서 작성은 배분신청서 표지, 사업대상 및 서비스 내용, 기관현황 작성 등 프로그램용 신청서 작성방법을 참고하여 작성한다.

1) 사업명

사업명은 구입 또는 설치하고자 하는 장비 및 물품 등을 포함한 공식적인 사업 명칭을 기입한다.

2) 필요성

사업의 필요성은 구입 또는 설치하고자 하는 차량, 장비, 개보수 등 필요성을 20줄 이내로 작성하며, 자료 인용 시는 객관적인 근거자료를 구체적으로 제시하여 설명한다.

3) 기대효과

사업의 기대효과는 사업 수행 시 얻을 수 있는 효과를 10줄 이내로 작성 및 기입한다(예 화장품 포장박스 생산장비 구입을 통해 안정적인 수입원을 확보하여 장애인들의 자활을 도모함).

4) 이용대상 및 인원수

이용대상 및 인원수는 이용대상과 실인원으로 기재한다.

- 이용대상 :
  * 지원받은 장비, 차량 등을 이용하게 되는 이용대상(클라이언트)을 기입한다.
  예 ○○기관 내 장애인자활작업장 장애인
- 실인원 :

5) 사업내용

(1) 세부 사업내용

세부 사업내용으로는 〈표 19-13〉과 같이 구입물품과 개보수 내용, 용도, 사용자(클라이언트), 사용횟수 시간, 사용연한, 구입수량, 장소, 사후관리 및 유지보수 계획, 평가도구로 작성한다. 장소는 개보수의 경우 개보수할 장소, 장비의 경우 비치장소를 기입한다. 차량의 경우 기입하지 않는다. 2개 이상 업체의 비교견적서 사본을 첨부하여 제출하며, 관련 사진은 시설개보수의 경우 현 시설 사진, 차량, 장비교체 지원의 경우 기존 장비, 구입하고자 하는 장비, 차량사진 등을 첨부한다.

표 19-13 세부 사업내용

<table>
<tr><th>구입물품/개보수 내용</th><th>용 도</th><th>사용자(클라이언트)</th><th>사용횟수 시간</th><th>사용연한</th><th>구입수량</th><th>장 소</th><th>사후관리 및 유지보수 계획</th><th>평가도구</th></tr>
<tr><td>화장품 포장박스 생산장비</td><td>포장박스 생산에 사용
1일 500개 생산</td><td>작업장 소속 장애인 10명</td><td>상시 1일 6시간</td><td>3년</td><td>1대</td><td>기관 3층 자활 작업장</td><td rowspan="2">작업일지 비치
담당자 월 1회 점검 및 분기별 정기점검</td><td rowspan="2">작업일지 생산기록</td></tr>
<tr><td>열 처리기</td><td>생산된 포장박스의 마감에 사용
1일 500개 처리</td><td>작업장 소속 장애인 10명</td><td>상시 1일 3시간</td><td>2년</td><td>2대</td><td>기관 3층 자활작업장</td></tr>
</table>

(2) 진행일정

진행일정은 〈표 19-14〉와 같이 사업 진행내용과 일정, 담당 등으로 작성한다.

표 19-14 진행일정

사업 진행내용	일 정	비고(담당 등)
화장품 포장박스 생산장비 및 열처리기 계약, 계약금 지급	2017. ○. ○ ~ ○. ○ (○일간)	
장비 인수	2017. ○. ○	총무팀 ○○○ 과장
포장박스 생산 관련 소모품 구입	2017. ○. ○ ~ ○. ○ (○일간)	
생산 시작	2017. ○. ○ ~	
결과보고 작성 및 송부	2018. ○. ○	

6) 예산계획

예산계획은 〈표 19-15〉와 같이 항목별 계와 산출근거, 예산조달 계획을 작성한다. 산출내역은 구체적으로 어떠한 내역으로 예산이 지출되는지 실제 수량, 단가, 건수 등을 아주 구체적으로 기록한다. 예산조달 계획에는 신청금액 및 자부담을 기입한다. 기능보강의 경우 총 사업비의 20% 이상을 자부담으로 책정해야 하며 지원비 통장에 입금하여 사용하는 금액만 자부담으로 인정한다. 비율은 총금액 대비 각 항목이 차지하는 비율을 산출하여 기입한다.

표 19-15 예산계획서

항 목	계	산출근거	예산조달 계획			
			신청금액	비율(%)	자부담	비율(%)
화장품 생산장비	8,800,000	MR5210/8,800,000원	6,600,000	60	2,200,000	20
열 처리기	2,200,000	SN420 기종 1,000,000원x2대	2,000,000	18.2	200,000	1.8
총 계	11,000,000	(부가세 포함)	8,600,000	78.2	2,400,000	21.8

7) 신청기관 약도

신청기관의 약도는 기관을 기준으로 주변의 큰 건물을 표시한다. 기관을 찾아올 수 있도록 교통편 및 전화번호를 기록한다.

이상의 기능보강사업 프로포절은 표지를 포함하여 총 7매 이내로 작성하도록 한다.

PART 05

사회복지현장 실습 종결과 평가 그리고 취업전략

제20장 사회복지현장실습 종결 및 평가 단계

| 제1절 | 사회복지현장실습의 경험

1 사회복지현장실습 종결 경험과 의미

사회복지현장실습의 종결은 어떤 형태로든 대부분의 실습생 모두에게 의미 있는 경험이고 복잡한 감정을 느끼게 한다. 한편으로는 사회복지 전문가가 되기 위한 실습과정을 완성했다는 성취감을 느낄지도 모른다. 사회복지교육의 경험을 완수함으로써 실습생은 실제 사회복지실천과 경험을 배우게 된다. 실습생은 사회복지 지식과 실천을 위해 필요한 다양한 기술들을 배웠을 것이며, 개인적으로 전문적인 가치를 명확하게 하고 실제 적용되는 개념의 이론적 틀을 통합하게 되었을 것이다. 반면에 실습경험이 자신의 무능함, 두려움 혹은 불안함을 느끼게 했을지도 모른다.

다음은 실습생이 실습의 마지막 단계에 들어설 때 고려해야 할 사항들이다(오혜경, 2015).

첫째, 실습생은 배움이 끝이 없다는 것을 알게 된다. 유능한 사회복지사는 평생에 걸쳐 항상 배운다. 특히 사회복지 분야에서는 급진적인 변화가 있으므로 우리가 서비스를 제공함에 따라 영향을 받는 이 분야에 우리 자신을 희생해야만 한다.

둘째, 실습생은 실습경험에 관한 느낌과 감정을 잘 간직해야 한다. 실습에 관한 긍정적이고 부정적인 감정에 대해 기꺼이 받아들이고 그런 감정들이 종결 시에 드는 것은 자연스러운 현상임을 인식한다.

실습경험에서 중요한 과업은 이 경험이 실습생 자신의 인생에서 개인적이든 전문적이든 의미를 파악하는 것이다. 그리고 실제로 배웠던 지식과 기술을 평가하기 위해 실습생에게 영향을 주었던 실습기관과 실습현장을 돌아보며 그동안의 행적을 돌아보는 시간을 가져보아야 한다.

실습생은 실습 종결을 통해 사회복지사로서의 자신뿐만 아니라 진로 선택을 가늠할 수 있을 것이다. 어떤 실습생들은 이 과정을 통해 그들의 진로에 대해 다시 생각하기도 한다. 만약 실습생 자신의 경험에 의문이 생긴다면 신뢰할 수 있는 지도교수, 실습지도자, 가족, 친구 혹은 치료사 등에게 자문해 본다.

2 나의 사회복지현장실습 과정 되돌아보기

1) 실습경험 평가

나의 실습경험에 대한 간략한 질문과 답변 형식으로 구성하였다. 개인적인 의견을 적어보는 시간을 갖고자 한다.

① 나의 실습경험 중 가장 좋았던 점은 무엇인가?

____

____

② 나의 실습경험 중 가장 힘들었던 것은 무엇인가?

____

____

③ 나의 실습경험을 한 단어로 표현한다면?

____

____

④ 나의 실습경험 중 촬영하였던 사진 중에 가장 인상 깊은 사진은?

____

____

⑤ 힘들었던 순간을 어떻게 극복했는지, 그리고 동료들의 슈퍼비전은?

⑥ 나의 실습지를 추천하(지 않)겠는지, 그 이유는?

2) 실습생 자기평가

실습의 종결 단계에서 실습생은 다음의 질문을 통해 예비 사회복지사로서 스스로 평가해 본다(오혜경, 2015).

① 왜 나는 사회복지사의 길을 선택하였는가?

② 나는 사회복지사가 되는 것에 만족하는가?

③ 사회복지사라는 직업이 나에게 맞는가?

④ 나는 남을 도와주는 것에 소진이 되었는가?

⑤ 내가 사회복지전문가로서 가지고 있는 강점은 무엇인가?

⑥ 나는 사회복지사의 어떤 부분을 즐기지 않는가?

⑦ 사회복지 전문가로서 내가 즐기지 않는 것에 대해 변화시켜야 할 것은 무엇인가?

⑧ 만약 내가 그것들을 변화시킬 수 없다면 나는 그들과 함께 지낼 수 있는가? 혹시 사회복지실천현장에서 나의 능력을 발휘하지 못하지는 않았는가?

⑨ 기관과 내가 실습현장에서 일했던 사람 중에 내가 함께 일하기 좋아하는 사람은 누구인가?

⑩ 내가 더 알아보고 싶은 다른 분야는 무엇인가?

⑪ 혹시 내가 서비스를 적절하게 잘 수행하지 못하는 분야가 있는가?

⑫ 나는 사회복지에 온전히 나 자신을 희생하길 원하는가?

⑬ 긴 안목으로 보거나 단기적으로 보았을 때 내가 가야 할 길은 어디인가(예 행정, 임상 혹은 전혀 다른 실천분야, 클라이언트에게 좀 더 강화된 개입 혹은 반대의 개입)?

⑭ 사회복지 분야의 다른 특화된 분야에서 훈련을 받거나 다른 자격증을 얻기 위해 교육이나 훈련을 받기를 원하는가?

3 종결 시 경험들

다음은 실습생들이 종결 시 느낄 수 있는 경험들이다.

1) 즐거움과 실망

종결과 관련된 이유에 대해 생각해 볼 때 실습생은 실습지, 클라이언트, 동료 사회복지사와 실습지도자와 헤어지는 것과 관련해서 느끼게 되는 즐거움과 실망에 대해 생각하게 될 것이다. 종결은 이런 것들과 다른 중요한 쟁점에 대해 생각할 시간을 준다. 실습경험을 낭만적이라거나 아니면 비현실적이라고 느끼는 유혹을 이겨야 한다. 실습경험에 대해 현실적이 되는 것은 실습과 관련된 즐거움과 실망에 대해 탐색해 보는 것으로 시작할 수 있다.

2) 기 쁨

실습생이 만족스럽다거나 성취감, 기쁨 혹은 의기양양했던 순간들과 활동들을 잠시 떠올려 보면, 아마도 실습생은 어려운 기술을 습득했을 때나 화가 난 클라이언트를 진정시켰을 때, 기관에 새로운 기술을 가르쳐 주거나 아동이나 노인의 클라이언트로부터 포옹을 받았을 때가 떠오를 것이다. 기쁨은 지극히 개인적인 경험이고 실습생 자신을 인정하는 데 중요하다.

3) 후회와 미련

불행하게도 사회복지실천에서는 교육단계에서조차 후회와 미련의 경험을 갖게 한다. 종결 시 지금까지의 실습에 대해 후회와 미련을 갖게 될 수 있다.

실습생은 현재 있는 기관에서 더 많이 배워야 한다고 생각하거나 클라이언트를 좋아한다고 느끼고 기관이 편안하고 친숙하거나 이 일이 실습생 자신이 사회복지 경력에서 원했던 일이라고 느낄지 모른다. 다양한 곳에서 실습을 수행해야 하는 요구조건은 실습생이 미리 계획한 전문적 발달에 때로는 부정적인 영향을 미치고 장애가 될 수도 있다.

클라이언트가 실습생을 떠나는 것에는 익숙하지만, 실습생이 클라이언트를 떠나는 것에 대한 감정은 생각해 본 적 없다. 더불어 기관과 클라이언트에 대한 신뢰는 기쁨과 연결되어 있을 수 있는 것으로 실습생은 클라이언트, 기관 혹은 직원과 특히 실습지도자에게 강한 신뢰와 책임의 감정이 생길 수 있다. 실습생의 중심은 자신이 실습했던 실습현장에서 일에 대한 열정에서 생긴 것일 수 있고 실습생은 이런 사람들과 헤어져야 하는 데서 오는 실망감을 느끼게 되는 것이다.

4) 배움과 성장

현장실습의 경험을 통해 알게 된 배움의 내용을 확실하게 이해하기 위한 중요한 과업은 실습생의 기술과 성장, 심지어 실습생이 실패했다고 느꼈던 경험일지라도 이러한 경험에서 배운 모든 것을 평가하는 것이다.

실습생의 부정적인 경험은 배움에 있어 가치가 없다고 생각할지 모른다. 그러나 이런 경험은 우리에게 지울 수 없는 강한 인상을 남기게 된다. 실습생은 사회복지실천에 접근하는 틀로 이런 경험을 활용할 수 있다.

실습생은 자신이 배운 지식과 기술, 가치를 실습생이 실습을 시작할 때 알았던 지식이나 기술, 가치와 비교해 봄으로써 얼마나 배웠는지를 평가할 수 있다. 실습생이 경험을 통해 배운 것을 평가하려는 노력은 실습생 자신이 습득한 사회복지 기술을 이해하는 데 도움을 줄 뿐만 아니라 종결을 위한 계획을 실행하는 데 도움을 준다.

4 실습종결과 마무리

실습의 종결과 마무리를 통해 실습생은 클라이언트, 동료, 사회복지사, 실습지도자와 종결로 마무리를 맺어야 한다. 또한 실습생은 사회복지 프로그램과 학교에서 들었던 수업도 마치게 된다. 대학교육 혹은 대학원 이상의 사회복지 전문과정의 학위를 마침으로써 교수, 동료 학생, 기타 주변의 사람들과도 관계이동을 하게 될 것이다.

실습생과 실습지도자는 모두 실습의 종결에 대해 양가감정을 갖게 되는데, 실습을 무사히 마치고 학습과 교육관계를 성공적으로 이루어 낼 수 있었다는 데에 대한 안도감과 동시에 각자의 생활에서 중요했던 관계가 끝나게 되는 것에 대한 상실감을 경험하게 된다.

실습지도자는 종결에 대한 감정을 적절히 조절하면서 실습생이 자신의 클라이언트와의 관계를 종결하는 데에 필요한 기술을 습득할 수 있는 중요한 모델링이 될 수 있도록 행동해야 한다. 한편 실습을 종결하면서 실습생은 자신이 실습기관에서의 인간관계에 얼마나 심리적으로 투자했었는지를 인식하게 된다. 이별이 가까워져 오면서 슬픔과 상실감을 불러일으킬 수도 있고 반대로 아무렇지 않을 수도 있다.

실습생에게는 실습의 종결시기가 다가오면서 실습기관에서 특별히 인간적인 관계를 형성했던 실습지도자, 직원 혹은 다른 실습생들에게 어떻게 감사와 인사를 전할 것인지를 미리 생각해 두고 이들에게 자신의 마음을 전하는 것은 의미 있는 관계를 만족스럽게 종결하기 위해 필요하다.

실습생의 실습과정이 종결되었음에도 실습생이 만나던 클라이언트의 문제는 해결되지 않을 수 있고, 담당하던 프로그램은 계속되어야 하는 경우가 있다. 이때 실습생은 수행해 왔던 업무상황을 점검해 보고, 계속적인 서비스가 필요한 클라이언트에 대한 의뢰절차, 종결해야 할 클라이언트에 대한 종결보고 등을 해야 한다. 이밖에도 진행 중이던 프로젝트, 회기가 남은 집단 프로그램 등 업무의 연결이 필요한 부분, 혹은 마무리해야 할 부분 등을 각각의 상황에 맞게 적절히 처리해야 한다.

실습경험의 검토 차원에서(류형택 외, 2014)의 내용은 다음과 같다.

첫째, 실습생은 실습의 긍정적 · 부정적인 경험에 대해 되돌아본다. 이는 실습 동안의 만족스럽고 성취감을 주며 즐거웠던 사건, 활동, 상호작용을 돌이켜 보고, 좌절감과 긴장을 주었던 경험도 회상해 보는 것이다.

둘째, 실습생은 습득한 학습경험에 대한 검토가 이루어져야 한다. 실습을 마치면서 사회복지실천현장을 경험했고, 배웠고, 실천해 보았다는 것으로 사회복지 지식이 증가되었고, 효과적인 실천기술이 향상되었고, 개인적 혹은 전문적 가치를 확인하고 명료화했으며, 이론적 틀과 개념의 실제 적용을 통합하는 과정을 시작해 보았다는 성취감을 경험하고 자신감을 갖게 되었을 수도 있다. 그러나 오히려 자신의 전문적인 지식과 사회복지실천에 대한 능력의 부족을 깨닫고, 장래에 대한 두려움을 경험하기도 한다. 따라서 습득한 지식과 기술, 가치를 실습 이전과 구체적으로 비교함으로써 실습을 통해 성취한 학습을 평가한다. 이때 종결평가서를 작성하여 실습기관과 실습세미나에서 발표하는 것이 큰 도움이 된다.

셋째, 실습생은 전문가로서 발전을 위한 검토가 필요하다. 실습생은 실습경험을 통하여 현장과 관련된 다양한 현상을 관찰하고 수행하여 실습자 자신의 교사로서의 자세와 태도, 그리고 전문가적 의미를 되새겨야 할 것이다.

이상에 소개한 실습종결의 과정을 거치면 최종적으로 종결의 공식화를 맞이하게 된다. 실습지도자는 실습기간 동안의 경험에 대한 검토와 감정의 처리뿐만 아니라 다른 직원과의 회의나 모임 중에 실습종료일을 알림으로써 실습의 종료를 공식화한다. 그리고 기관은 실습생 환송을 위한 간단한 식사나 다과회를 마련함으로써 실습생에게 그동안 자신이 기관의 구성원으로서 활동해 온 중요한 존재라는 사실을 다시 한 번 인식할 수 있게 한다.

| 제2절 | 사회복지사 자격증 신청

1 자격증 발급 신청방법

사회복지사 자격증 신청은 사회복지사 자격증 발급 신청서에 해당 구비서류를 첨부하여 한국사회복지사협회 또는 시도지회로 우편 또는 방문 접수할 수 있다. 해당 기관은 회원가입을 강제하거나 가입비 · 연회비 미납 또는 납부거부를 이유로 자격증을 미발급 또는 지연 발급할 수 없다. 자격증 신청절차는 |그림 20-1|과 같다.

1) 자격증 신청 절차

그림 20-1 자격증 신청절차

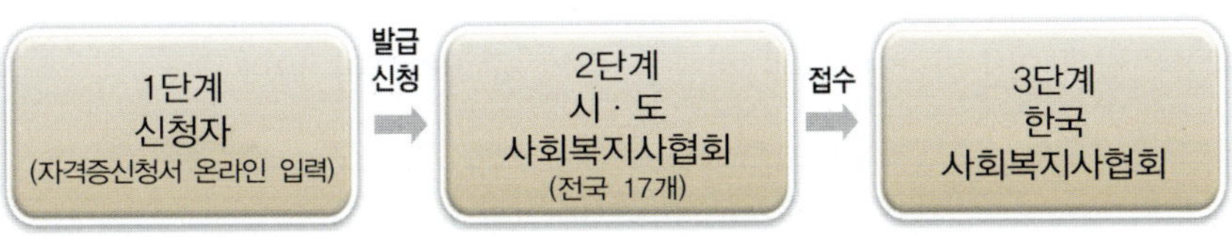

- 자격증신청서는 온라인으로 작성 후 신청서를 출력하여 신청구비서류와 함께 시 · 도 사회복지사협회로 등기발송해야 한다.
- 발급 수수료 및 회비는 시 · 도사회복지사협회로 계좌입금 해야 한다.

2 자격증 발급

사회복지사 자격증 신규 및 승급 신청 시 신청인 구비서류는 공통 구비서류로 다음을 첨부하여야 한다.

신규 및 승급 신청인 구비서류

☞ 사회복지사 자격증 발급신청서 1부
☞ 6개월 이내에 촬영한 탈모상반신 반명함판(3×4㎝) 사진 2매
☞ 기본 증명서 1부(읍 · 면 · 동 행정복지센터에서 발급 가능)

(1) 대학원, 대학교, 전문대학 졸업자

대학원, 대학교, 전문대학 졸업자는 다음의 서류를 추가 준비하여야 한다.

☞ 최종학력 증명서(또는 국가평생교육진흥원 학위 증명서)
☞ 성적 증명서
☞ 사회복지현장실습 확인서(원본)
※ 공통 및 별도 구비서류 모두, 발급일 기준 90일 이내의 원본 서류만 심사 가능. 단, 사회복지현장실습 확인서는 90일 이후 서류도 심사 가능(반드시 원본이어야 함)

(2) 학점은행제 이수자

학점은행제 이수자는 다음의 서류를 추가 준비하여야 한다.

☞ 최종학력 증명서(또는 국가평생교육진흥원 학위 증명서)
☞ 국가평생교육진흥원 성적 증명서
☞ 사회복지현장실습 확인서(원본)
※ 공통 및 별도 구비서류 모두, 발급일 기준 90일 이내의 원본 서류만 심사 가능. 단, 사회복지현장실습 확인서는 90일 이후 서류도 심사 가능(반드시 원본이어야 함)

(3) 양성교육 수료자

양성교육 수료자는 다음의 서류를 추가 준비하여야 한다.

☞ 6주 과정 이수자 : 이수 확인서(수료증 사본), 재직 증명서 또는 경력 증명서, 사회복지현장실습 확인서 각 1부
☞ 12주, 24주 과정 이수자 : 이수 확인서(수료증 사본), 최종학교 졸업 증명서, 재직 증명서 또는 경력 증명서, 사회복지현장실습 확인서 각 1부
☞ 사회복지현장실습 확인서(원본)
※ 공통 및 별도 구비서류 모두, 발급일 기준 90일 이내의 원본 서류만 심사 가능. 단, 사회복지현장실습 확인서는 90일 이후 서류도 심사 가능(반드시 원본이어야 함)

(4) 경력 승급자

경력 승급자는 다음의 서류를 추가 준비하여야 한다.

☞ 시설 신고증 사본 1부
☞ 경력 증명서 원본 1부
☞ 사회복지현장실습 확인서(원본)
※ 공통 및 별도 구비서류 모두, 발급일 기준 90일 이내의 원본 서류만 심사 가능. 단, 사회복지현장실습 확인서는 90일 이후 서류도 심사 가능(반드시 원본이어야 함)

(5) 외국대학 사회복지 전공자

외국대학 사회복지 전공자는 다음의 서류를 추가 준비하여야 한다.

☞ 졸업 증명서 · 성적 증명서 각 1부(우리말로 번역 · 공증한 서류 원본 첨부)
☞ 출입국 사실 증명서 원본, 유학비자 사본 각 1부
☞ 교육부의 대학인가 확인서 사본 1부(국내분교 졸업 시)
☞ 학력 인증서(국가별 주한 해당국 대사관 등에서 발급)
☞ 사회복지현장실습 확인서(원본)
※ 공통 및 별도 구비서류 모두, 발급일 기준 90일 이내의 원본 서류만 심사 가능. 단, 사회복지현장실습 확인서는 90일 이후 서류도 심사 가능(반드시 원본이어야 함)

이상과 같이 제출된 발급 신청서와 구비서류는 내용 검토 후 자격이 인정될 경우 자격증을 발급한다(민원 처리기간 : 7일). 「민원 사무처리에 관한 법률」 시행령 제13조에 따라 신원조회 기간은 처리기간에 산입하지 않는다(7일 초과 시 지연내용을 사전 안내함). 신원조회 또는 사실조회 실시 후 부적격자는 사안에 따라 자격증 발급을 취소 또는 무효 처분할 수 있다.

제21장 사회복지학업의 졸업과 취업전략

| 제1절 | 노동시장 변화와 취업전략

취업준비 전략은 일자리 탐색, 원서제출, 면접참여, 취업 관련 교과목 수강, 일자리 체험, 어학연수, 관련 자격 취득, 각종 취업지원 프로그램 참여 등을 포함한 취업준비활동의 전략적이고도 포괄적인 개념이다.

1 노동시장

노동시장은 취업의 질적인 측면에서 일반적으로 취업의 질적인 변수로 거론되는 것은 일자리 만족, 임금, 전공과 일치도, 기관규모 등이다. 일반적으로 구직자들이 입사 후 소득수준과 근무수행이 안정적으로 정착된 상태의 노동시장이 의미를 가진다. 이에는 직무매치(전공매치), 정규고용, 직무내용 만족 등이 고려된다.

1) 직무매치(전공매치)

일반적으로 직무매치란 개인이 자신의 직무가 자신의 교육수준, 기술수준, 전공수준, 전공지식에 대비하여 자신에게 적합한 정도를 말한다. 대졸자를 대상으로 하는 연구에서는 자신의 직무가 교육수준에 비해 어떠한가에 대한 질문에 대부분 교육수준에 비해 직무수준이 낮아 우리 사회 고학력 인플레와 이에 따른 하향취업의 가능성을 시사해 주고 있었다. 그런가 하면 자신의 직무가 전공(전공지식)과 일치하는가에 대한 질문에 상당 부분 전공과 일치하지 않는다고 대답하여 우리 사회 전공 불일치의 문제가 심각한 것으로 판단된다.

대졸자가 대학의 취업 프로그램에 참여하여 그 만족도가 높으면 일자리 적합에도 긍정적인 영향을 미침이 확인되고 있다(백병부 · 황여정, 2009). 그리고 대졸자의 재학 중 일 경험과 공식적인 구직경로는 전공 일치도를 높임을 알 수 있었다(정지선 · 이수정 · 신정철, 2010).

2) 정규고용

취업의 질적인 성과는 취업의 질적인 부분으로 정규직 고용, 상용직 고용 등이 될 것이다. 취업의 질적인 성과는 일자리 형태로 하루 종일 일하는 경우와 그렇지 않은 경우, 고용형태로 상용직과 그렇지 않은 경우, 근로형태로 정규직 근로와 비정규직 근로, 근로계약 기간으로 특별히 정해지지 않은 경우와 정해진 경우, 그리고 일자리 규모, 월평균 수입 등이 있다. 구체적으로 정규직 여부에 따라 전공 불일치도가 달라질 수 있다. 한국노동패널 조사자료는 대학 및 대학원 졸업자를 대상으로 분석한 결과, 종사장 지위와 정규직 여부에 따라 전공 불일치도가 달라짐을 확인하고 있다(김기헌, 2006). 구체적으로 상용직일 때 일용직보다 전공일치가 높으며, 정규직인 경우 비정규직보다 전공일치도가 높았다.

3) 직무내용 만족

직무만족은 개인이 직무에서 느끼는 좋은 감정이나 반응이라 볼 수 있다. 직무만족은 보통 개인의 욕구충족과 관련되며 이러한 욕구가 충족되려면 동기부여가 전제가 되어야 하는데 직무 만족요인(동기요인) 및 직무 불만족요인(위생요인)이 중요하다. 직무 만족요인으로는 주로 성취감, 인정, 직무 자체, 책임감 등이며, 직무 불만족요인은 조직관리, 감독, 작업조건, 임금, 대인관계 등이었다.

2 채용시장의 변화

채용시장에는 다음과 같은 변화가 감지되고 있다.

1) 모집채널의 다양화 · 글로벌화
2) 고유한 선발모형과 절차운영
3) 인 · 적성 검사의 활용성 강화
4) 서류전형의 체계화
5) 역량(행동, 지식, 스킬)중심의 면접 확대
6) 적합성 면접과 임원평가 비중 축소
7) 면접 전문인력 양성

3 취업전략[1)]

1) 시설이나 기관의 인사담당자는 어떤 고민을 할까?

첫째, 어떤 사람이 우리 시설에 적합한가?

둘째, 어떤 사람이 우리 시설에서 정말 일을 잘 할 것인가?

셋째, 어떤 인재를 원하는가?

〈표 21-1〉에서 보는 바와 같이 시설이나 기관은 개인인성, 개인역량, 조직역량, 글로벌역량을 갖춘 인재를 원할 것이다. 그러나 이러한 모든 조건을 충족하는 인재가 흔할까? 이 모든 것을 갖춘 인재를 채용하면 행운이 될 것이다. 그러나 이러한 조건을 충족하기 위해 노력하는 것이 취업전략이 될 것이다. 시설이나 기관의 채용의 목표는 역량중심 채용을 통해 조직의 가치를 공유하고 직무수행 능력을 갖춘 올바른 사람을 선발하는 것이 최근 채용제도의 주요한 트렌드이다. 시설들은 맡은 직무를 기술적으로(technically) 무리 없이 수행할 수 있는 인력을 채용하며, 비교적 단기간에 조직성과(organization performance) 향상을 가져오는 사람을 선발할 것이다.

표 21-1 시설에서 원하는 인재상

개인인성	• 긍정적인 사고와 인간미를 갖춘 인재 • 도덕성과 윤리성, 정직함을 갖춘 인재 • 예의 바르며, 겸손하고, 성실하며 맡은바 직무에 책임을 다하는 인재
개인역량	• 기본에 충실하며, 맡은 부문의 세계 최고가 되겠다는 프로정신을 가진 인재 • 끊임없는 자기변신과 성장을 위해 노력하는 인재
조직역량	• 창의(조)적이고 유연한 사고를 갖춘 인재 • 적극적이고 열정적이며, 패기 있고, 실패를 두려워하지 않는 인재 • 진취적이고 도전적이며 혁신적인 사고와 변화를 주도하는 인재 • 자신의 주장보다는 조직 융화와 협력을 위해 노력하는 인재 • 고객의 가치 향상을 통해 기업의 가치를 극대화하려는 인재
글로벌역량	• 세계적 · 국제적 감각과 능력을 갖춘 인재 • 국제적 감각과 기준으로 행동하려는 사람

1) 이 내용은 신한대학교(2014). 기업직무 및 취업전략을 재구성한 것임.

2) 인재상의 의의와 중요성

인재상은 시설의 비전과 미션을 달성하기 위해 경영진이 조직구성원들에게 요구하는 현재와 미래의 바람직한 모습을 의미한다. 즉, 경영진의 경영철학, 경영이념, 핵심가치 등을 집약해서 표현할 수 있는 리딩메시지(leading message)라고 할 수 있다.

인재상은 〈표 21-2〉와 같이 직원들에게 바람직한 롤 모델(role model)을 제시해주며, 시설과 직원들의 커뮤니케이션(communication) 도구로서 매우 중요한 역할을 수행한다.

표 21-2 바람직한 인재상

장기적 목표와 미래상		직원들의 행동기준 제시
• 인재상은 시설이 추구하는 장기적인 목표와 부합하는 바람직한 미래상의 반영임 • 막연한 단어들의 나열이 아닌 장기적인 안목에서 미래 목표와 현실을 연결하는 전략적인 도구	의 의	현 구성원의 역량을 파악하고 바람직한 미래로 나아가기 위해 그 갭(gap)을 줄일 수 있도록 하는 직원들의 롤 모델임
시설과 직원 간의 커뮤니케이션 도구		**조직에 대한 구성원의 몰입**
• 시설 : 직원들에게 바라는 행동양식을 구체적으로 제시 • 직원 : 장기적으로 자신의 발전 모델을 설정하여 자신의 역할 및 행동을 회사의 방향과 연계	중요성	조직구성원들이 공감할 수 있는 명확한 인재상은 직원들에게 성장에 대한 동기를 부여하여 조직에 대한 강한 정서적 몰입을 유발할 수 있는 환경을 조성하여 줌

⇓

바람직한 Role Model & Communication 도구

그리고 조직의 가치나 문화를 이해하고, 팀 내에서의 기대 역할을 무리 없이 수행할 수 있는 인력과 비교적 장기간에 걸쳐 조직성장(organization growth) 실현에 도움이 되는 올바른 사람(right people)을 선발할 것이다(그림 21-1).

그림 21-1 Right People 선발을 위한 역량중심 채용

인사담당자의 설문결과 우리 시설에 들어왔으면 하는 신입사원의 유형은 무엇일까? 반드시 지원하는 시설의 홈페이지를 방문하여 그 시설이 원하는 인재상을 파악하는 것이 중요하다.

첫째, 개인보다 팀워크에 앞장서는 인간관계 좋은 직원
둘째, 주어진 일을 밤을 새서라도 마치는 성실한 직원
셋째, 열심히 배우고 따라 하려는 노력파 직원
넷째, 하나를 가르쳐 주면 열을 아는 똑똑한 직원
다섯째, 시설 내의 대소사에 앞장서서 챙기는 의리파 직원
여섯째, 직장상사와 동료를 잘 챙기는 마음 따뜻한 직원
일곱째, 자신 없는 일에도 일단 덤비는 의욕적인 직원
여덟째, 잘 웃고 애교 있는 분위기 메이커 직원

3) 인재를 보는 기준

인재를 보는 기준은 일반적으로 다음과 같다

첫째, 직업에 대한 애정, 확고한 직업관
둘째, 직무에 대한 자신감
셋째, 본인만의 경쟁력
넷째, 명확한 지원동기
다섯째, 확고한 입사의지
여섯째, 장기근무 계획
일곱째, 업무를 잘 할 수 있는 자질

4 매력 있는 자기소개서 쓰는 법[2)]

매력 있는 자기소개서는

첫째, 말하기 쉬운 단문 형태의 간결한 문장으로 써야 한다.
둘째, 한마디로 나를 상징하는 문구로 시작하자.
셋째, 요구하는 사항을 구체적으로 쓰자.
넷째, 읽는 사람, 지원하는 회사의 입장에서 작성하자.
다섯째, 직무와 관련된 나만의 강점역량을 넣자.
여섯째, 지원한 시설에 대한 정확한 이해 내용을 넣자.
일곱째, 부정적 내용보다는 긍정적 내용을 쓰되 부정적 내용은 반드시 교정하고 있음을 넣자.
여덟째, 지나치게 튀거나 설교하듯 하지 말자.
아홉째, 정직하게 작성하자(면접에서 들통난다).
열째, 남의 것을 복사하여 쓰지 말자.

2) http://blog.daum.net/angela6772/13727151 참고함.

자기소개서는 제3자에게 자신을 가장 잘 소개해야 하는 글이다. 정직하게 써야 하지만, 솔직한 척하면서 자신의 약점까지 드러낼 필요는 없으며 자신의 강점을 중심으로 기술한다. 면접관의 입장에서 보면, 수많은 자기소개서를 읽게 된다. 이때 가문소개나 소설을 쓰듯이 한 자기소개서를 보면 다 읽지 않고 버린다. 버려진 자기소개서를 쓴 응시자가 합격되기는 어렵다. 따라서 자기소개서를 쓸 때에는 직원을 채용하는 사람은 어떤 사람을 좋아할까를 생각하며 써야 한다.

첫째, 해당 기관이나 시설의 장은 가문 좋은 사람을 뽑는 것이 아니라 일 잘하는 사람을 뽑는다. 가족관계는 매우 짧게 기술하고, 해당 분야 일을 잘하기 위해서 어떤 공부를 했는지를 기술한다.

둘째, 해당 기관이나 시설의 장은 좋은 학교를 나온 사람이 아닌 일 잘 할 사람을 뽑는다. 학력을 짧게 쓰고, 직무에 어떤 자격증을 취득했고, 실무를 얼마나 잘 익혔는지를 쓴다.

셋째, 해당 기관이나 시설의 장은 자격증이 많은 사람도 좋겠지만, 진짜로 일을 잘 할 사람을 뽑는다. 직장생활의 경력, 직장체험, 장기 자원봉사활동 등을 한 경험을 쓴다. '○○대학교 사회복지학과를 졸업하였습니다'라고 쓰기 보다는 '○○대학교 사회복지학과 ○○○ 교수님으로부터 사회복지학의 이론과 기술을 배우고, ○○자격 과정을 수강하면서 노인복지에 대한 꿈을 키웠습니다'라고 쓴 사람을 더 원한다.

넷째, 해당 기관이나 시설의 장은 해당 분야의 전문가가 일을 잘 할 수 있는 사람이라고 인정한 사람을 뽑는다. 따라서 해당 분야를 대표하는 교수, 신망을 받는 현장 전문가의 추천을 받는 것이 좋다. 제출서류에 추천서가 필수사항이 아니더라도 지도교수님으로부터 추천서를 받아서 내면 취업에 훨씬 유리하다. 직원 1명을 채용하는 데 원서를 낸 사람이 15명이고 그중 같은 학교 졸업생이 6명이라면, 면접관은 추천서를 낸 2명에게 더 주목하게 될 것이다.

다섯째, 해당 기관이 종교적 배경을 가진 법인이고, 가급적 해당 종교를 믿는 사람만을 채용한다면, 해당 종교에 얼마나 신심이 깊은지를 추가하여 작성한다. '저는 독실한 ○○○ 신자입니다'라고 쓰기보다는 '저는 독실한 ○○○ 신자인 부모님의 영향을 받아서 어렸을 때부터 ○○○를 다녔고 ○○○ 목사님으로부터 세례를 받았습니다. 그리고 ○○○에서는 학생회 활동을 꾸준히 하였고, 현재는 ○○○선생으로 ○○○를 맡고 있습니다'라고 쓴다.

여섯째, 자기소개서에는 가족배경, 학력, 경력, 각종 자격증, 해당 업무에 대한 준비, 해당 분야에 대한 꿈을 짧지만 강하게 작성한다. 자기소개서는 본보기대로 쓸 필요는 없지만 채용자의 마음을 움직일 수 있도록 작성해야 한다.

흔히 보는 자기소개서 예

저는 1998년 경상북도 고령군에서 태어났습니다. 2남 3녀 중에서 장녀이고, 엄한 아버지와 자애로운 어머니로부터 가정교육을 받았습니다. 장녀라서 그런지 책임감이 강하고, 동생들을 사랑으로 키우기도 했습니다. 중학교까지는 할머니와 함께 살았는데, 대가족으로 살면서 저는 어르신 모시는 법을 몸으로 체득했습니다. 부모님께서는 농사를 지으면서 축산업을 부업으로 하십니다. 저희 집 가훈이 '정직과 성실'인데, 저는 어렸을 때부터 정직하게 살고, 성실하게 살아야 한다는 것을 배웠습니다.

○○ 초등학교를 졸업하고, ○○ 중학교를 마친 후에 ○○ 고등학교를 졸업하였습니다. 2014년에 ○○대학교 사회복지경영계열에 입학하여 2017년 2월에 졸업할 예정입니다. 현재 사회복지사 1급 자격을 준비하고 있는데, 열심히 공부해서 훌륭한 사회복지사가 되겠습니다.

대학교 다닐 때에는 학교 친구들과 함께 사회복지시설을 방문하여 봉사활동을 많이 하였습니다. 제 적성에 노인복지가 맞는 것 같아서 노인복지 분야로 진로를 정했습니다. 그리고 직장생활에 필요한 사무능력을 준비하기 위해서 워드프로세서, 사무자동화 기사를 취득하였고, 운전면허증도 1종 보통으로 취득하였습니다. 2016년 여름방학에는 노인복지회관에서 직장체험을 3개월 동안 하였고, 현재도 노인복지시설에서 주기적으로 봉사활동을 하고 있습니다.

귀 노인복지시설에서 채용해 주신다면 열심히 일하겠습니다.

위 자기소개서에서 고쳐야 할 점 혹은 부족한 점

→ '저'가 누구입니까? 원서를 낸 사람이 15명이라면 '저'가 누구인지를 찾아볼까요?
→ 엄한 아버지와 자애로운 어머니라구요? 그럼 자애로운 아버지와 엄한 어머니 밑에서 자란 사람도 있습니까?
→ 직원을 채용하는 데 응시자의 가훈까지 알아야 합니까?
→ 어떤 초등학교와 중학교를 나왔는지가 중요할까요?
→ 대학교를 다닐 때 한 봉사활동은 구체적으로 무엇이었습니까?
→ 대학교 다닐 때, 학생회 활동, 소모임 활동을 한 것은 왜 누락시켰습니까?
→ 사회복지현장실습은 어디에서 어떻게 받았습니까?
→ 직장체험을 하면서 배운 것은 무엇입니까?
→ 왜 자원봉사활동을 하지요?
→ 귀하의 경험이 현재 지원하려는 기관에 어떤 도움이 될까요?
→ 귀하는 구체적으로 어떤 꿈을 가지고 있습니까?

| 제2절 | 면접 준비 기간에 해야 할 사항

1 제출한 자기소개서 내용 통달

면접위원이 제일 많이 물어보는 사항은 자기소개서 내용 중 추가확인을 하고 싶은 것이다. 막상 면접장에 들어가면, 내가 쓴 것인데도 기억이 안 날 때가 많다. 따라서 자기소개서 내용은 확실하게 통달을 하여야 한다. 왜냐하면 자기소개서 내용과 다른 대답은 거짓으로 간주하기 때문이다. 그리고 내가 적은 사항에 대한 예상 질문을 만들어 보자. 그리고 예상 질문에 대한 모범 답안을 만들어 외운다.

2 지원한 시설의 정보를 수집하고 암기

취업준비생은 지원한 시설의 연혁이라든지, 현황, 비전, 미션 등과 주요 대외활동 등을 면밀히 검토하여 확인하도록 하자.

3 인재상, 핵심역량을 연구, 예상 질문을 만들고 답 암기

취업준비생은 회사 소개자료, 채용 안내서, 공고문, 홈페이지, 그리고 우리 학교 출신 중 근무하는 사람이 있는지 그리고 장점 등에 대한 예상질문을 만들고 답을 암기하도록 한다.

| 제3절 | 면접 행동 요령

1 대기자세

1) 회사가 제공한 홍보물을 보거나 읽는다.
2) 자신이 준비한 자료, 서적을 읽는다.
3) 당일 신문을 조용히 읽는다.
4) 조용히 앉아서 순서를 기다린다.
5) 궁금한 것은 정중하게 문의를 한다.

하지 말아야 할 질문 - 면접 시 질문내용 등

- 졸거나 엎드려 잔다.
- 다른 대기자들과 떠들고 이야기한다.
- 음식물을 먹거나 껌을 씹는다.
- 전화를 하거나 문자메시지를 보낸다.
- 이어폰을 끼고 음악을 듣고 있다.
- 다리를 꼬고 삐딱한 자세로 앉아 있다.

2 입장 시

1) 바르게 편 자세로 당당하고 자신감 있게 입장한다.
2) 면접관을 힐끔힐끔 쳐다보지 말고 앞을 주시한다.

3) 준비된 의자 앞에 서서 면접관에게 바르게 인사한다.
4) 인사말은 '안녕하십니까?'라고 한다.
5) 너무 큰 소리로 인사하지 않는다.
6) 앉으라고 안내를 받으면 자리에 앉는다.

3 착석 시

1) 엉덩이를 의자 끝에 붙이고 허리를 곧게 펴고 앉는다.
2) 어깨는 힘을 빼고 자연스럽게 한다.
3) 남자는 손을 무릎 위에 올리고 가볍게 주먹을 쥔다.
4) 여자는 오른손을 위로 포개어 무릎 가운데 둔다.
5) 다리는 정면을 향하게 바르게 모은다.
6) 다리를 떨거나 포개지 않도록 한다.

4 시선처리

1) 정면을 바라보고 면접관의 턱을 응시한다.
2) 질문을 하는 면접관과 시선을 마주치도록 한다.
3) 여러 명의 면접관이 있으면 고르게 시선을 분배한다.
4) 너무 산만하게 시선 이동을 하지 않는다.
5) 다른 피면접자에게 시선을 주어야 할 경우, 잠깐 고개를 돌려 보는 것은 자연스럽다.

5 목소리

1) 자신감 있고 당당한 목소리로 답변을 한다.
2) 평소 대화하는 목소리보다 약간 크게 한다.
3) 작은 목소리로 묻는다고 나도 작아져서는 안 된다.
4) 말의 속도는 평소 대화하듯 자연스럽게 유지한다.

5) 중요한 사항은 힘을 주어 강조하는 것도 좋다.
6) 생기 있는 표현과 톤은 면접관을 즐겁게 한다.

6 표 정

1) 무표정한 표정은 금물이다.
2) 찡그린 표정, 피곤한 듯한 표정은 금물이다.
3) 웃는 얼굴에 침 못 뱉는다.
4) 웃는 사람에게 호감이 가는 것은 인지상정이다.
5) 난처한 질문을 해도 당황하지 않고 자연스러움을 유지한다.

7 퇴장 시

1) 질문이 끝났다고 면접이 끝난 것이 아니다.
2) 나가도 좋다고 하면 자리에 일어서서 바른 자세로 서서 인사한다. 인사말은 "고맙습니다".
3) 조용히 뒤로 돌아 살며시 문을 열고 나온 뒤 닫는다.
4) 퇴장하면서 표정이 바뀌거나 말을 하지 않는다.

제22장 사회복지사의 직업세계

한 인간으로서 나는 다양한 전문 자격증 획득으로 유망 직업을 선택하든, 유망 학과를 선택하든, 유망 자격증을 선택하든, 유망 사업 아이템을 선택하든 큰 틀에서 세상의 변화를 읽어야 올바른 선택을 할 수 있다. 유망이라는 단어는 불확실한 미래라는 의미가 내포되어 있다. 우리가 타임머신을 타고 미래로 갈 수 있다면, 무엇이 유망 직업이 될지, 어떤 학과가 인기 학과가 될지 알 수 있을 것이다. 하지만 우리에게 타임머신은 없다. 결국 인간이 가질 수 있는 타임머신은 환경과 변화, 즉 패러다임이나 메가트렌드, 트렌드 등을 알고, 직관과 예지능력을 통하여 예측하는 것이다. 그러므로 무조건 따고 보자는 식으로 묻지마 자격 취득에 나서는 것보다 자격증이 실제 업무에 얼마나 도움이 되는지를 냉철히 판단할 필요가 있다. 하지만 어떠한 자격이라도 그만큼의 시간과 노력을 투자하였다는 점에서 무시할 수 없는 것은 분명하다.

사회복지사란 현대사회에서 발생하고 있는 다양한 사회적, 개인적 문제를 겪는 사람들에게 사회복지학 및 사회과학의 전문지식을 이용하여 문제를 분석 · 파악하여 문제해결을 돕고 지원하는 업무를 담당하는 자를 말한다.

사회복지사의 주요 업무는 다음과 같다.

- 사회적, 개인적 문제로 어려움에 처한 의뢰인을 만나 그들이 처한 상황과 문제를 파악하고 그들이 필요로 하는 서비스의 유형을 판단한다.
- 문제를 처리, 해결하는데 필요한 방안을 찾기 위해 관련 자료를 수집하고 분석하여 대안을 제시한다.
- 재정적 보조, 법률적 조언 등 의뢰인이 필요로 하는 각종 사회복지프로그램을 기획, 시행, 평가한다.
- 공공복지 서비스의 전달을 위한 대상자 선정작업, 복지조치, 급여, 생활지도 등을 한다.
- 사회복지 자원봉사자를 모집하여 교육시키고 배치 및 지도감독을 한다.
- 사회복지정책 형성과정에 참여하여 정책분석과 평가를 하며 정책대안을 제시한다.

| 제1절 | 유망 전문자격 및 자격증 획득

1 사회복지전담공무원

1) 사회복지전담공무원의 역할

사회복지전담공무원은 소외되고 불안정한 사회계층의 생계보호와 자립지원 등 사회의 구석구석을 살피고, 개선하는 업무를 수행하는 공무원으로서 사회봉사적인 업무 특성상 긍지와 자부심을 가질 수 있는 직렬이다. 또한 최근 공무원 직렬 중 역할과 조직이 크게 확대될 것으로 기대되는 직렬이다. 사회복지직 공무원의 주요 업무로는 복지지원에 관련된 전반적인 업무를 진행한다. 저소득층복지 지원관리, 사회복지시설 관리, 의료급여 관리, 노인복지 관리, 자활지원 관리, 아동복지 관리, 장애인복지 관리, 긴급복지 지원관리의 업무를 담당한다. 사회복지 공무원은 시청, 군청, 구청, 읍, 면, 동 또는 자치단체 소속 사회시설에 배치되어 근무하게 된다.

2) 사회복지전담공무원의 응시자격

사회복지전담공무원 시험과목은 고졸 이상(18세 이상)이면 가능하며, 총 5과목이며, 필수과목 3과목과 선택과목 2과목으로 응시할 수 있다. 필수과목은 국어, 영어, 한국사이며, 선택과목은 사회, 수학, 과학, 행정학개론, 행정법총론, 사회복지개론 중 2과목이다. 단, 사회복지사 2급 자격증을 가지고 있어야만 응시자격을 가질 수 있다.

2 학교사회복지사

1) 학교사회복지사의 역할

학교사회복지사는 학교에서 일어나는 학생의 문제들을 개인의 문제만이 아닌 개인을 둘러싼 환경과의 상호작용의 문제로 본다. 이러한 심리 · 사회적 문제들을 학생-학교-가정-지역사회의 연계를 통해 예방하고 해결함은 물론, 모든 학생이 자신의 잠재력과 능력을 최대로 발휘할 수 있도록 최상의 교육환경과 공평한 교육 기회를 제공하는 역할을 한다. 궁극적으로는 교육의 본질적인 목적을 달성하고, 또한 학생복지를 실현할 수 있도록 도와주는 교육기능의 한 부분이며 사회복지의 전문분야이다.

2) 주요 업무

학교사회복지사의 주요 업무는 〈표 22-1〉과 같이 학교사회복지실천을 위한 여건조성과 학생대상 활동으로 개별사회사업, 집단사회사업, 기타 문화사업, 가족지원활동, 학교변화를 위한 활동, 지역사회 자원구축 및 연계서비스, 그리고 기타 활동들이 있다.

표 22-1 학교사회복지사의 주요 업무

<table>
<tr><th colspan="2">목 표</th><th>세부업무의 예</th><th>비 고</th></tr>
<tr><td colspan="2">학교사회복지 실천을 위한 여건 조성</td><td>• 관련 협의체 및 협력 부서 조직
• 사무실 및 학생 상담공간 마련과 환경 구성
• 학생/ 학부모/ 교사/ 지역사회 대상 홍보 활동
• 자원봉사자 모집, 배치
• 학교욕구 조사 및 지역사회 조사</td><td></td></tr>
<tr><td rowspan="3">학생 대상 활동</td><td>개별 사회 사업</td><td>• 수시 개별상담 및 전문가 의뢰
• 복합적인 문제와 욕구를 가진 학생을 위한 다양한 전문가로 구성된 지원팀 운영
• 심리검사</td><td>담임, 전문상담교사, 보건교사 협조</td></tr>
<tr><td>집단 사회 사업</td><td>• 자아성장을 위한 집단활동
– 학습전략, 진로탐색, 자원봉사, 또래상담 등
• 문제해결을 위한 집단활동
– 의사소통 기술훈련, 분노조절, 행동수정 등
• 예방교육
– 폭력예방, 공동체 의식 향상집단 등</td><td>상담자원봉사자 협조, 지역사회 전문기관 활용</td></tr>
<tr><td>기타 문화 사업</td><td>• 문화체험 행사 및 방학 중 캠프
• 즐거운 학교생활을 위한 문화이벤트
• 건강한 청소년 문화를 위한 학생활동 지원</td><td>학생회, 교사 협조, 지역사회 자원 연계</td></tr>
</table>

가족 지원활동	• 가정방문, 부모상담 • 장학금, 생활보조금 등 연계 • 결손가정학생을 위한 정서적 후원자 결연	지역사회 자원 연계
학교변화를 위한 활동	• 학생복지 이해 증진을 위한 교사연수 • 학생 원조를 위한 교내 서비스 체계 마련 • 학생 옹호활동 및 학교체계 변화를 위한 활동	
지역사회 자원구축 및 연계서비스	• 지역사회 자원 조사 및 개발 활동 • 전문가, 전문기관과의 공조체계 마련 • 지역사회 학생복지 지원협의체 결성, 운영 • 지역사회 인식 개선과 환경 개선을 위한 캠페인 및 참여 활동	
기 타	• 활동기록, 평가, 자문 • 서비스 효과성 조사연구 • 활동홍보 및 보고서 작성 배포	

3) 학교사회복지 관점

첫째, 학생은 다양한 환경체계(또래, 가족, 학교, 지역사회 등) 안에서 상호작용을 하며 생활한다.

둘째, 학생이 갖는 문제는 개인에게서 비롯되는 경우도 있지만 대개는 생태체계도에서 제시된 다양한 환경체계와의 부정적인 상호작용을 통해 어려움을 갖게 된다.

셋째, 학생들의 어려움을 해결하기 위해서는 학생뿐 아니라 다양한 환경체계에 대해서도 개입을 해야 한다.

넷째, 이러한 관점에서 학교사회복지는 학생들의 어려움을 해결하기 위해 교사, 학부모, 지역사회 유관기관(사회복지기관, 상담기관, 의료기관, 종교기관 등)의 다양한 전문가들과 협력한다.

4) 학교사회복지사의 응시자격

학교사회복지사의 자격기준은 〈표 22-2〉와 같은 조건을 충족시켜야 한다(한국학교사회복지사협회, 2016).

표 22-2 학교사회복지사 응시자격

구 분	학교사회복지사 자격시험 응시자격
필수자격 요건	1. 사회복지사 1급 자격증 소지자 2. 학교사회복지론[1)2)]을 이수한 자 3. 아동복지론[3)4)]또는 교육학 관련 교과목[5)6)] 중 1과목 이상을 이수한 자
선택자격 요건	4-1. 240시간 이상의 학교사회복지 관련 실습[7)]을 이수한 자 4-2. 초 · 중 · 고등학교에서 학생복지 업무를 전담하는 사회복지사로 6개월 이상 근무한 자 4-3. 사회복지기관에서 학교사회복지 관련 실무[8)]를 1년 이상 담당한 경력이 있는 자

1) 학교사회복지론은 학교사회사업론의 명칭도 가능하며, 한국학교사회복지학회 혹은 한국학교사회복지사협회가 주최한 학교사회복지 기초과정 연수(30시간)를 이수한 자는 학교사회복지론을 이수한 것으로 인정할 수 있다.

2) 학교사회복지론, 아동복지론, 교육학 관련 교과목 이수의 경우 학점인증제 기관에서 이수한 경우도 인정한다.

3) '아동복지론'은 '청소년복지론' 혹은 '아동 · 청소년복지론'으로 대체할 수 있다.

4) 각주 2)번 내용

5) 교육학 관련 교과목이란 교육학 개론(교육의 이해), 교육행정론(교육행정 및 교육경영, 교육행정의 이해), 교육정책론, 교육사회학, 교육심리학, 교육철학 및 교육사, 교육과정 및 교육평가, 교육방법 및 교육공학 등 교직 필수과목을 의미하며, 2급 정교사 이상의 자격을 갖고 있는 자는 교과목을 이수한 것으로 간주한다(초 · 중 · 고등교육법에 의한 교직 필수과목).

6) 각주 2)번 내용

7) 학교사회복지 관련 실습 240시간 중 120시간 이상은 학기 중 실습을 필수로 이수해야 하며(방학 중 실습은 인정하지 않음), 나머지 120시간은 학교사회복지와 관련이 있는 직업체험활동, 자원봉사활동 등으로 대체할 수 있다. 단, 학교사회복지 관련 실습 및 자원봉사는 1학기당 최대 3개월 120시간까지만 인정하며, 동일기간 내의 실습과 자원봉사는 중복으로 인정하지 않는다. 학교사회복지실습 지도자의 자격은 사회복지현장실습 지침의 기준(1급 사회복지사 자격증 취득 후 3년 이상 사회복지 관련 실무경력자 또는 2급 사회복지사 자격증 취득 후 5년 이상 사회복지 관련 실무경력자)을 충족하는 경우에만 실습으로 인정한다. 교육복지지원센터에서의 실습은 학교사회복지사 자격증을 소지하고 있는 슈퍼바이저에게 슈퍼비전을 받은 경우에만 인정한다. 자원봉사는 슈퍼바이저의 유무와 상관없이 사회복지서비스의 제공과 관련된 활동이라면 모두 인정이 가능하다. 단체 · 센터 · 기관 등에서 학교현장으로 파견되어 제공한 자원봉사활동도 인정이 가능하다.

8) 학교사회복지 관련 실무란 ①, ② 중 한 가지를 의미한다. ① 학교에 상주하며 학생 및 기타 관련 체계에

주1. 필수자격 요건은 세 가지 사항 모두가 충족되어야 하며, 선택자격 요건은 세 가지 중 한 가지 이상이 충족되어야 한다[필기시험 25문항(객관식 5지 선다형/ 배점 각 4점/ 면접)].
2. 법령에서 고등교육법에 의한 4년제 대학졸업자와 동등 이상의 학력이 있다고 인정하는 자로서 전공, 학과에 관계없이 보건복지부령이 정하는 사회복지학 전공교과목과 사회복지 관련 교과목(필수 10, 선택 7)을 이수한 경우로 **사회복지사 1급 자격증** 취득자라면 응시 가능하다.

3 의료사회복지사

1) 의료사회복지사의 역할

초기 의료사회복지사의 역할은 대개 환자의 퇴원 후 사후지도와 방문지도였으며 의사의 요청이 있을 때 환자의 사회력을 조사하여 보고하는 일로서 주로 개별사회사업의 접근이었다. 그러나 지금은 의료관의 변천에 따라 의료사회복지사도 그 역할이 다양해졌으며, 여러 가지로 변화·확대되었다. 의료사회복지사는 전문상담가로서 환자와 가족의 심리적·사회적·경제적 문제를 파악 진단하여 원활한 진료가 이루어질 수 있도록 원조하고, 환자가 정상적으로 가정과 사회로 복귀할 수 있도록 지원하며, 병원의 효율적인 운영과 환자에 대한 서비스 증진을 위한 프로그램을 개발하고 시행하며, 전문상담 활동 및 질환별 사회사업적 개입을 위한 연구조사 활동을 수행한다.

의료사회복지사의 분야별 역할은 의료사회사업에 있어서 지역사회보건, 재활의료, 정신보건, 일반의료 등의 특수분야가 있어 그 전문적인 역할에는 다소 차이가 있다.

첫째, 지역사회보건사업에서 의료사회복지사의 활동영역은 건강에 관한 지식과 태도 변화에 따라 기본적인 지식과 올바른 태도를 가질 수 있도록 개별사회사업의 방법으로 가족단위의 보건교육을 실시하고 건강에 대한 의식을 향상시켜서 자력으로 건강을 유지할 수 있는 행동변화를 돕는 것이다. 그리고 환자의 건강 장애요인, 경제적 상황 파악, 사회적 배경 확인 등을 통한 예방 보건서비스를 통하여 건강이나 보건에 장애가 되는 문제를 해결하고 지역 내 여러 기관단체와 협력하여 팀워

사회복지서비스를 제공하는 업무, ② 사회복지기관에서 학교와 관계하여 사회복지서비스를 제공하는 아동복지 또는 청소년 복지 분야의 업무이다. 아동·청소년 관련 기관에 근무를 하였다 하더라도 단순히 행정적인 업무만을 처리하는 것이 아니라 실질적으로 아동·청소년에게 직접적으로 사회복지서비스(사례관리서비스, 상담서비스 등)를 제공하였음을 증명할 수 있는 실무경력 증빙서류 제출해야 한다.

크로 환자의 조기발견 및 치료를 함으로써 장애요인을 최소화하고, 지역사회의 중간집단을 이용하여 심리적 · 사회적 직업재활을 위한 프로그램 개발이나 자원활용 계획을 수립하고 보건활동을 증진하는 것이다.

둘째, 재활의료는 재활의료기관에서 장애를 가진 자의 의료적 · 사회적 · 교육적 · 정신적 · 직업적 장애로부터 그의 잠재능력을 최대한 개발할 수 있도록 돕기 위하여 재활팀의 일원으로 전체 재활과정에서 주로 심리사회적 진단과 치료, 사회자원 동원과 조정, 사회운동, 직업보도 등의 서비스를 하는 사회사업의 한 영역이라 하겠다. 재활의료기관에서 사회복지사는 재활과정에서 입원과정부터 퇴원 또는 사회복귀에 이르는 모든 과정까지 사회적 · 경제적 · 심리적 상황과 조건을 이해하고 개입함으로써 신체적 장애뿐 아니라 이에 부수되는 이차적인 장애를 극복하도록 도와주어야 한다.

셋째, 정신보건은 정신적 · 정서적 장애를 가진 환자나 가족을 돕는 것을 목적으로 다양한 형태의 심리치료, 의학적 치료, 간호, 작업치료, 오락치료, 직업재활 등이 팀워크 활동 중 행해지는 사회사업 활동에 해당하는 개별지도나 집단지도 활동을 말한다.

넷째, 일반의료는 병원이나 진료의 수준에 관계없이 환자의 진료과정에 있어서 파생되는 문제의 해결이나 효과적인 진료를 위한 협력적인 활동이며 나아가서 지역사회 자원을 활용하여 사후지도를 주로 하는 활동이다. 따라서 일반의료 사회복지사는 활동장면이 병원이나 시설 안에서 한정되거나, 단순히 치료장면에 몸을 던지는 것이 아니고, 넓게 예방, 치료, 재활까지 포함하여 일관되고 종합적인 보건, 의료, 복지활동을 전개하는 것이다. 따라서 일반의료 사회복지사는 대상자나 문제에 대한 포괄적인 서비스를 제공하며 팀의 일원으로서 모든 분야의 총체적 역할을 수행하고 있으며, 특히 오늘날의 의료에 있어서는 임종과 호스피스, 장기이식, 소아정신병 환자 등의 부분에서 사회사업적 지원서비스의 역할을 하고 있다.

2) 의료사회복지사의 응시자격

의료사회복지사 자격시험에는 아래의 자격기준 1 혹은 2에 해당하는 자가 응시할 수 있다.

1. 다음 각 호를 모두 만족하는 자
   가. 사회복지사 1급 자격증 소지자
   나. 의료사회복지 실무경력 1년 이상 또는 의료사회복지 연구 및 교육에 1년 이상의 경력을 가지고 있는 자
   다. 응시원서 마감일까지 최근 3년간 연회비 납부의무를 이행한 자 또는 가입연도 이후 연회비를 완납한 자
   라. 응시원서 마감일까지 최근연도 협회 인증 연수평점 20점 이수 확인 서류를 제출할 수 있는 자
2. 이와 동등한 자격이 있다고 협회자격관리위원회에서 인정하는 자

의료사회복지사 시험은 필기시험으로 의료사회사업 실무론(30문항), 의료사회복지 윤리(5문항), 의료사회복지 제도 및 법제(15문항)를 객관식 5지 선다형으로 50점 배점으로 1교시에, 2교시는 의료사회사업 사례분석(1례)이 주관식 논술형으로 50점 배점으로 치러진다. 합격자에 한해 한국사회복지사협회와 대한의료사회복지사협회가 공동으로 발급한 의료사회복지사 자격증을 수여한다.

4 정신보건사회복지사

1) 정신보건사회복지사의 역할

정신보건사회복지사는 정신보건 영역에서 이루어지는 사회복지 활동을 하는 사회복지사이다. 주로 내담자의 질병에 연관된 사회환경적 조사를 통한 진단적 역할과 개별치료, 집단치료, 가족치료, 집단활동치료 등의 치료적 역할, 퇴원계획, 재활치료, 지역사회 자원 연결, 사례관리, 정신질환자에 대한 편견 해소 등의 퇴원까지 사후지도적 역할을 맡고 있다. 또한 정신보건사회복지사는 정신질환자의 개인력 및 사회 조사, 정신질환자에 대한 사회사업 지도 및 방문지도, 사회복귀 촉진을 위한 생활훈련 및 직업훈련, 정신질환예방 활동 및 정신보건에 관한 조사연구를 주요 업무로 한다.

2) 정신보건사회복지사의 응시자격

정신보건사회복지사는 사회사업법에 의한 사회복지사 1급 자격증 소지자가 보건복지부 장관이 지정한 정신보건사회복지사 수련기관에서 1년 이상 수련을 마칠 경우 정신보건사회복지사 2급을 취득하게 된다. 정신보건사회복지사 1급은 고등교육법에 의한 대학원에서 사회복지학 또는 사회사업학을 전공한 석사학위 이상 소지자로서 보건복지부 장관이 지정한 전문요원 수련기관에서 3년 이상 수련을 마친 자나 2급 정신보건사회복지사 자격 취득 후 정신보건시설 또는 보건소에서 5년 이상 정신보건 분야의 임상실무경험이 있는 자이다.

지금은 정신질환자에 대한 정부 정책이 정신의료기관, 정신요양시설 중심의 입원 및 격리 위주 정책에서 사회복귀시설, 정신보건센터 등 지역사회 중심의 재활 및 사회복귀 정책으로 전환되면서 정신보건 분야 전문가에 대한 수요가 높아지고 있다. 또한 선진국형 질병구조로 변화함에 따라 정신질환자, 알코올중독자 등이 증가하고 다양한 정신질환 발생률이 높아지는 추세이므로 정신보건사회복지사의 역할은 더욱 중요해질 것으로 예상된다.

5 교정사회복지사

1) 교정복지의 개념

교정복지의 개념은 교정복지 관련 현장에서 사용하고 있는 유사한 용어도 함께 이해하는 것이 바람직하다. 따라서 비행청소년과 범죄인 재활의 주요 현장이라고 할 수 있는 소년원, 보호관찰소, 교도소 따위에서 사용하는 보호와 교정을 정리한 후 교정복지의 개념을 살펴보도록 하겠다.

(1) 보호

보호(保護)는 비행청소년의 재활과 관련하고 있는 소년원, 소년분류심사원, 대안교육센터, 보호관찰소 따위에서 주로 사용하는 용어다. 이들 현장을 관할하는 법무부의 부서가 보호국에서 범죄예방정책국으로 바뀌었지만 보호라는 용어를 그대로 사용하는 것이 합당하다. 여전히 비행청소년은 형사처벌이 아닌 보호처분을 받기 때문에 보호가 품는 의미는 처벌보다 양육의 성격이 강하기 때문이다. 따라서 보호는 비행청소년이 바르게 성장할 수 있도록 제반 생활을 돌보면서 비행으로부터 빠져나올 수 있도록 돕는 제반 사업을 일컫고, 이를 보호사업이라고 칭할 수 있다.

(2) 교정

교정(矯正)은 교도소와 같은 교정시설에서 사용하는 용어로 범죄인의 범죄성향을 바로잡아 사회에 적응할 수 있도록 돕는 것이다. 따라서 교정은 보호보다 엄한 통제의 성격을 띤다. 이의 구체적인 사업을 교정사업(矯正事業, correctional services)이라고 할 수 있다. 교정사업은 범죄인을 재활시키기 위해 관여하는 제반의 업무를 의미한다. 특별히 이 교정사업은 교정기관에서 실무자가 범죄인에게 제공하는 프로그램과 범죄인을 위한 관련 업무까지 총괄한다.

결국 교정복지는 사회적응에 실패한 범죄자 및 비행청소년들의 사회적 적응능력을 배양시켜 재비행과 재범을 방지하며 원만한 사회복귀를 도와 건전한 시민으로 살아갈 수 있도록 하는 복지적 처우와 조직적 서비스의 지원활동으로 개념지을 수 있다.

2) 사회복지학적 접근의 필요성

지금의 사회는 범죄인 계층의 다양화, 비행 및 범죄 수법의 다양화, 비행 및 범죄 동기의 다양화, 범죄의 기술화 따위로 비행 청소년과 범죄인의 재활을 더욱 어렵게 만들고 있다. 예컨대 과거의 '없는 자'와 '남성 위주'의 범죄에서 '있는 자'와 '여성의 범죄'가 늘고 있고, 단순사고와 흉악범죄가 고도의 기술과 복잡한 생각으로 저지른 대형 범죄로 변화하고 있으며, 빈곤 탈피라는 범죄동기에서 인간관계의 갈등이나 정신장애 따위와 같은 범죄동기로 증가하고 있는 실정이다. 이러한 범죄의 양상은 앞으로 더욱 심화하여 나타날 것으로 예상된다. 이렇게 개인적 요인과 사회적 요인이 복잡하게 얽혀 범죄가 발생하는 상황에서 과연 범죄인의 재활을 위한 개입방법은 합당한 수준으로 발전하고 있는가? 이러한 물음에 대한 답을 줄 수 있는 학문은 비행청소년과 범죄인을 재사회화시키기 위해 필요한 교정기술인 심리학, 사회학, 정신의학, 교정학, 사회복지학 등의 전문 분야에서 출발한다. 비행청소년 및 범죄인의 재활에 대한 접근의 필요성을 다음과 같은 사회복지학의 특성에 따라 설명하고자 한다.

(1) 인간 존엄과 사회정의에 중점

사회복지학은 인간의 존엄성과 변화의 능력을 인정하고 인간을 도우면서 사회정의를 실현하려는 숭고한 가치를 바탕으로 태동하여 발전한 학문이다. 따라서 사회복지사는 어느 전문가들보다 인간다운 정신과 기술을 가지고 비행청소년이나 범죄인의 재활에 적극적으로 개입할 수 있다. 실제로 사회복지실천은 역사적으로 빈곤 지역사회의 비행청소년과 범죄인을 위한 활동에서부터 시작하였다.

(2) 개인과 환경 중시

사회복지학에서 중시하는 기술은 클라이언트 개인은 물론 그의 가족과 관련인과 지역사회를 동시에 조망할 수 있도록 개발되었다. 그러므로 사회복지사의 역할은 어떤 분야의 전문가보다 비행청소년이나 범죄인의 재활에 이들 개인뿐 아니라 이들의 가족과 관련인과 지역사회를 함께 변화시켜야 한다는 데 더욱 중점을 두고 있다.

(3) 심층 심리적 접근

사회복지학은 사회복지사 자신의 능력 정도에 따라 클라이언트의 심리적인 문제까지도 접근할 수 있는 기술을 준비하고 있다. 그러므로 심리적인 이유로 비행이나 범죄에 빠진 비행청소년이나 범죄인의 재활에 단독으로나 다른 영역의 전문가와 협력하여 개입할 수 있다. 특히 정신장애로 어려움을 겪고 있는 비행청소년이나 범죄인의 재활에는 사회복지학에서도 정신보건사회복지 측면과 병행하여 가능하다.

(4) 지역사회 자원 활용

사회복지사는 지역사회의 유용한 자원을 끌어들이고 활용하는 기술을 겸비하고 있다. 비행청소년이나 범죄인의 재활을 위해서는 지역사회의 다양하고 많은 자원이 동원되어야 한다. 사회복지사는 평소 여러 형태의 연계망(networks)을 구축하고, 지역사회 안의 자원을 조직하고 활용하며 그렇게 활동할 수 있는 여건을 충분히 마련하고 있어야 한다.

3) 교정사회복지사의 역할

교정사회복지사는 교정시설에서 근무하는 사회복지사이다. 법무부 산하의 교정시설에서 범죄인의 재활과 범죄예방에 개입하는 사회복지 전문직이다. 재소자가 재활을 통해 마음가짐이 변할 수 있게 동기부여를 주는 등 교육하는 역할과 일방적인 욕구가 있는 범죄인들을 위해 규칙적으로 상담을 해주는 등 다양한 일을 한다.

교정사회복지는 범죄자나 비행청소년의 재활과 정상인으로서의 사회복귀를 돕고 범죄사건으로 인한 제반 영향을 해결하기 위한 전문적 사회복지의 한 분야이다. 교정복지는 교정의 문제를 사회복지적 차원에서 대처함으로써 범죄자나 비행청소년의 개인 차원은 물론이거니와 그들을 둘러싼 사회환경에 개입함으로써 당면한 문제뿐 아니라 재범예방 차원에서 효율성을 증진시키고 범죄나 비행이 야기한 부정적인 결과를 제거하여 사회구성원의 복지 증진에 기여하고자 체계적으로 연구하는 새로운 학문분야이다.

특히 범죄에 노출이 되어 있는 청소년을 비롯해서 수감생활을 하고 있는 성인까지 잘못된 길을 선택해서 그곳에서 빠져나오지 못하고 있는 사람들을 상담자, 안내자, 중재자, 교육자의 역할로 나누어서 도움을 주고 있다.

4) 교정사회복지사의 응시자격

교정복지사는 사회복지사 1급을 소지하고 있어야 하며, 특별한 시험제도가 있는 것은 아니며 교정시설에서 공고가 나 사회복지사를 모집하면 이력서를 내면 된다.

6 군사회복지사

1) 군사회복지사의 역할

군사회복지는 군인과 그 가족이 지닌 기본적인 욕구를 충족시키기 위한 사회복지적 노력의 일환으로 정의할 수 있다. 다른 측면에서는 군조직이나 군제도가 가진 고유의 목적이 잘 성취될 수 있도록 돕는 활동을 의미하기도 한다.

현대사회에서 군사회복지의 목적은 군조직 혹은 군사회의 어려운 상황을 인식하고, 군인 및 그 가족이 겪게 되는 여러 가지 생활상의 어려움을 해소하는 데 의미를 두고 있다. 그것은 군조직이 지닌 특수한 성격과 군인과 그 가족이 경험하는 생활상의 어려움이 다른 집단에 비하여 독특한 특성을 지닌 것을 전제로 하고 있기 때문이다. 이러한 특수한 상황과 성격이 군사회복지의 필요성을 높이며 이에 사회복지 전문가의 개입이 요청되고 있는 것이다.

군조직은 민주사회에서 다양한 갈등적인 요소를 가질 수밖에 없는 특성을 지니고 있다. 그것은 군조직의 속성과 그 바탕으로 하고 있는 철학으로부터 연유한다. 즉, 군조직이 지니는 특성으로 인하여 군조직이 놓여 있는 사회환경과는 갈등적인 요소가 언제나 존재할 수 있다는 것이다. 그러므로 문제발생의 가능성을 예방하고 조화로운 조직기능을 유지함은 물론, 안정적이고 보다 높은 생활의 질적 향상을 도모하기 위한 목적으로 군사회복지사가 필요한 것이다. 또한 군조직 측면에서뿐만 아니라 그 조직 내에서 생활하고 있거나 직접적 · 간접적으로 그 조직의 영향을 받게 되는 군인 가족의 생활을 원조하는 것이 필요하다. 따라서 군사회복지사가 요구되는 근거는 군인 및 그 가족의 수적 크기와 증대, 그리고 국방 예산이 차지하는 비중과 국방 목적의 중대성이다. 어느 국가를 막론하고 군인 및 가족의 수는 국민 중의 상당수가 포함되기 마련이며 우선적인 위치를 점하고 있다고 볼 수 있다. 이런 점들이 군사회복지의 필요성을 증대시켜 준다. 즉, 군사회복지를 통해서 군인 및 그 가족의 복지 증진은 물론, 군 기강 증진과 권력 증진을 배양하며 국방력을 높이고 평화를 유지하며 수호하는 기능에까지 연결된다.

군사회복지사가 제대별로 수행하게 될 역할과 직무를 제시하면 다음과 같다.

첫째, 군사회복지사는 군 내 인성교육 및 고충처리 전문가인 군기본권상담관, 군종장교, 주임원사, 헌병, 법무 및 인사 관련자들과 협조하여 장병과 군인 가족의 심리 · 정서적 문제를 예방하고 심리치료의 전문가로서 내담자의 문제를 명확히 규정하기 위해 장병, 가족들과 군 규정과 방침 등의 정보를 수집하여 문제의 원인을 명확히 사정하고, 이에 따른 심리치료를 제공한다.

둘째, 장병들과 군인 가족의 심리 · 정서적인 문제는 대상자의 개인의 인성적 특성에 의해 발생하기도 하지만 지리적, 경제적, 심리사회적 혹은 사회환경적 영향이 중요한 역할을 한다. 따라서 복무 부적응 병사에 대해서는 지휘관에게 지휘조치를 건의하고, 빈곤가정의 병사들은 병영환경에 적응하도록 경제적인 원조를 하며, 잦은 이동으로 적응하지 못하는 가족과 자녀들을 대상으로 지역사회에 적응하는 프로그램을 개발하고 적극 참여하는 방안도 강구할 필요가 있다.

셋째, 군사회복지사는 부대 장병, 복지 관련 전문가, 그리고 필요하다면 가족과 부모들에게 대상 장병 문제의 원인과 이의 예방을 위한 방안을 함께 토의하고 교육을 시켜서 문제의 예방과 해결에 도움을 준다. 예를 들어, 병영 내 부적응 병사가 발생하면 지휘계통 및 관련 간부들에게는 병사에 대한 부적응에 대한 원인과 특징, 심리적 상태, 병영 내 동료 및 선 · 후임 간의 관계 등을 설명해 주고, 부모들에게는 성장과정과 병영문화의 차이와 자녀 부적응 문제의 원인을 이해할 수 있도록 도와주는 역할을 해야 할 것이다.

넷째, 군사회복지사는 부대와 지역사회의 관계를 증진시키는 연계자로서 관련 참모와 협조하여 군대가 지역사회에 기대하는 내용과 부대의 주둔 목적을 주민에게 홍보하거나 반대로 지역사회의 요구를 부대에 전달하는 직무를 수행해야 한다. 예를 들어, 부대훈련과 임무수행 간 주민들의 불편을 최소화하기 위한 주민 홍보 및 간담회 등을 열거나 수해 등의 재난에 적극적으로 동참하고, 부대의 편의시설을 개방하도록 협력할 수 있다. 또한 지역사회의 문화 · 행정시설 및 전문가들과 협조하여 민주시민으로서의 역할을 담당하는 교육과 행사를 실시함으로써 부대가 지역사회와 유기적인 교류를 할 수 있도록 연계자의 역할을 수행해야 할 것이다.

다섯째, 군사회복지사는 군병원에서 근무하는 의료사회복지사와 정신의료복지사는 정신적 질환과 육체적 질병으로 구분하여 의료진과 협력하여 약물치료를 병행하고, 환자의 특성을 고려한 외부의 미술치료 등 특수치료 전문가를 투입하여, 환자가 회복 후 부대에 복귀하여 정상적인 임무를 수행할 수 있도록 하는 역할을 담당해야 할 것이다.

여섯째, 군사회복지사는 군대 내·외의 타 전문직과도 협력하여 병영생활 지도나 전역 후 장병들의 진로를 결정하도록 도와주어야 할 것이다. 예를 들어, 장병들에게 자기계발 프로그램을 소개하고, 전역을 앞둔 장병들이 전역 후 진로에 대한 상담과 취업준비 및 알선 등의 지원의 역할이 필요할 것이다.

일곱째, 군사회복지사는 병영문화를 개선하는 노력을 해야 할 것이다. 부대별로 오랜 전통의 병영문화가 일순간에 바뀌기는 어려울 것이다. 더욱이 악·폐습은 병영 저변에 잠재하면서 근절시키기 어려운 특성이 있다. 따라서 부대의 병영문화의 개선은 군인신분이 아닌 군사회복지사가 지휘관과 부하들 사이의 연계자로서의 역할을 담당하며 지속적으로 개선해 나가야 할 것이다. 지휘체계에 의해 유지되는 군의 특성상 리더가 긍정적으로 바뀌면 장병들이 자연스럽게 변화하게 될 것이다. 이러한 장병들에 대한 시각은 종전의 '질책과 지시'의 대상에서 '인정하는 대상'으로 인식의 전환이 필요하고, 지휘관들이 장병의 기본권 보장에 앞장서야 하며 공동체 조직의 성공요인인 상호 대화와 인정을 통하여 동질의 가치관과 합의된 목표를 도출하고 합리적인 병영을 경영해야 할 것이다. 따라서 새로운 병영문화는 리더의 의식 전환을 기반으로 하여 모든 구성원의 건전한 가치관 형성 및 조직의 공동체를 확산하도록 해야 할 것이다. 이러한 변화의 주도는 간접적인 지휘계통의 위치에 있는 군사회복지사의 중요한 역할 중에 하나가 될 것이다.

군사회복지제도가 바르게 뿌리 내리기 위해서는 신분별로 차이가 나는 기본적인 욕구를 잘 식별하고 분석한 후 부대의 특수적 환경을 고려한 후 대상별 맞춤식 사회복지 프로그램 개발하고 지속적이고 내실 있는 실천이 필요하다고 할 수 있다. 또한 군사회복지서비스의 대상을 살펴보면, 군인과 군인 가족으로 크게 나뉘고, 군인은 다시 장교와 부사관 및 군무원을 포함하는 간부와 의무복무를 하는 사병이 있으며, 제대 군인까지를 군사회복지의 대상으로 포함시킬 수 있을 것이다. 물론 간부도 복무형태별로 세분화하여 복지 프로그램을 차별화해야 하는 등 이 분야는 앞으로 많은 연구가 필요한 분야이다. 여기에서는 그 대상을 간부 및 군인 가족, 사병과 전역 예정 간부의 기본 형태로 구분하여 군 내부 및 외부와의 연계를 통한 군사회복지사의 직무 프로그램 분야를 제시하면 〈표 22-3〉과 같다.

표 22-3 군사회복지사의 직무(예)

대상	군 내부 복지 프로그램	외부연계 복지 프로그램
간부	– 음주/ 약물 남용대책 – 전투/ 근무 스트레스 관리 및 치료 – 인성교육 – 휴가 및 포상 – 군생활/ 진로 상담 – 해외탐방/ 휴양 – 선택적 복지제도 시행 * 위기개입, 개인상담, 사례관리, 자기계발	– 간부계발 지원 – 국내외 위탁교육 – 자격증 취득 – 생활자금 대여 – 문화탐방 지원 – 장병인성교육 지원
군인 가족	– 주거/ 주택 지원 – 휴양시설 – 자녀교육비 지원 – 의료서비스 – 각종 상담 – 장애 군가족 지원 * 위기개입, 개인상담, 사례관리	– 가족폭력 예방 – 지역사회 자원 연결 (평생교육 및 취미생활) – 위기개입 – 자원연계 – 군인자녀 특례입학 – 영유아 보육/ 자녀교육 지원
사병	– 병영문화 개선 – 의식주 개선 – 군 기본권 향상 (전문상담관, 병영생활 상담관) – 상담/ 치료 – 인성교육 – Vision Camp – 전역 전 사회적응 교육 * 위기개입, 개인상담, 사례관리 집단상담, 재교육(인성, 사고 예방)	– 건전 병영문화 공동연구(민 · 군) – 각종 봉사활동 지원 – 민 · 군 공동 전문가 활동 (심리치료사, 정신과의사, 군의관) – 사이버 교육지원 – 사회적응 프로그램 지원 – 지역별 상담지원(향군종, 성직자) – 진로 · 고용 정보 제공

제대군인	– 직업보도교육 – 취업 알선 – 연금제도 * 제대군인보호법 추진 * 개인상담, 사례관리	– 군 전문 인력 채용 – 전역자 재교육 – 보훈정보 서비스 – 자원 연계
공통	– 군 종합사회복지계획 수립/ 추진 – 복지기금 마련 및 자원 발굴 * 복지정책과 비전 제시	– 군복지 정책 자문 및 제안 – 군인 및 가족 권리 옹호 – 민 · 군 화합 지역문화 활동

2) 군사회복지사의 응시자격

군사회복지사는 사회복지사 1급을 소지하고 있어야 하며, 특별한 시험제도가 있는 것은 아니며 모집공고가 나, 사회복지사를 모집하면 이력서를 내면 된다.

7 산업사회복지사

1) 산업사회복지사의 역할

산업사회복지사는 일반적인 정의는 기업체에서 노동자들의 비복지적 문제의 개선을 위해 사회복지학의 전문지식을 활용하여 문제해결을 수행하는 사회복지사로, 노동자의 부당대우, 부적응 문제나 직무 스트레스 등과 같이 여러 문제점을 상담 및 프로그램 진행을 맡아서 생산성 향상이나 사기를 높이는 긍정적인 효과를 거둘 수 있도록 도와주는 직업이다. 주요 업무를 살펴보면 다음과 같다.

첫째, 산업사회복지사는 곤란에 처한 종업원이나 직장을 잃을 위험에 처한 조합원을 도와 그들의 문제를 해결하고 고도의 업무수행을 달성하고 유지하도록 그들을 상담하고 관계되는 활동을 전개한다.

둘째, 산업사회복지사는 클라이언트의 욕구를 충족하기 위하여 지역사회서비스의 이용에 관한 조언을 하며 그러한 프로그램과의 연계를 수립한다.

셋째, 산업사회복지사는 일선 요원들(노조 대표, 직장, 반장)이 종업원의 업무수행에서의 변화가 있을 때 사회서비스 기관에 의뢰하는 시기를 결정할 수 있도록 그들을 훈련시키며 의뢰할 수 있도록 필요한 사전조치를 한다.

넷째, 산업사회복지사는 서비스에 관한 정보를 기록하고 프로그램을 분석하기 위한 자료를 제공하게 될 노조나 경영의 정보체계의 작동을 개발하며 감독한다.

다섯째, 산업사회복지사는 충족되지 못한 욕구를 인식해 내며 현재의 인구학적 추세의 인식에 기초해서 프로그램의 장래방향을 잡기 위한 계획을 입안한다.

여섯째, 산업사회복지사는 인적자원 정책의 개발에 관계되는 노동이나 경영의 의사결정자에게 자문을 제공한다.

일곱째, 산업사회복지사는 복지, 지역사회 건강, 현임 또는 은퇴 종업원이나 노조원을 위한 교육적 · 오락적 프로그램이 실시되도록 돕는다.

여덟째, 산업사회복지사는 급여와 건강보호 체제의 관리에서 도움을 주며 새로운 시도에 대한 계획에 도움을 준다.

아홉째, 산업사회복지사는 여성, 미성년자, 장애자를 위한 적절한 긍정적 행동의 개발과 관리에 자문을 준다.

열째, 산업사회복지사는 현안이 된 사회복지 규정에 관하여 각 조직의 입장에 대하여 조언한다.

2) 산업사회복지사의 응시자격

산업사회복지사는 사회복지사 1급을 소지하고 있어야 하며, 특별한 시험제도가 있는 것은 아니며 산업체에서 모집공고가 나, 사회복지사를 모집하면 이력서를 내면 된다. 주로 대기업에서 모집이 있을 수 있으며, 모집범위가 협소할 수 있다.

| 제2절 | 첫 직장에서의 성공적인 시작[9]

새로운 환경에서 자신의 능력을 최상으로 발휘하기는 누구든지 쉽지 않다. 특히 첫 직장의 경우는 더 그렇다. 직장생활에 있어 어려운 고비가 몇 가지 있다. 그 중 시기적인 고비를 예로 들면, '입사하고 1년 이내, 경력 6년차 대리 말년 그리고 임원 승진 바로 전'에 직장인들이 퇴사를 가장 많이 고민한다. 특히 그중에서 입사 후 1년 내의 퇴사비율은 대략 30~35% 정도로 가장 높다. 물론 중복 입사 합격의 경우도 있겠지만, 무엇보다도 처음 시작하는 직장생활에 잘 적응하지 못하는 경우가 많다. 새로운 조직과 사람들을 만나 일을 해야 하는 만큼 첫 직장에서는 그만큼 인간관계를 얼마나 잘 이끌어 가느냐가 중요하다. 이럴 경우 어색하지 않게 빨리 자신을 새로운 환경에 흡수시킬 수 있는 노하우를 안다면 많은 도움이 될 것이다. 그렇다면 첫 직장이라는 새로운 조직에서 살아남기 위해서는 어떠한 전략을 세워야 할까. 다음과 같은 점을 고려해 보도록 하자.

1 업무에 앞서 우선 자신의 존재감을 알리자

처음 직장생활 적응 시 가장 먼저 명심할 것은 자신의 업무능력을 먼저 어필하기 전에 회사 내 직원들과의 관계에 있어 자신의 좋은 이미지를 어필하는 것이 중요하다는 것이다. 즉, 입사 초 '자신의 존재감'을 알려라. 매일 무리하지 않는 범위 내에서 적극적인 자세로 일상업무를 처리한다. 또 남들보다 일찍 출근하자. 제일 먼저 출근할 필요는 없지만 상위권에 속하도록 하자. 먼저 출근해서 사무실 환경 정리도 하고, 그날 있을 업무에 대해 미리 생각해 보는 것도 좋다. 이후 출근하는 선배나 상사, 동료들을 밝은 웃음과 함께 인사로 맞이하자. 아침 첫인상부터 점수는 따고 들어가는 셈이다. 특히 남이 하지 않으려고 하는 일이나 어려운 일들도 최선을 다해 해나가자. 단, 이때 동료 및 직장상사와 조화를 깨뜨리지 않으며 자신의 존재감을 보여주는 것이 중요하다.

9) 잡코리아 취업뉴스(2016) 참고.

2 무조건 상대방의 이름부터 외워라

처음 보는 사람의 경우 친근한 인사 한마디 건네는 것조차 어색하기만 하다. 이때 빠른 적응을 위해 업무와 사람에 대한 파악을 신속하고 심도 있게 하여 자신이 가지고 있는 잠재력을 적절히 발휘할 수 있는 토대를 만들자. 첫 번째로 할 일은 본인이 속한 부서의 상사, 선배 또는 함께 일할 사람들의 이름부터 외우는 것이다. 김춘수의 '꽃'이라는 시에서처럼 사람의 이름을 정확하게 불러주는 것이 모든 관계의 출발점이 되기 때문이다. 주위 동료들의 이름을 친근하게 부르면서 인사하는 당신의 모습에 이미 보이지 않는 장벽 하나는 허물어진 셈이다. 여기에 한발 더 나아가 동료, 선배, 상사들의 성향을 빨리 파악하자. 한마디로 사람들의 성격을 빨리 파악하는 것이다. 직장은 하나의 커뮤니티이고 단체이며 모임이다. 같이 어울려 부딪히는 시간이 많은데 이런 관계를 유연하게 지속해 나가려면 성격과 좋아하는 것 등을 빨리 파악하고 그에 맞게 같이 맞춰 나가는 것이 중요하다. 특히 신입사원 시절에는 더욱 그렇다.

3 인사 잘하는 신입사원, 직장 매너를 갖춰라

인사, 대화, 수행 등 각각의 상황에 맞는 직장 매너를 갖추고 몸에 익히기 위해 노력하라. 여자 사원의 경우 선배에게 '언니'라고 부르는 일이 많은데, 이런 실수를 하지 않도록 유의해야 한다. 직함이 있는 경우 직함을 부르고 직함이 없는 동료 간에는 '씨'라고 칭하는 게 무난하다. 특히 신입사원 시절에는 무조건 인사를 잘하자. 같은 회사 사람이라면, 자신의 부서가 아니더라도, 또는 자신의 동료나 직계 상사가 아니더라도 밝은 미소와 함께 가볍게 인사를 나누는 것이 좋다. 인사는 인간관계의 제일 기본이자 처음 시작이다. 이 외에도 최근 성공하는 직장인들은 패션전략이 남다르다. 그만큼 자신의 이미지를 어필하는 데 있어 옷차림도 전략이다. 패셔너블하게 갖춰 입으라는 이야기가 아니다. 깔끔하고 단정한 옷차림은 신입사원의 열정을 대변해 준다. 가장 좋은 옷차림은 TOP, 즉 시간(time), 상황(occasion), 장소(place)에 맞아야 한다. 거래처 미팅이나 프레젠테이션 발표, 야유회, 체육대회 등 다양한 상황에 맞춰 감각 있게 연출하는 것이 중요하다. 또 출근이 늦거나 외부에서 상사에게 보고할 일이 있을 때는 문자메시지를 사용하지 말고 반드시 전화를 걸어 예의 바르게 전달해야 한다.

4 묻고 또 물어라

직장생활 적응속도를 높이고 실수를 줄이기 위해서는 직장선배나 상사에게 질문하는 것을 두려워하지 말아야한다. 특히 모르는 것은 그때그때 묻는 습관을 가져야 터무니없는 실수나 시행착오를 줄일 수 있다. 단, 묻기 전에 먼저 자기 생각을 정리한 후 묻는 습관을 들이고, 한 번 물어본 것은 차후에 다시 묻는 일이 없도록 메모 등을 통해 기록해 둔다. 신입 때는 배움의 자세를 유지한다. 신입 때는 주어진 업무나 직무가 자신과는 맞지 않다고 느낄 수 있으며 종종 배움을 포기하기도 한다. 그러나 성공을 향한 분명한 목표와 커리어로드맵이 있다면, 주어진 일에 대해 정면으로 맞서 해결해야 한다. 훌륭한 멘토를 한 명 정해두고 모방하는 것도 좋다. 성공적인 직장생활의 필수요건 중 하나가 '훌륭한 멘토'라 할 수 있다. 입사 초기에 전문지식과 업무능력, 풍부한 실무경험 등을 갖춘 상사를 모방하는 것은 회사에 적응하는 데 큰 도움이 된다.

5 좋은 기회는 놓치지 말고 나의 능력을 어필하자

어느 정도 자신의 위치가 인식되고 주위 사람들로부터 신뢰를 얻었다고 생각한다면, 이제 본격적으로 자신의 능력을 보여라. 회의시간이나 프리젠테이션은 직장상사와 선배들이 많이 모인 자리이다. 이 기회를 잘 이용해 자신의 능력을 보여라. 자신의 지식과 능력을 현 구성원들에게 어필할 수 있는 좋은 기회가 된다. 그러나 여기서 자칫 조심할 것은 너무 드러나지 않는 한도 내에서 발휘하는 것이다. 일에도 단계가 있듯이 너무 빠른 변화는 동료나 상사로 하여금 당신을 경계하게 만든다. 혼자 직장생활 하지 않을 것이라면 너무 능력을 발휘하기 위해 혼자만의 시간을 갖는 것은 조금 자제해야 할 일이기도 하다. 또한 틈틈이 자기계발을 하는 것도 게을러져서는 안 된다. 업무와 연관된 공부를 먼저 시작하는 것이 좋으며, 점차 자기계발의 범위를 넓혀나가면 된다. 남보다 앞서 나가기 위해 지나치게 욕심 부리지 말고 조금씩, 그러나 꾸준히 하는 것이 중요하다.

참 / 고 / 문 / 헌

국가인권위원회법 시행령 제7조, 제8조, 제9조, 제24조, 제31조.

국가인권위원회법 시행규칙 제26조의2 [별표4].

기간제 및 단시간근로자 보호 등에 관한 법률 제5조, 제7조의1.

김기헌(2006). 과잉교육과 전공불일치 : 노동시장 결과에 미치는 영향. 제7회 한국노동패널학술대회 자료집. 한국노동연구원.

김윤나(2012). **사회복지현장실습 가이드북**. 서울 : 신정.

김융일 · 양옥경(2004). **사회복지슈퍼비전론**. 경기 : 양서원.

김혜란 · 홍선미 · 공계순(2001). **사회복지실천기술론**. 서울 : 나남출판.

김혜영(2006). 청년기 스트레스 유형에 따른 대처방식과 사회적 지지의 효과에 관한 연구. **사회복지실천연구, 3**(1).

김희수 · 안정선 · 배진형(2013). 사회복지실습생이 경험하는 스트레스와 대처. **한국콘텐츠학회논문지, 13**(11), 740-753.

노인복지법 제31조.

류형택 · 이경재 · 강윤경 · 김수정 · 이명은 · 이외승(2014). **사회복지현장실습의 이해와 실제**. 서울 : 동문사.

법인세법 시행규칙 제28조 제7항 제3호의3.

백병부 · 황여정(2009). 대졸 임금근로자의 일자리 만족도 영향요인에 대한 구조분석. **직업능력개발연구, 12**(2), 124-146.

보건복지부 고시 제2019 – 249호 사회복지사업법 시행규칙 제3조 (별표1) 제2호 라목.

보건복지부(2017). 2017 사회복지시설 관리안내.

보건복지부 · 이화여자대학교 산학협력단(2011). 사회복지현장실습 기관인증제 도입의 필요성과 활용방안 연구.

보건복지부 · 한국사회복지사협회(2013). **표준실습교육매뉴얼 : 종합사회복지관**. 서울 : 경성문화사.

보건복지부령 제426호.

사회복지법인 및 사회복지시설 재무 · 회계규칙 제41조의4.

사회복지사업법 제2조, 제2조 제1호, 제11조, 제23조 제4항, 제34조 제3항, 제43조, 제45조 제2항.

사회복지사업법 시행규칙 제3조, 제26조의2 [별표4], 제27조 [별표1].

서울시사회복지관협회(2005). 지역사회복지관 사회복지현장실습이해 : 실습지도자를 위한 지침.

서진환(2001). **사회복지실습의 길잡이**. 서울 : 학지사.

신한대학교(2014). 기업직무 및 취업전략.

소득세법 시행규칙 제101조 제20호의2

아동복지법 제52조.

양옥경 · 최소연 · 이기연(2007). **사회복지 현장실습 슈퍼비전**. 경기 : 양서원.

영유아보육법 제10조.

오혜경(2015). **사회복지현장실습**. 서울 : 창지사.

오혜경 · 하지영(2007). **사회복지현장실습 매뉴얼**. 경기 : 양서원.

____________(2010). **사회복지현장실습 매뉴얼**. 경기 : 양서원.

우수명(2007). **사회복지 프로그램 개발과 평가**. 서울 : 인간과복지.

이경아 · 서홍란(2014). **사회복지현장실습**. 경기 : 공동체.

이종복 · 권오득 · 김성철 · 손영희 · 신후경(2013). **사회복지시설경영론**. 경기 : 양서원.

이창식 · 김윤정(2004). 스트레스에 대한 대처전략의 중재효과 : 남녀대학생의 차이를 중심으로. **한국청소년연구, 15**(2), 183-213.

임정문 · 나직균 · 방용권(2013). **사회복지현장실습 : 매뉴얼 & 현장실습 일지**. 서울 : 동문사.

장애인복지법 제58조.

정무성(2005). **사회복지 프로그램 개발론**. 경기 : 학현사.

정무성 · 조해영(2009). 사회복지전공학생의 현장실습 스트레스 증상에 관한 연구. **한국사회복지교육, 10**, 93-118.

정신보건법 제10조, 제15조, 제16조.

정지선 · 이수정 · 신정철(2010). 대졸청년층의 구직과정 및 취업의 질적 수준분석 : 전공계열별 차이를 중심으로. 2010 한국고용정보원 고용동향조사 심포지엄자료집. 한국고용정보원.

정진모(2006). 서울사회복지 공동모금회 배분설명회 자료.

주은수(2010). 미국 사회복지실천의 전문화와 자격제도의 발달. **사회복지, 185**, 120-126.

학점인정 등에 관한 법령 및 학력인정 등에 관한 운영규정(2012. 7. 1).

한국사회복지교육협의회(2012). 2012년 사회복지 교과목 지침서.

한국사회복지사협회(2010). 사회복지현장실습 안내서.

_________________(2016). http://www.welfare.net

한국학교사회복지사협회(2016). 2016년도 제12회 학교사회복지사 자격시험 시행공고.

Amirkhan, J. H.(1990). A factor analytically derived measure of coping : The Coping Strategy Indicator. *Journal of Personality and Social Psychology, 59*(5), 1066.

Cavazos, E. A.(1996). The legal risks of setting up shop in cyberspace. *Journal of Organizational Computing and Electronic Commerce*, *6*(1), 51-60.

Congress, E., & McAuliffe, D.(1999). Social work ethics. *International Social Work*, *49*(2), 151-164.

Flexner, A.(1915). Proceedings of the National Conference of Charities and Correction. *School and Society*, *1*, 901-911.

Fortune, A. E.(1994). Field education. *The Foundations of Social Work Knowledge*, 151-194.

Greenwood, E.(1957). Attributes of a profession. *Social Work*, 45-55.

Kadushin, A.(1974). Supervisor-supervisee : A survey. *Social Work*, *19*(3), 288-297.

Kerson, T. S.(2014). *Field Instruction in Social Work Settings*. Routledge.

Lazarus, R. S., & Folkman, S.(1984). *Stress, Appraisal, and Coping*. Springer publishing company.

Levy, C. S.(1973). The value base of social work. *Journal of Education for Social Work*, *9*(1), 34-42.

Loewenberg, F., & Dolgoff, R.(1996). *Ethical Decisions for Social Work Practice*(5th ed.). Itasca, IL : F. E. Peacock.

Loganbill, C., Hardy, E., & Delworth, U.(1982). Supervision : A conceptual model. *The Counseling Psychologist*.

Miley, K. K., O'Melia, M. W., & DuBois, B. L.(2016). *Generalist Social Work Practice : An Empowering Approach*. Pearson.

Reamer, F. G.(1998). The evolution of social work ethics. *Social work*, *43*(6), 488-500.

Riley, P. G.(2002). *The One-page Proposal : How to Get Your Business Pitch onto One Persuasive Page*. Harper Collins.

Royse, D., Dhooper, S. S., & Rompf, E. L.(2016). *Field Instruction : A Guide for Social Work Students*. Wave land Press.

Tobin, D. L., Holroyd, K. A., Reynolds, R. V., & Wigal, J. K.(1989). The hierarchical factor structure of the Coping Strategies Inventory. *Cognitive Therapy and Research*, *13*(4), 343-361.

네이버 블로그(2017. 1. 10).
http://blog.naver.com/PostView.nhn?blogId=lym6887&logNo=100198374910

다음 블로그(2017. 1. 11). http://blog.daum.net/angela6772/13727151

비온뒤무지개재단(2017. 1. 5).
http://rainbowfoundation.co.kr/xe/index.php?mid=board_NZca38&document_srl=1934&sort_index=title&order_type=desc

잡코리아 취업뉴스(2016). 첫 직장에서 살아남기. 2017년 1월 14일자 검색.
https://m.jobkorea.co.kr/GoodJob/News/View?News_No=10066&schCtgr=100002&page=1

ASWB(2017. 1. 16). https://www.aswb.org/licensees/about-licensing-and-regulation/

______(2017. 1. 19). https://www.aswb.org/licensees/about-licensing-and-regulation/

JACSW(2017. 1. 16).
http://www.jacsw.or.jp/ninteikikou/

SASW(2017. 1. 16). http://accreditation.sasw.org.sg/cpe-page

찾 / 아 / 보 / 기

저/자/약/력

- **이원주**

사회복지학박사
수성대학교 사회복지과 교수
더불어사회복지경영연구소장

- **우병훈**

공학박사
대구공업대학교 사회복지경영계열 교수

- **이선교**

사회복지학 박사
대구공업대학교 사회복지경영계열 교수

【제2판】

사회복지현장실습

|공저자| 이원주 · 우병훈 · 이선교

|1판 1쇄| 발행 2017년 3월 2일
|1판 2쇄| 발행 2018년 8월 30일
|2판 1쇄| 발행 2020년 1월 10일
|2판 2쇄| 발행 2020년 7월 30일
|2판 3쇄| 발행 2021년 3월 15일
|2판 4쇄| 발행 2023년 8월 10일

|발행인| 김 동 훈
|발행처| 공동체

|주소| 경기도 고양시 일산동구 호수로 358-39 동문타워 I 905호
|전화| 031) 814-3000(대표)
|팩스| 031) 814-3100
|홈페이지| http://www.compub.co.kr
|전자우편| compub@naver.com
|출판등록| 2005년 10월 6일
|등록번호| 제396-2005-36호

|ISBN| 979-11-6105-550-3
정가 16,000원